# 卞尺丹几乙し丹卞と

## Translated Language Learning

# Siddhartha

- **Una Novela India**
- An Indian Novel

Hermann Hesse

Español / English

Copyright © 2022 Tranzlaty
All rights reserved
Published by Tranzlaty
ISBN: 978-1-83566-103-1
Original text by Hermann Hesse
First published in German in 1922
**www.tranzlaty.com**

# Primera Parte - Part One

***

## El Hijo del Brahman
## The Son of the Brahman

**A la sombra de la casa**
In the shade of the house
**bajo el sol de la orilla del río**
in the sunshine of the riverbank
**Cerca de los barcos**
near the boats
**a la sombra del bosque de Sal-wood**
in the shade of the Sal-wood forest
**a la sombra de la higuera**
in the shade of the fig tree
**aquí es donde Siddhartha creció**
this is where Siddhartha grew up
**era el apuesto hijo de un brahmán, el joven halcón**
he was the handsome son of a Brahman, the young falcon
**creció con su amigo Govinda**
he grew up with his friend Govinda
**Govinda era también hijo de un brahmán**
Govinda was also the son of a Brahman
**A orillas del río, el sol bronceaba sus hombros ligeros**
by the banks of the river the sun tanned his light shoulders
**bañarse, realizar las abluciones sagradas, hacer ofrendas sagradas**
bathing, performing the sacred ablutions, making sacred offerings
**En el jardín de mangos, la sombra se derramó en sus ojos negros**
In the mango garden, shade poured into his black eyes
**cuando jugaba de niño, cuando su madre cantaba**
when playing as a boy, when his mother sang
**cuando se hacían las ofrendas sagradas**
when the sacred offerings were made

**cuando su padre, el erudito, le enseñó**
when his father, the scholar, taught him
**Cuando los Reyes Magos hablaban**
when the wise men talked
**Durante mucho tiempo, Siddharta había participado en las discusiones de los sabios**
For a long time, Siddhartha had been partaking in the discussions of the wise men
**practicó el debate con Govinda**
he practiced debating with Govinda
**practicó el arte de la reflexión con Govinda**
he practiced the art of reflection with Govinda
**y practicó la meditación**
and he practiced meditation
**Ya sabía hablar el Om en silencio**
He already knew how to speak the Om silently
**Conocía la palabra de las palabras**
he knew the word of words
**Lo dijo en silencio para sí mismo mientras inhalaba**
he spoke it silently into himself while inhaling
**Lo dijo en silencio mientras exhalaba**
he spoke it silently out of himself while exhaling
**Lo hizo con toda la concentración de su alma**
he did this with all the concentration of his soul
**Su frente estaba rodeada por el resplandor del espíritu lúcido**
his forehead was surrounded by the glow of the clear-thinking spirit
**Ya sabía sentir el Atman en lo más profundo de su ser**
He already knew how to feel Atman in the depths of his being
**Podía sentir lo indestructible**
he could feel the indestructible
**Sabía lo que era ser uno con el universo**
he knew what it was to be at one with the universe
**La alegría saltó en el corazón de su padre**
Joy leapt in his father's heart
**porque su hijo aprendió rápido**

because his son was quick to learn
**Estaba sediento de conocimiento**
he was thirsty for knowledge
**Su padre podía verlo crecer para convertirse en un gran hombre sabio**
his father could see him growing up to become a great wise man
**Podía verlo convertirse en sacerdote**
he could see him becoming a priest
**podía verlo convertirse en un príncipe entre los brahmanes**
he could see him becoming a prince among the Brahmans
**Bliss saltó en el pecho de su madre cuando lo vio caminar**
Bliss leapt in his mother's breast when she saw him walking
**Bliss saltó en su corazón cuando lo vio sentarse y levantarse**
Bliss leapt in her heart when she saw him sit down and get up
**Siddharta era fuerte y guapo**
Siddhartha was strong and handsome
**él, que caminaba sobre piernas delgadas**
he, who was walking on slender legs
**La saludó con perfecto respeto**
he greeted her with perfect respect
**El amor tocó los corazones de las jóvenes hijas de los brahmanes**
Love touched the hearts of the Brahmans' young daughters
**quedaron encantados cuando Siddharta paseó por las callejuelas de la ciudad**
they were charmed when Siddhartha walked through the lanes of the town
**su frente luminosa, sus ojos de rey, sus caderas delgadas**
his luminous forehead, his eyes of a king, his slim hips
**Pero, sobre todo, era amado por Govinda**
But most of all he was loved by Govinda
**Govinda, su amigo, hijo de un brahmán**
Govinda, his friend, the son of a Brahman
**Le encantaban los ojos y la dulce voz de Siddhartha**
He loved Siddhartha's eye and sweet voice
**Le encantaba la forma en que caminaba**

he loved the way he walked
**y amaba la perfecta decencia de sus movimientos**
and he loved the perfect decency of his movements
**le encantaba todo lo que Siddhartha hacía y decía**
he loved everything Siddhartha did and said
**Pero lo que más amaba era su espíritu**
but what he loved most was his spirit
**Amaba sus pensamientos trascendentes y ardientes**
he loved his transcendent, fiery thoughts
**Amaba su ardiente voluntad y su elevada vocación**
he loved his ardent will and high calling
**Govinda sabía que no se convertiría en un brahmán común**
Govinda knew he would not become a common Brahman
**No, no se convertiría en un funcionario perezoso**
no, he would not become a lazy official
**No, no se convertiría en un comerciante codicioso**
no, he would not become a greedy merchant
**no es un orador vanidoso y vacuo**
not a vain, vacuous speaker
**ni un sacerdote mezquino y engañoso**
nor a mean, deceitful priest
**y tampoco se convertiría en una oveja decente y estúpida**
and also would not become a decent, stupid sheep
**una oveja en el rebaño de los muchos**
a sheep in the herd of the many
**Y él no quería convertirse en una de esas cosas**
and he did not want to become one of those things
**no quería ser una de esas decenas de miles de brahmanes**
he did not want to be one of those tens of thousands of Brahmans
**Quería seguir a Siddharta, el amado, el espléndido**
He wanted to follow Siddhartha, the beloved, the splendid
**en los días venideros, cuando Siddharta se convirtiera en un dios, estaría allí**
in days to come, when Siddhartha would become a god, he would be there
**Cuando se uniera a los gloriosos, estaría allí**

when he would join the glorious, he would be there
**Govinda quería seguirlo como su amigo**
Govinda wanted to follow him as his friend
**Era su compañero y su siervo**
he was his companion and his servant
**Era su portador de lanzas y su sombra**
he was his spear-carrier and his shadow
**Siddhartha era amado por todos**
Siddhartha was loved by everyone
**Era una fuente de alegría para todos**
He was a source of joy for everybody
**Era una delicia para todos ellos**
he was a delight for them all
**Pero él, Siddharta, no era una fuente de alegría para sí mismo**
But he, Siddhartha, was not a source of joy for himself
**No encontró deleite en sí mismo**
he found no delight in himself
**Caminó por los senderos rosados del jardín de higueras**
he walked the rosy paths of the fig tree garden
**Se sentó a la sombra azulada en el jardín de la contemplación**
he sat in the bluish shade in the garden of contemplation
**Se lavaba los miembros diariamente en el baño del arrepentimiento**
he washed his limbs daily in the bath of repentance
**Hizo sacrificios en la tenue sombra del bosque de mangos**
he made sacrifices in the dim shade of the mango forest
**Sus gestos eran de perfecta decencia**
his gestures were of perfect decency
**Era el amor y la alegría de todos**
he was everyone's love and joy
**pero aún le faltaba toda alegría en su corazón**
but he still lacked all joy in his heart
**Sueños y pensamientos inquietos acudieron a su mente**
Dreams and restless thoughts came into his mind
**Sus sueños fluían del agua del río**

his dreams flowed from the water of the river
**Sus sueños surgieron de las estrellas de la noche**
his dreams sparked from the stars of the night
**Sus sueños se derritieron de los rayos del sol**
his dreams melted from the beams of the sun
**Le vinieron sueños, y le vino una inquietud del alma**
dreams came to him, and a restlessness of the soul came to him
**Su alma echaba humo por los sacrificios**
his soul was fuming from the sacrifices
**exhaló de los versos del Rig-Veda**
he breathed forth from the verses of the Rig-Veda
**Los versos fueron infundidos en él, gota a gota**
the verses were infused into him, drop by drop
**los versos de las enseñanzas de los antiguos brahmanes**
the verses from the teachings of the old Brahmans
**Siddharta había empezado a alimentar el descontento en sí mismo**
Siddhartha had started to nurse discontent in himself
**Había empezado a dudar del amor de su padre**
he had started to feel doubt about the love of his father
**Dudaba del amor de su madre**
he doubted the love of his mother
**y dudaba del amor de su amigo Govinda**
and he doubted the love of his friend, Govinda
**Dudaba de que su amor pudiera traerle alegría por los siglos de los siglos**
he doubted if their love could bring him joy for ever and ever
**Su amor no podía cuidarlo**
their love could not nurse him
**Su amor no podía alimentarlo**
their love could not feed him
**Su amor no podía satisfacerlo**
their love could not satisfy him
**Había empezado a sospechar de las enseñanzas de su padre**
he had started to suspect his father's teachings
**Tal vez le había mostrado todo lo que sabía**

perhaps he had shown him everything he knew
**allí estaban sus otros maestros, los sabios brahmanes**
there were his other teachers, the wise Brahmans
**Tal vez ya le habían revelado lo mejor de su sabiduría**
perhaps they had already revealed to him the best of their wisdom
**Temía que ya hubieran llenado su vasija expectante**
he feared that they had already filled his expecting vessel
**A pesar de la riqueza de sus enseñanzas, la vasija no estaba llena**
despite the richness of their teachings, the vessel was not full
**El espíritu no estaba contento**
the spirit was not content
**el alma no estaba tranquila**
the soul was not calm
**El corazón no estaba satisfecho**
the heart was not satisfied
**Las abluciones eran buenas, pero eran de agua**
the ablutions were good, but they were water
**Las abluciones no lavaron el pecado**
the ablutions did not wash off the sin
**no curaron la sed del espíritu**
they did not heal the spirit's thirst
**No aliviaron el temor en su corazón**
they did not relieve the fear in his heart
**Los sacrificios y la invocación de los dioses eran excelentes**
The sacrifices and the invocation of the gods were excellent
**Pero, ¿era eso todo lo que había?**
but was that all there was?
**¿Dieron los sacrificios una fortuna feliz?**
did the sacrifices give a happy fortune?
**¿Y qué hay de los dioses?**
and what about the gods?
**¿Era realmente Prajapati quien había creado el mundo?**
Was it really Prajapati who had created the world?
**¿No era el Atman quien había creado el mundo?**
Was it not the Atman who had created the world?

**Atman, el único, el singular**
Atman, the only one, the singular one
**¿Acaso los dioses no eran creaciones?**
Were the gods not creations?
**¿No fueron creados como tú y yo?**
were they not created like me and you?
**¿Acaso los dioses no estaban sujetos al tiempo?**
were the Gods not subject to time?
**¿Eran mortales los dioses? ¿Estuvo bien?**
were the Gods mortal? Was it good?
**¿Era correcto? ¿Fue significativo?**
was it right? was it meaningful?
**¿Era la ocupación más elevada hacer ofrendas a los dioses?**
was it the highest occupation to make offerings to the gods?
**¿Para quién más se iban a hacer las ofrendas?**
For whom else were offerings to be made?
**¿A quién más se debía adorar?**
who else was to be worshipped?
**¿Quién más estaba allí, sino Él?**
who else was there, but Him?
**El único, el Atman**
The only one, the Atman
**¿Y dónde se encontraba el Atman?**
And where was Atman to be found?
**¿Dónde residía?**
where did He reside?
**¿Dónde latía Su corazón eterno?**
where did His eternal heart beat?
**¿Dónde si no en uno mismo?**
where else but in one's own self?
**en su parte más íntima e indestructible**
in its innermost indestructible part
**¿Podría ser lo que cada uno tenía en sí mismo?**
could he be that which everyone had in himself?
**Pero, ¿dónde estaba este yo?**
But where was this self?
**¿Dónde estaba esta parte más interna?**

where was this innermost part?
¿Dónde estaba esta parte última?
where was this ultimate part?
**No era de carne y hueso**
It was not flesh and bone
**no era ni pensamiento ni conciencia**
it was neither thought nor consciousness
**Esto es lo que enseñaron los más sabios**
this is what the wisest ones taught
**Entonces, ¿dónde estaba?**
So where was it?
**el yo, yo mismo, el Atman**
the self, myself, the Atman
**Para llegar a este lugar, había otro camino**
To reach this place, there was another way
**¿Valía la pena buscar esta otra forma?**
was this other way worth looking for?
**Por desgracia, nadie se lo mostró**
Alas, nobody showed him this way
**Nadie conocía esta otra forma**
nobody knew this other way
**Su padre no lo sabía**
his father did not know it
**y los maestros y los sabios no lo sabían**
and the teachers and wise men did not know it
**Ellos lo sabían todo, los brahmanes**
They knew everything, the Brahmans
**y sus libros sagrados lo sabían todo**
and their holy books knew everything
**ellos se habían encargado de todo**
they had taken care of everything
**Se encargaron de la creación del mundo**
they took care of the creation of the world
**describieron el origen del habla, la comida, la inhalación, la exhalación**
they described origin of speech, food, inhaling, exhaling
**describieron la disposición de los sentidos**

they described the arrangement of the senses
**Describieron los actos de los dioses**
they described the acts of the gods
**Sus libros sabían infinitamente**
their books knew infinitely much
**Pero, ¿era valioso saber todo esto?**
but was it valuable to know all of this?
**¿No había una sola cosa que saber?**
was there not only one thing to be known?
**¿Todavía no había lo más importante que había que saber?**
was there still not the most important thing to know?
**Muchos versículos de los libros sagrados hablaban de esta cosa más íntima y última**
many verses of the holy books spoke of this innermost, ultimate thing
**se hablaba de ella particularmente en los Upanishades de Samaveda**
it was spoken of particularly in the Upanishades of Samaveda
**Eran versos maravillosos**
they were wonderful verses
**"Tu alma es el mundo entero", esto estaba escrito allí**
"Your soul is the whole world", this was written there
**Y estaba escrito que el hombre en sueño profundo se encontraría con su parte más íntima**
and it was written that man in deep sleep would meet with his innermost part
**y residiría en el Atman**
and he would reside in the Atman
**Maravillosa sabiduría había en estos versículos**
Marvellous wisdom was in these verses
**Todo el conocimiento de los más sabios había sido recogido aquí en palabras mágicas**
all knowledge of the wisest ones had been collected here in magic words
**Era tan pura como la miel recolectada por las abejas**
it was as pure as honey collected by bees
**No, los versículos no debían ser menospreciados**

No, the verses were not to be looked down upon
**Contenían enormes cantidades de iluminación**
they contained tremendous amounts of enlightenment
**contenían sabiduría que yacía recogida y preservada**
they contained wisdom which lay collected and preserved
**sabiduría acumulada por innumerables generaciones de sabios brahmanes**
wisdom collected by innumerable generations of wise Brahmans
**Pero, ¿dónde estaban los brahmanes?**
But where were the Brahmans?
**¿Dónde estaban los sacerdotes?**
where were the priests?
**¿Dónde están los reyes magos o los penitentes?**
where the wise men or penitents?
**¿Dónde estaban los que habían tenido éxito?**
where were those that had succeeded?
**¿Dónde estaban los que sabían más que el más profundo de todos los conocimientos?**
where were those who knew more than deepest of all knowledge?
**¿Dónde estaban los que también vivieron la sabiduría iluminada?**
where were those that also lived out the enlightened wisdom?
**¿Dónde estaba el sabio que sacó al Atman de su sueño?**
Where was the knowledgeable one who brought Atman out of his sleep?
**¿Quién lo había traído al día?**
who had brought it into the day?
**¿Quién lo había incorporado a su vida?**
who had taken it into their life?
**¿Quién lo llevaba con cada paso que daba?**
who carried it with every step they took?
**¿Quién había unido sus palabras con sus hechos?**
who had married their words with their deeds?
**Siddharta conoció a muchos brahmanes venerables**
Siddhartha knew many venerable Brahmans

**Su padre, el puro**
his father, the pure one
**El erudito, el más venerable**
the scholar, the most venerable one
**Su padre era digno de admiración**
His father was worthy of admiration
**Tranquilos y nobles eran sus modales**
quiet and noble were his manners
**Pura era su vida, sabias eran sus palabras**
pure was his life, wise were his words
**Delicados y nobles pensamientos vivían detrás de su frente**
delicate and noble thoughts lived behind his brow
**Pero a pesar de que sabía tanto, ¿vivía en la bienaventuranza?**
but even though he knew so much, did he live in blissfulness?
**A pesar de todo su conocimiento, ¿tenía paz?**
despite all his knowledge, did he have peace?
**¿No era también un hombre inquisitivo?**
was he not also just a searching man?
**¿Acaso no era todavía un hombre sediento?**
was he still not a thirsty man?
**¿No tuvo que beber de fuentes sagradas una y otra vez?**
Did he not have to drink from holy sources again and again?
**¿No bebió de las ofrendas?**
did he not drink from the offerings?
**¿Acaso no bebió de los libros?**
did he not drink from the books?
**¿Acaso no bebió de las disputas de los brahmanes?**
did he not drink from the disputes of the Brahmans?
**¿Por qué tenía que lavar sus pecados todos los días?**
Why did he have to wash off sins every day?
**¿Debe esforzarse por una limpieza todos los días?**
must he strive for a cleansing every day?
**Una y otra vez, todos los días**
over and over again, every day
**¿Acaso el Atman no estaba en él?**
Was Atman not in him?

**¿No brotó de su corazón la fuente prístina?**
did not the pristine source spring from his heart?
**La fuente prístina tenía que encontrarse en uno mismo**
the pristine source had to be found in one's own self
**¡Había que poseer la fuente prístina!**
the pristine source had to be possessed!
**Hacer cualquier otra cosa era buscar**
doing anything else else was searching
**Tomar cualquier otro pase es un desvío**
taking any other pass is a detour
**Ir por cualquier otro camino lleva a perderse**
going any other way leads to getting lost
**Estos eran los pensamientos de Siddharta**
These were Siddhartha's thoughts
**Esta era su sed, y este era su sufrimiento**
this was his thirst, and this was his suffering
**A menudo hablaba consigo mismo desde un Chandogya-Upanishad:**
Often he spoke to himself from a Chandogya-Upanishad:
**"Verdaderamente, el nombre del Brahman es Satyam"**
"Truly, the name of the Brahman is Satyam"
**"El que sabe tal cosa, entrará en el mundo celestial todos los días"**
"he who knows such a thing, will enter the heavenly world every day"
**A menudo el mundo celestial parecía cercano**
Often the heavenly world seemed near
**Pero nunca había llegado completamente al mundo celestial**
but he had never reached the heavenly world completely
**Nunca había saciado la sed más saciada**
he had never quenched the ultimate thirst
**Y entre todos los sabios y sabios, ninguno lo había alcanzado**
And among all the wise and wisest men, none had reached it
**Recibía instrucciones de ellos**
he received instructions from them
**Pero no habían llegado completamente al mundo celestial**

but they hadn't completely reached the heavenly world
**no habían saciado por completo su sed**
they hadn't completely quenched their thirst
**porque es una sed eterna**
because it is an eternal thirst

**"Govinda", dijo Siddhartha a su amigo**
"Govinda" Siddhartha spoke to his friend
**"Govinda, querida, ven conmigo bajo el árbol de Banyan"**
"Govinda, my dear, come with me under the Banyan tree"
**"Practiquemos la meditación"**
"let's practise meditation"
**Fueron al árbol Banyan**
They went to the Banyan tree
**bajo el árbol de Banyan se sentaron**
under the Banyan tree they sat down
**Siddharta estaba justo aquí**
Siddhartha was right here
**Govinda estaba a veinte pasos de distancia**
Govinda was twenty paces away
**Siddharta se sentó y repitió murmurando el verso**
Siddhartha seated himself and he repeated murmuring the verse
**Om es el arco, la flecha es el alma**
Om is the bow, the arrow is the soul
**El Brahman es el blanco de la flecha**
The Brahman is the arrow's target
**el objetivo que se debe alcanzar incesantemente**
the target that one should incessantly hit
**El tiempo habitual del ejercicio de meditación había pasado**
the usual time of the exercise in meditation had passed
**Govinda se levantó, había llegado la noche**
Govinda got up, the evening had come
**Era el momento de realizar la ablución de la noche**
it was time to perform the evening's ablution
**Llamó a Siddharta por su nombre, pero Siddharta no respondió**

He called Siddhartha's name, but Siddhartha did not answer
**Siddharta se quedó allí sentado, absorto en sus pensamientos**
Siddhartha sat there, lost in thought
**Sus ojos estaban rígidamente enfocados hacia un objetivo muy distante**
his eyes were rigidly focused towards a very distant target
**La punta de su lengua sobresalía un poco entre los dientes**
the tip of his tongue was protruding a little between the teeth
**Parecía no respirar**
he seemed not to breathe
**Así estaba sentado, absorto en la contemplación**
Thus sat he, wrapped up in contemplation
**estaba sumido en sus pensamientos sobre el Om**
he was deep in thought of the Om
**su alma se desplazó tras el brahmán como una flecha**
his soul sent after the Brahman like an arrow
**Una vez, Samanas había viajado por la ciudad de Siddhartha**
Once, Samanas had travelled through Siddhartha's town
**Eran ascetas en peregrinación**
they were ascetics on a pilgrimage
**tres hombres flacos y marchitos, ni viejos ni jóvenes**
three skinny, withered men, neither old nor young
**polvorientos y ensangrentados eran sus hombros**
dusty and bloody were their shoulders
**casi desnuda, abrasada por el sol, rodeada de soledad**
almost naked, scorched by the sun, surrounded by loneliness
**extraños y enemigos del mundo**
strangers and enemies to the world
**Extraños y chacales en el reino de los humanos**
strangers and jackals in the realm of humans
**Detrás de ellos soplaba un aroma caliente de pasión silenciosa**
Behind them blew a hot scent of quiet passion
**Un olor de servicio destructivo**
a scent of destructive service
**un aroma de abnegación despiadada**

a scent of merciless self-denial
**Había llegado la noche**
the evening had come
**después de la hora de contemplación, Siddharta habló con Govinda**
after the hour of contemplation, Siddhartha spoke to Govinda
**"Mañana por la mañana temprano, amigo mío, Siddharta irá a las Samanas"**
"Early tomorrow morning, my friend, Siddhartha will go to the Samanas"
**"Se convertirá en un samaná"**
"He will become a Samana"
**Govinda palideció al oír estas palabras**
Govinda turned pale when he heard these words
**Y leyó la decisión en el rostro inmóvil de su amigo**
and he read the decision in the motionless face of his friend
**Era imparable, como la flecha disparada desde el arco**
it was unstoppable, like the arrow shot from the bow
**Govinda se dio cuenta a primera vista; Ahora está comenzando**
Govinda realized at first glance; now it is beginning
**ahora Siddharta sigue su propio camino**
now Siddhartha is taking his own way
**Ahora su destino comienza a brotar**
now his fate is beginning to sprout
**y gracias a Siddhartha, el destino de Govinda también está brotando**
and because of Siddhartha, Govinda's fate is sprouting too
**Se puso pálido como una cáscara de plátano seca**
he turned pale like a dry banana-skin
**—¡Oh, Siddharta! —exclamó—**
"Oh Siddhartha," he exclaimed
**—¿Tu padre te permitirá hacer eso?**
"will your father permit you to do that?"
**Siddharta miró hacia arriba como si acabara de despertar**
Siddhartha looked over as if he was just waking up
**como una flecha leyó el alma de Govinda**

like an Arrow he read Govinda's soul
**Podía leer el miedo y la sumisión en él**
he could read the fear and the submission in him
**—Oh, Govinda —dijo en voz baja—, no malgastemos palabras.**
"Oh Govinda," he spoke quietly, "let's not waste words"
**"Mañana al amanecer comenzaré la vida de los samanas"**
"Tomorrow at daybreak I will begin the life of the Samanas"
**"No hablemos más de eso"**
"let us speak no more of it"

**Siddharta entró en la habitación donde estaba sentado su padre**
Siddhartha entered the chamber where his father was sitting
**Su padre estaba en una estera de líber**
his father was was on a mat of bast
**Siddharta se colocó detrás de su padre**
Siddhartha stepped behind his father
**y se quedó de pie detrás de él**
and he remained standing behind him
**Se quedó de pie hasta que su padre sintió que alguien estaba detrás de él**
he stood until his father felt that someone was standing behind him
**Habló el brahmán: "¿Eres tú, Siddharta?"**
Spoke the Brahman: "Is that you, Siddhartha?"
**"Entonces di lo que viniste a decir"**
"Then say what you came to say"
**Siddharta dijo: "Con tu permiso, padre mío"**
Spoke Siddhartha: "With your permission, my father"
**"Vine a decirte que es mi anhelo salir de tu casa mañana"**
"I came to tell you that it is my longing to leave your house tomorrow"
**"Deseo ir a los ascetas"**
"I wish to go to the ascetics"
**"Mi deseo es convertirme en samaná"**
"My desire is to become a Samana"

"Que mi padre no se oponga a esto"
"May my father not oppose this"
**El brahmán calló, y permaneció así durante mucho tiempo**
The Brahman fell silent, and he remained so for long
**las estrellas en la pequeña ventana vagaban**
the stars in the small window wandered
**y cambiaron sus posiciones relativas**
and they changed their relative positions
**Silencioso e inmóvil estaba el hijo con los brazos cruzados**
Silent and motionless stood the son with his arms folded
**Silencioso e inmóvil se sentó el padre en la estera**
silent and motionless sat the father on the mat
**y las estrellas trazaron sus caminos en el cielo**
and the stars traced their paths in the sky
**Entonces habló el padre**
Then spoke the father
**"No es apropiado que un brahmán diga palabras duras y airadas"**
"Not proper it is for a Brahman to speak harsh and angry words"
**"Pero la indignación está en mi corazón"**
"But indignation is in my heart"
**"No deseo escuchar esta solicitud por segunda vez"**
"I wish not to hear this request for a second time"
**Lentamente, el Brahman se elevó**
Slowly, the Brahman rose
**Siddharta permaneció en silencio, con los brazos cruzados**
Siddhartha stood silently, his arms folded
**"¿A qué esperas?", preguntó el padre**
"What are you waiting for?" asked the father
**Dijo Siddharta: "Ya sabes lo que estoy esperando"**
Spoke Siddhartha, "You know what I'm waiting for"
**Indignado, el padre salió de la habitación**
Indignant, the father left the chamber
**Indignado, se fue a su cama y se acostó**
indignant, he went to his bed and lay down
**Pasó una hora, pero no se había dormido en sus ojos**

an hour passed, but no sleep had come over his eyes
**el brahmán se puso de pie y se paseó de un lado a otro**
the Brahman stood up and he paced to and fro
**y salió de la casa en la noche**
and he left the house in the night
**A través de la pequeña ventana de la habitación miró hacia el interior**
Through the small window of the chamber he looked back inside
**y allí vio a Siddharta de pie**
and there he saw Siddhartha standing
**Tenía los brazos cruzados y no se había movido de su sitio**
his arms were folded and he had not moved from his spot
**Pálido resplandecía su brillante túnica**
Pale shimmered his bright robe
**Con ansiedad en su corazón, el padre regresó a su cama**
With anxiety in his heart, the father returned to his bed
**Pasó otra hora de insomnio**
another sleepless hour passed
**como no se había dormido en sus ojos, el brahmán se puso de pie de nuevo**
since no sleep had come over his eyes, the Brahman stood up again
**Caminó de un lado a otro y salió de la casa**
he paced to and fro, and he walked out of the house
**y vio que la luna había salido**
and he saw that the moon had risen
**A través de la ventana de la habitación volvió a mirar hacia el interior**
Through the window of the chamber he looked back inside
**allí estaba Siddharta, inmóvil de su sitio**
there stood Siddhartha, unmoved from his spot
**Tenía los brazos cruzados, como lo habían estado**
his arms were folded, as they had been
**La luz de la luna se reflejaba en sus espinillas desnudas**
moonlight was reflecting from his bare shins
**Con preocupación en su corazón, el padre volvió a la cama**

With worry in his heart, the father went back to bed
**Regresó después de una hora**
he came back after an hour
**Y volvió de nuevo después de dos horas**
and he came back again after two hours
**Miró a través de la ventanita**
he looked through the small window
**vio a Siddharta de pie a la luz de la luna**
he saw Siddhartha standing in the moon light
**Permaneció junto a la luz de las estrellas en la oscuridad**
he stood by the light of the stars in the darkness
**Y volvía hora tras hora**
And he came back hour after hour
**En silencio, miró hacia el interior de la cámara**
silently, he looked into the chamber
**Lo vio parado en el mismo lugar**
he saw him standing in the same place
**Llenó su corazón de ira**
it filled his heart with anger
**Llenó su corazón de inquietud**
it filled his heart with unrest
**Llenó su corazón de angustia**
it filled his heart with anguish
**Llenó su corazón de tristeza**
it filled his heart with sadness
**Había llegado la última hora de la noche**
the night's last hour had come
**Su padre regresó y entró en la habitación**
his father returned and stepped into the room
**Vio al joven parado allí**
he saw the young man standing there
**Le parecía alto y como un extraño**
he seemed tall and like a stranger to him
**—Siddharta —dijo—, ¿a qué esperas?**
"Siddhartha," he spoke, "what are you waiting for?"
**"Sabes lo que estoy esperando"**
"You know what I'm waiting for"

"**¿Siempre te quedarás así y esperarás?**
"Will you always stand that way and wait?
"**Siempre estaré de pie y esperaré**"
"I will always stand and wait"
"**¿Esperarás hasta que sea por la mañana, al mediodía y por la noche?**"
"will you wait until it becomes morning, noon, and evening?"
"**Esperaré hasta que sea por la mañana, al mediodía y por la noche**"
"I will wait until it become morning, noon, and evening"
—**Te cansarás, Siddharta.**
"You will become tired, Siddhartha"
"**Me cansaré**"
"I will become tired"
—**Te quedarás dormido, Siddharta.**
"You will fall asleep, Siddhartha"
"**No me dormiré**"
"I will not fall asleep"
—**Morirás, Siddharta.**
"You will die, Siddhartha"
-**Voy a morir -respondió Siddharta-**
"I will die," answered Siddhartha
—**¿Y preferirías morir antes que obedecer a tu padre?**
"And would you rather die, than obey your father?"
"**Siddharta siempre ha obedecido a su padre**"
"Siddhartha has always obeyed his father"
—**Entonces, ¿abandonarás tu plan?**
"So will you abandon your plan?"
"**Siddharta hará lo que su padre le diga que haga**"
"Siddhartha will do what his father will tell him to do"
**La primera luz del día brilló en la habitación**
The first light of day shone into the room
**El brahmán vio que las rodillas de Siddharta temblaban suavemente**
The Brahman saw that Siddhartha knees were softly trembling
**En el rostro de Siddharta no vio ningún temblor**
In Siddhartha's face he saw no trembling

**Sus ojos estaban fijos en un lugar distante**
his eyes were fixed on a distant spot
**Fue entonces cuando su padre se dio cuenta**
This was when his father realized
**incluso ahora Siddharta ya no vivía con él en su casa**
even now Siddhartha no longer dwelt with him in his home
**Vio que ya lo había dejado**
he saw that he had already left him
**El padre tocó el hombro de Siddharta**
The Father touched Siddhartha's shoulder
**"Irás", dijo, "al bosque y serás un samaná"**
"You will," he spoke, "go into the forest and be a Samana"
**"Cuando encuentres la felicidad en el bosque, vuelve"**
"When you find blissfulness in the forest, come back"
**"Vuelve y enséñame a ser dichoso"**
"come back and teach me to be blissful"
**"Si te decepciona, vuelve"**
"If you find disappointment, then return"
**"Volved y hagamos ofrendas a los dioses juntos, otra vez"**
"return and let us make offerings to the gods together, again"
**"Ve ahora y besa a tu madre"**
"Go now and kiss your mother"
**"Dile a dónde vas"**
"tell her where you are going"
**"Pero para mí es hora de ir al río"**
"But for me it is time to go to the river"
**"Es mi momento de realizar la primera ablución"**
"it is my time to perform the first ablution"
**Tomó la mano del hombro de su hijo y salió**
He took his hand from the shoulder of his son, and went outside
**Siddharta vaciló hacia un lado mientras intentaba caminar**
Siddhartha wavered to the side as he tried to walk
**Volvió a controlar sus extremidades y se inclinó ante su padre**
He put his limbs back under control and bowed to his father
**Fue a ver a su madre para hacer lo que su padre le había**

**dicho**
he went to his mother to do as his father had said
**Mientras se alejaba lentamente con las piernas rígidas, una sombra se alzó cerca de la última cabaña**
As he slowly left on stiff legs a shadow rose near the last hut
**¿Quién se había agachado allí y se había unido al peregrino?**
who had crouched there, and joined the pilgrim?
**-Govinda, has venido -dijo Siddharta y sonrió-**
"Govinda, you have come" said Siddhartha and smiled
**—He venido —dijo Govinda—**
"I have come," said Govinda

## Con los Samanas
## With the Samanas

**En la tarde de este día alcanzaron a los ascetas**
In the evening of this day they caught up with the ascetics
**los ascetas; las Samanas flacas**
the ascetics; the skinny Samanas
**Les ofrecieron su compañía y obediencia**
they offered them their companionship and obedience
**Su compañerismo y obediencia fueron aceptados**
Their companionship and obedience were accepted
**Siddhartha le dio sus vestiduras a un pobre Brahman en la calle.**
Siddhartha gave his garments to a poor Brahman in the street
**No llevaba nada más que un taparrabos y una capa sin sembrar de color tierra.**
He wore nothing more than a loincloth and earth-coloured, unsown cloak
**Comía solo una vez al día, y nunca cocinaba nada.**
He ate only once a day, and never anything cooked
**Ayunó durante quince días, ayunó durante veintiocho días.**
He fasted for fifteen days, he fasted for twenty-eight days
**La carne menguaba de sus muslos y mejillas**
The flesh waned from his thighs and cheeks
**Sueños febriles parpadearon de sus ojos agrandados**
Feverish dreams flickered from his enlarged eyes
**Las uñas largas crecieron lentamente en sus dedos resecos**
long nails grew slowly on his parched fingers
**y una barba seca y peluda creció en su barbilla**
and a dry, shaggy beard grew on his chin
**Su mirada se convirtió en hielo cuando se encontró con mujeres**
His glance turned to ice when he encountered women
**Caminó por una ciudad de gente bien vestida**
he walked through a city of nicely dressed people
**Su boca se torció con desprecio por ellos**
his mouth twitched with contempt for them

**Vio comerciantes comerciando y príncipes cazando**
He saw merchants trading and princes hunting
**Vio a los dolientes llorando por sus muertos.**
he saw mourners wailing for their dead
**y vio putas ofreciéndose**
and he saw whores offering themselves
**Médicos tratando de ayudar a los enfermos**
physicians trying to help the sick
**Sacerdotes determinando el día más adecuado para la siembra**
priests determining the most suitable day for seeding
**amantes amorosos y madres amamantando a sus hijos**
lovers loving and mothers nursing their children
**Y todo esto no era digno de una mirada de sus ojos.**
and all of this was not worthy of one look from his eyes
**Todo mintió, todo apesta, todo apestaba a mentira**
it all lied, it all stank, it all stank of lies
**Todo pretendía ser significativo, alegre y hermoso.**
it all pretended to be meaningful and joyful and beautiful
**y todo era putrefacción oculta**
and it all was just concealed putrefaction
**el mundo sabía amargo; La vida era una tortura**
the world tasted bitter; life was torture

**Un solo gol se presentó ante Siddhartha**
A single goal stood before Siddhartha
**Su objetivo era quedar vacío**
his goal was to become empty
**Su objetivo era estar vacío de sed.**
his goal was to be empty of thirst
**vacío de deseos y vacío de sueños**
empty of wishing and empty of dreams
**vacío de alegría y tristeza**
empty of joy and sorrow
**Su objetivo era estar muerto para sí mismo**
his goal was to be dead to himself
**Su objetivo ya no era ser un yo.**

his goal was not to be a self any more
**Su objetivo era encontrar la tranquilidad con el corazón vacío.**
his goal was to find tranquillity with an emptied heart
**Su objetivo era estar abierto a los milagros en pensamientos desinteresados.**
his goal was to be open to miracles in unselfish thoughts
**Lograr esto era su objetivo**
to achieve this was his goal
**cuando todo su ser fue vencido y había muerto**
when all of his self was overcome and had died
**cuando cada deseo y cada impulso estaba en silencio en el corazón**
when every desire and every urge was silent in the heart
**Entonces la parte última de él tuvo que despertar**
then the ultimate part of him had to awake
**lo más íntimo de su ser, que ya no es su yo**
the innermost of his being, which is no longer his self
**Este fue el gran secreto**
this was the great secret

**En silencio, Siddhartha se expuso a los ardientes rayos del sol.**
Silently, Siddhartha exposed himself to the burning rays of the sun
**Estaba resplandeciente de dolor y estaba brillando de sed**
he was glowing with pain and he was glowing with thirst
**y se quedó allí hasta que no sintió dolor ni sed.**
and he stood there until he neither felt pain nor thirst
**En silencio, se quedó allí en la temporada de lluvias.**
Silently, he stood there in the rainy season
**De su cabello el agua goteaba sobre hombros helados**
from his hair the water was dripping over freezing shoulders
**El agua goteaba sobre sus caderas y piernas heladas**
the water was dripping over his freezing hips and legs
**y el penitente se quedó allí**
and the penitent stood there

**Se quedó allí hasta que ya no pudo sentir el frío.**
he stood there until he could not feel the cold any more
**Se quedó allí hasta que su cuerpo quedó en silencio.**
he stood there until his body was silent
**Se quedó allí hasta que su cuerpo estuvo en silencio.**
he stood there until his body was quiet
**En silencio, se encogió en los arbustos espinosos**
Silently, he cowered in the thorny bushes
**sangre goteaba de la piel ardiente**
blood dripped from the burning skin
**sangre goteaba de heridas supurantes**
blood dripped from festering wounds
**y Siddhartha permaneció rígido e inmóvil**
and Siddhartha stayed rigid and motionless
**Se puso de pie hasta que ya no fluyó más sangre.**
he stood until no blood flowed any more
**Se puso de pie hasta que ya nada picó**
he stood until nothing stung any more
**Se mantuvo de pie hasta que nada se quemó más.**
he stood until nothing burned any more
**Siddhartha se sentó erguido y aprendió a respirar con moderación.**
Siddhartha sat upright and learned to breathe sparingly
**Aprendió a llevarse bien con pocas respiraciones**
he learned to get along with few breaths
**aprendió a dejar de respirar**
he learned to stop breathing
**Aprendió, comenzando con la respiración, a calmar los latidos de su corazón.**
He learned, beginning with the breath, to calm the beating of his heart
**Aprendió a reducir los latidos de su corazón**
he learned to reduce the beats of his heart
**Meditó hasta que sus latidos del corazón fueron solo unos pocos.**
he meditated until his heartbeats were only a few
**y luego sus latidos del corazón eran casi nulos.**

and then his heartbeats were almost none
**Instruido por el más viejo de los Samaná, Siddhartha practicó la abnegación.**
Instructed by the oldest of the Samanas, Siddhartha practised self-denial
**practicaba la meditación, de acuerdo con las nuevas reglas de Samaná**
he practised meditation, according to the new Samana rules
**Una garza voló sobre el bosque de bambú**
A heron flew over the bamboo forest
**Siddhartha aceptó la garza en su alma**
Siddhartha accepted the heron into his soul
**Voló sobre bosques y montañas**
he flew over forest and mountains
**Era una garza, comía pescado**
he was a heron, he ate fish
**Sintió los dolores del hambre de una garza**
he felt the pangs of a heron's hunger
**Habló el croar de la garza**
he spoke the heron's croak
**Murió la muerte de una garza**
he died a heron's death
**Un chacal muerto yacía en la orilla arenosa**
A dead jackal was lying on the sandy bank
**El alma de Siddhartha se deslizó dentro del cuerpo del chacal muerto**
Siddhartha's soul slipped inside the body of the dead jackal
**Era el chacal muerto acostado en las orillas e hinchado.**
he was the dead jackal laying on the banks and bloated
**Apestaba y se descomponía y fue desmembrado por hienas**
he stank and decayed and was dismembered by hyenas
**Fue despellejado por buitres y convertido en un esqueleto.**
he was skinned by vultures and turned into a skeleton
**Se convirtió en polvo y voló a través de los campos.**
he was turned to dust and blown across the fields
**Y el alma de Siddhartha regresó**
And Siddhartha's soul returned

**Había muerto, se había descompuesto y se había esparcido como polvo.**
it had died, decayed, and was scattered as dust
**Había probado la sombría intoxicación del ciclo.**
it had tasted the gloomy intoxication of the cycle
**Esperaba en nueva sed como un cazador en la brecha**
it awaited with a new thirst, like a hunter in the gap
**en la brecha donde podía escapar del ciclo**
in the gap where he could escape from the cycle
**En la brecha donde comenzó una eternidad sin sufrimiento**
in the gap where an eternity without suffering began
**Mató sus sentidos y su memoria**
he killed his senses and his memory
**Se deslizó fuera de sí mismo en miles de otras formas.**
he slipped out of his self into thousands of other forms
**Era un animal, una carroña, una piedra**
he was an animal, a carrion, a stone
**Él era madera y agua**
he was wood and water
**Y se despertaba cada vez para encontrar su viejo yo de nuevo.**
and he awoke every time to find his old self again
**Ya sea sol o luna, él era su yo otra vez**
whether sun or moon, he was his self again
**Dio la vuelta en el ciclo**
he turned round in the cycle
**Sintió sed, venció la sed, sintió nueva sed**
he felt thirst, overcame the thirst, felt new thirst

**Siddhartha aprendió mucho cuando estaba con los Samanas**
Siddhartha learned a lot when he was with the Samanas
**Aprendió muchas maneras que se alejaban del yo.**
he learned many ways leading away from the self
**aprendió a dejar ir**
he learned how to let go
**Siguió el camino de la abnegación por medio del dolor.**
He went the way of self-denial by means of pain

**Aprendió la abnegación a través del sufrimiento voluntario y la superación del dolor.**
he learned self-denial through voluntarily suffering and overcoming pain
**Superó el hambre, la sed y el cansancio**
he overcame hunger, thirst, and tiredness
**Siguió el camino de la abnegación por medio de la meditación.**
He went the way of self-denial by means of meditation
**Siguió el camino de la abnegación a través de imaginar que la mente estaba vacía de todas las concepciones.**
he went the way of self-denial through imagining the mind to be void of all conceptions
**con estas y otras formas aprendió a dejar ir**
with these and other ways he learned to let go
**mil veces se dejó a sí mismo**
a thousand times he left his self
**Durante horas y días permaneció en el no-yo.**
for hours and days he remained in the non-self
**Todos estos caminos se alejaron del yo**
all these ways led away from the self
**Pero su camino siempre conducía de vuelta al yo.**
but their path always led back to the self
**Siddhartha huyó del yo mil veces**
Siddhartha fled from the self a thousand times
**Pero el retorno al yo era inevitable**
but the return to the self was inevitable
**Aunque se quedó en la nada, regresar era inevitable**
although he stayed in nothingness, coming back was inevitable
**Aunque se quedó en animales y piedras, volver era inevitable**
although he stayed in animals and stones, coming back was inevitable
**Se encontró a sí mismo bajo el sol o a la luz de la luna otra vez.**
he found himself in the sunshine or in the moonlight again

**Se encontró a la sombra o bajo la lluvia otra vez.**
he found himself in the shade or in the rain again
**y una vez más fue su yo; Siddharta**
and he was once again his self; Siddhartha
**y de nuevo sintió la agonía del ciclo que le había sido impuesto.**
and again he felt the agony of the cycle which had been forced upon him

**a su lado vivía Govinda, su sombra**
by his side lived Govinda, his shadow
**Govinda caminó por el mismo camino y emprendió los mismos esfuerzos**
Govinda walked the same path and undertook the same efforts
**No hablaban entre sí más que los ejercicios requeridos.**
they spoke to one another no more than the exercises required
**Ocasionalmente los dos pasaban por los pueblos**
occasionally the two of them went through the villages
**Fueron a mendigar comida para ellos y sus maestros.**
they went to beg for food for themselves and their teachers
**"¿Cómo crees que hemos progresado, Govinda?", preguntó.**
"How do you think we have progressed, Govinda" he asked
**"¿Alcanzamos alguna meta?" Govinda respondió**
"Did we reach any goals?" Govinda answered
**"Hemos aprendido y seguiremos aprendiendo"**
"We have learned, and we'll continue learning"
**"Serás un gran Samaná, Siddhartha"**
"You'll be a great Samana, Siddhartha"
**"Rápidamente, has aprendido cada ejercicio"**
"Quickly, you've learned every exercise"
**"a menudo, los viejos Samanas te han admirado"**
"often, the old Samanas have admired you"
**"Un día, serás un hombre santo, oh Siddhartha"**
"One day, you'll be a holy man, oh Siddhartha"
**Dijo Siddhartha: "No puedo evitar sentir que no es así, amigo mío".**

Spoke Siddhartha, "I can't help but feel that it is not like this, my friend"

**"Lo que he aprendido estando entre los Samanas podría haberse aprendido más rápidamente"**

"What I've learned being among the Samanas could have been learned more quickly"

**"Podría haberse aprendido por medios más simples"**

"it could have been learned by simpler means"

**"Se podría haber aprendido en cualquier taberna"**

"it could have been learned in any tavern"

**"Se podría haber aprendido dónde están los prostíbulos"**

"it could have been learned where the whorehouses are"

**"Podría haberlo aprendido entre carreteros y jugadores"**

"I could have learned it among carters and gamblers"

**Govinda dijo: "Siddhartha está bromeando conmigo"**

Spoke Govinda, "Siddhartha is joking with me"

**"¿Cómo pudiste haber aprendido meditación entre personas miserables?"**

"How could you have learned meditation among wretched people?"

**"¿Cómo podrían las putas haberte enseñado a contener la respiración?"**

"how could whores have taught you about holding your breath?"

**"¿Cómo podrían los jugadores haberte enseñado insensibilidad contra el dolor?"**

"how could gamblers have taught you insensitivity against pain?"

**Siddhartha habló en voz baja, como si estuviera hablando consigo mismo.**

Siddhartha spoke quietly, as if he was talking to himself

**"¿Qué es la meditación?"**

"What is meditation?"

**"¿Qué es dejar el cuerpo?"**

"What is leaving one's body?"

**"¿Qué es el ayuno?"**

"What is fasting?"

"¿Qué es contener la respiración?"
"What is holding one's breath?"
**"Es huir del yo"**
"It is fleeing from the self"
**"Es un breve escape de la agonía de ser un yo"**
"it is a short escape of the agony of being a self"
**"Es un breve adormecimiento de los sentidos contra el dolor"**
"it is a short numbing of the senses against the pain"
**"Es evitar la inutilidad de la vida"**
"it is avoiding the pointlessness of life"
**"El mismo adormecimiento es lo que el conductor de una carreta de bueyes encuentra en la posada"**
"The same numbing is what the driver of an ox-cart finds in the inn"
**"beber unos tazones de vino de arroz o leche de coco fermentada"**
"drinking a few bowls of rice-wine or fermented coconut-milk"
**"Entonces ya no se sentirá a sí mismo"**
"Then he won't feel his self any more"
**"Entonces ya no sentirá los dolores de la vida"**
"then he won't feel the pains of life any more"
**"Entonces encuentra un breve adormecimiento de los sentidos"**
"then he finds a short numbing of the senses"
**"Cuando se duerme sobre su tazón de vino de arroz, encontrará lo mismo que nosotros"**
"When he falls asleep over his bowl of rice-wine, he'll find the same what we find"
**"Encuentra lo que encontramos cuando escapamos de nuestros cuerpos a través de largos ejercicios"**
"he finds what we find when we escape our bodies through long exercises"
**"Todos nosotros nos quedamos en el no-yo"**
"all of us are staying in the non-self"
**"Así es como es, oh Govinda"**
"This is how it is, oh Govinda"
**Dijo Govinda, "Tú lo dices, oh amigo"**

Spoke Govinda, "You say so, oh friend"
**"Y, sin embargo, sabes que Siddhartha no es el conductor de una carreta de bueyes"**
"and yet you know that Siddhartha is no driver of an ox-cart"
**"y sabes que un Samaná no es un borracho"**
"and you know a Samana is no drunkard"
**"Es cierto que un bebedor adormece sus sentidos"**
"it's true that a drinker numbs his senses"
**"Es cierto que escapa brevemente y descansa"**
"it's true that he briefly escapes and rests"
**"Pero volverá de la ilusión y encontrará que todo no ha cambiado"**
"but he'll return from the delusion and finds everything to be unchanged"
**"No se ha vuelto más sabio"**
"he has not become wiser"
**"Él ha reunido cualquier iluminación"**
"he has gathered any enlightenment"
**"No ha subido varios escalones"**
"he has not risen several steps"
**Y Siddhartha habló con una sonrisa**
And Siddhartha spoke with a smile
**"No sé, nunca he sido borracho"**
"I do not know, I've never been a drunkard"
**"Sé que sólo encuentro un breve adormecimiento de los sentidos"**
"I know that I find only a short numbing of the senses"
**"Lo encuentro en mis ejercicios y meditaciones"**
"I find it in my exercises and meditations"
**"y encuentro que estoy tan lejos de la sabiduría como un niño en el vientre de la madre"**
"and I find I am just as far removed from wisdom as a child in the mother's womb"
**"Esto lo sé, oh Govinda"**
"this I know, oh Govinda"

**Y una vez más, otra vez, Siddhartha comenzó a hablar.**
And once again, another time, Siddhartha began to speak
**Siddhartha había abandonado el bosque, junto con Govinda**
Siddhartha had left the forest, together with Govinda
**Se fueron a mendigar algo de comida en el pueblo**
they left to beg for some food in the village
**él dijo: "¿Y ahora qué, oh Govinda?"**
he said, "What now, oh Govinda?"
**"¿Estamos en el camino correcto?"**
"are we on the right path?"
**"¿Nos estamos acercando a la iluminación?"**
"are we getting closer to enlightenment?"
**"¿Nos estamos acercando a la salvación?"**
"are we getting closer to salvation?"
**"¿O tal vez vivimos en un círculo?"**
"Or do we perhaps live in a circle?"
**"Nosotros, que hemos pensado que estábamos escapando del ciclo"**
"we, who have thought we were escaping the cycle"
**Dijo Govinda: "Hemos aprendido mucho"**
Spoke Govinda, "We have learned a lot"
**"Siddhartha, todavía hay mucho que aprender"**
"Siddhartha, there is still much to learn"
**"No vamos dando vueltas en círculos"**
"We are not going around in circles"
**"Estamos avanzando; el círculo es una espiral"**
"we are moving up; the circle is a spiral"
**"Ya hemos ascendido muchos niveles"**
"we have already ascended many levels"
**Siddhartha respondió: "¿Cuántos años crees que tiene nuestro Samaná más viejo?"**
Siddhartha answered, "How old would you think our oldest Samana is?"
**"¿Cuántos años tiene nuestro venerable maestro?"**
"how old is our venerable teacher?"
**Habló Govinda: "Nuestro mayor podría tener unos sesenta años de edad"**

Spoke Govinda, "Our oldest one might be about sixty years of age"
**Dijo Siddhartha: "Ha vivido sesenta años"**
Spoke Siddhartha, "He has lived for sixty years"
**"Y, sin embargo, no ha alcanzado el Nirvana"**
"and yet he has not reached the nirvana"
**"Cumplirá setenta y ochenta años"**
"He'll turn seventy and eighty"
**"Tú y yo, creceremos tan viejos como él"**
"you and me, we will grow just as old as him"
**"Y haremos nuestros ejercicios"**
"and we will do our exercises"
**"Y ayunaremos, y meditaremos"**
"and we will fast, and we will meditate"
**"Pero no alcanzaremos el nirvana"**
"But we will not reach the nirvana"
**"Él no alcanzará el nirvana y nosotros no"**
"he won't reach nirvana and we won't"
**"hay innumerables samanas por ahí"**
"there are uncountable Samanas out there"
**"Tal vez ni uno solo alcanzará el Nirvana"**
"perhaps not a single one will reach the nirvana"
**"Encontramos consuelo, encontramos entumecimiento, aprendemos hazañas"**
"We find comfort, we find numbness, we learn feats"
**"Aprendemos estas cosas para engañar a los demás"**
"we learn these things to deceive others"
**"Pero lo más importante, el camino de los caminos, no lo encontraremos"**
"But the most important thing, the path of paths, we will not find"
**Dijo Govinda "¡Si no dijeras palabras tan terribles, Siddhartha!"**
Spoke Govinda "If you only wouldn't speak such terrible words, Siddhartha!"
**"Hay tantos hombres eruditos"**
"there are so many learned men"

"¿Cómo no podría uno de ellos no encontrar el camino de los caminos?"
"how could not one of them not find the path of paths?"
"¿Cómo pueden tantos brahmanes no encontrarlo?"
"how can so many Brahmans not find it?"
"¿Cómo pueden tantos Samanas austeros y venerables no encontrarlo?"
"how can so many austere and venerable Samanas not find it?"
"¿Cómo pueden todos los que están buscando no encontrarlo?"
"how can all those who are searching not find it?"
"¿Cómo pueden los hombres santos no encontrarlo?"
"how can the holy men not find it?"
**Pero Siddhartha habló con tanta tristeza como con burla.**
But Siddhartha spoke with as much sadness as mockery
**Habló con una voz tranquila, un poco triste, un poco burlona.**
he spoke with a quiet, a slightly sad, a slightly mocking voice
"Pronto, Govinda, tu amigo dejará el camino de los Samaná"
"Soon, Govinda, your friend will leave the path of the Samanas"
"Ha caminado a tu lado durante tanto tiempo"
"he has walked along your side for so long"
"Estoy sufriendo de sed"
"I'm suffering of thirst"
"En este largo camino de Samaná, mi sed se ha mantenido tan fuerte como siempre"
"on this long path of a Samana, my thirst has remained as strong as ever"
"Siempre tuve sed de conocimiento"
"I always thirsted for knowledge"
"Siempre he estado lleno de preguntas"
"I have always been full of questions"
"He preguntado a los brahmanes, año tras año"
"I have asked the Brahmans, year after year"
"y he pedido los santos Vedas, año tras año"
"and I have asked the holy Vedas, year after year"

"y he pedido a los devotos Samaná, año tras año"
"and I have asked the devoted Samanas, year after year"
**"tal vez podría haberlo aprendido del pájaro cálao"**
"perhaps I could have learned it from the hornbill bird"
**"Tal vez debería haberle preguntado al chimpancé"**
"perhaps I should have asked the chimpanzee"
**"Me tomó mucho tiempo"**
"It took me a long time"
**"y aún no he terminado de aprender esto"**
"and I am not finished learning this yet"
**"¡Oh Govinda, he aprendido que no hay nada que aprender!"**
"oh Govinda, I have learned that there is nothing to be learned!"
**"De hecho, no existe el aprendizaje"**
"There is indeed no such thing as learning"
**"Solo hay un conocimiento"**
"There is just one knowledge"
**"este conocimiento está en todas partes, esto es Atman"**
"this knowledge is everywhere, this is Atman"
**"Este conocimiento está dentro de mí y dentro de ti"**
"this knowledge is within me and within you"
**"Y este conocimiento está dentro de cada criatura"**
"and this knowledge is within every creature"
**"Este conocimiento no tiene peor enemigo que el deseo de conocerlo"**
"this knowledge has no worser enemy than the desire to know it"
**"eso es lo que creo"**
"that is what I believe"
**Ante esto, Govinda se detuvo en el camino.**
At this, Govinda stopped on the path
**Levantó las manos y habló**
he rose his hands, and spoke
**"Si tan solo no molestaras a tu amigo con este tipo de charla"**
"If only you would not bother your friend with this kind of talk"
**"En verdad, tus palabras despiertan miedo en mi corazón"**

"Truly, your words stir up fear in my heart"
**"Considera, ¿qué sería de la santidad de la oración?"**
"consider, what would become of the sanctity of prayer?"
**"¿Qué sería de la venerabilidad de la casta de los brahmanes?"**
"what would become of the venerability of the Brahmans' caste?"
**"¿Qué pasaría con la santidad de los Samaná?"**
"what would happen to the holiness of the Samanas?"
**"Lo que entonces sería de todo eso es santo"**
"What would then become of all of that is holy"
**"¿Qué seguiría siendo precioso?"**
"what would still be precious?"
**Y Govinda murmuró un verso de un Upanishad para sí mismo.**
And Govinda mumbled a verse from an Upanishad to himself
**"El que meditamente, de espíritu purificado, se pierde en la meditación de Atman"**
"He who ponderingly, of a purified spirit, loses himself in the meditation of Atman"
**"Inexpresable por palabras es la bienaventuranza de su corazón"**
"inexpressible by words is the blissfulness of his heart"
**Pero Siddhartha permaneció en silencio**
But Siddhartha remained silent
**Pensó en las palabras que Govinda le había dicho.**
He thought about the words which Govinda had said to him
**y pensó las palabras hasta el final.**
and he thought the words through to their end
**Pensó en lo que quedaría de todo lo que parecía santo.**
he thought about what would remain of all that which seemed holy
**¿Qué queda? ¿Qué puede soportar la prueba?**
What remains? What can stand the test?
**Y sacudió la cabeza**
And he shook his head

**los dos jóvenes habían vivido entre los samanas durante unos tres años.**
the two young men had lived among the Samanas for about three years
**Alguna noticia, un rumor, un mito les llegó**
some news, a rumour, a myth reached them
**El rumor había sido contado muchas veces.**
the rumour had been retold many times
**Un hombre había aparecido, Gotama por su nombre**
A man had appeared, Gotama by name
**el exaltado, el Buda**
the exalted one, the Buddha
**Había superado el sufrimiento del mundo en sí mismo.**
he had overcome the suffering of the world in himself
**y había detenido el ciclo de renacimientos**
and he had halted the cycle of rebirths
**Se decía que vagaba por la tierra, enseñando**
He was said to wander through the land, teaching
**Se decía que estaba rodeado de discípulos.**
he was said to be surrounded by disciples
**Se decía que no tenía posesión, hogar ni esposa.**
he was said to be without possession, home, or wife
**Se decía que estaba en la capa amarilla de un asceta.**
he was said to be in just the yellow cloak of an ascetic
**pero estaba con una frente alegre**
but he was with a cheerful brow
**y se decía que era un hombre de bienaventuranza**
and he was said to be a man of bliss
**Brahmanes y príncipes se inclinaron ante él**
Brahmans and princes bowed down before him
**y se convirtieron en sus alumnos**
and they became his students
**Este mito, este rumor, esta leyenda resonó**
This myth, this rumour, this legend resounded
**Su fragancia se levantó, aquí y allá, en las ciudades**
its fragrance rose up, here and there, in the towns
**los brahmanes hablaron de esta leyenda**

the Brahmans spoke of this legend
**y en el bosque, los samanas hablaron de ello**
and in the forest, the Samanas spoke of it
**una y otra vez, el nombre de Gotama el Buda llegó a oídos de los jóvenes.**
again and again, the name of Gotama the Buddha reached the ears of the young men
**se habló bien y mal de Gotama**
there was good and bad talk of Gotama
**algunos elogiaron a Gotama, otros lo difamaron**
some praised Gotama, others defamed him
**Era como si la plaga hubiera estallado en un país**
It was as if the plague had broken out in a country
**Se había estado difundiendo la noticia de que en uno u otro lugar había un hombre**
news had been spreading around that in one or another place there was a man
**un hombre sabio, un conocedor**
a wise man, a knowledgeable one
**Un hombre cuya palabra y aliento fueron suficientes para sanar a todos**
a man whose word and breath was enough to heal everyone
**Su presencia podría curar a cualquiera que hubiera sido infectado con la pestilencia.**
his presence could heal anyone who had been infected with the pestilence
**Tales noticias pasaron por la tierra, y todos hablarían de ello.**
such news went through the land, and everyone would talk about it
**Muchos creyeron los rumores, muchos dudaron de ellos**
many believed the rumours, many doubted them
**Pero muchos se pusieron en camino lo antes posible**
but many got on their way as soon as possible
**Fueron a buscar al sabio, al ayudador.**
they went to seek the wise man, the helper
**el sabio de la familia de Sakya**
the wise man of the family of Sakya

**Él poseía, según decían los creyentes, la iluminación más elevada.**
He possessed, so the believers said, the highest enlightenment
**recordó sus vidas anteriores; Había alcanzado el Nirvana**
he remembered his previous lives; he had reached the nirvana
**y nunca regresó al ciclo**
and he never returned into the cycle
**Nunca más fue sumergido en el río turbio de las formas físicas.**
he was never again submerged in the murky river of physical forms
**Muchas cosas maravillosas e increíbles fueron reportadas de él.**
Many wonderful and unbelievable things were reported of him
**había hecho milagros**
he had performed miracles
**Había vencido al diablo**
he had overcome the devil
**había hablado a los dioses**
he had spoken to the gods
**Pero sus enemigos e incrédulos dijeron que Gotama era un seductor vanidoso.**
But his enemies and disbelievers said Gotama was a vain seducer
**Dijeron que pasaba sus días en el lujo**
they said he spent his days in luxury
**Dijeron que despreciaba las ofrendas**
they said he scorned the offerings
**Dijeron que no estaba aprendiendo**
they said he was without learning
**Dijeron que no conocía ni ejercicios meditativos ni autocastigo.**
they said he knew neither meditative exercises nor self-castigation
**El mito de Buda sonaba dulce**
The myth of Buddha sounded sweet

**El aroma de la magia fluyó de estos informes.**
The scent of magic flowed from these reports
**Después de todo, el mundo estaba enfermo y la vida era difícil de soportar.**
After all, the world was sick, and life was hard to bear
**Y he aquí, aquí parecía brotar una fuente de alivio**
and behold, here a source of relief seemed to spring forth
**Aquí un mensajero parecía gritar**
here a messenger seemed to call out
**Reconfortante, suave, lleno de nobles promesas**
comforting, mild, full of noble promises
**En todas partes donde se escuchaba el rumor de Buda, los jóvenes escuchaban.**
Everywhere where the rumour of Buddha was heard, the young men listened up
**en todas partes en las tierras de la India sentían un anhelo**
everywhere in the lands of India they felt a longing
**En todas partes donde la gente buscaba, sentían esperanza**
everywhere where the people searched, they felt hope
**Cada peregrino y extraño era bienvenido cuando traía noticias de él.**
every pilgrim and stranger was welcome when he brought news of him
**el exaltado, el Sakyamuni**
the exalted one, the Sakyamuni
**El mito también había llegado a los Samanas en el bosque**
The myth had also reached the Samanas in the forest
**y Siddhartha y Govinda también escucharon el mito**
and Siddhartha and Govinda heard the myth too
**Lentamente, gota a gota, escucharon el mito**
slowly, drop by drop, they heard the myth
**Cada gota estaba cargada de esperanza**
every drop was laden with hope
**Cada gota estaba cargada de dudas**
every drop was laden with doubt
**Rara vez hablaban de ello**
They rarely talked about it

**porque al más antiguo de los samanas no le gustaba este mito**
because the oldest one of the Samanas did not like this myth
**había oído que este supuesto Buda solía ser un asceta.**
he had heard that this alleged Buddha used to be an ascetic
**Oyó que había vivido en el bosque**
he heard he had lived in the forest
**Pero había vuelto al lujo y a los placeres mundanos.**
but he had turned back to luxury and worldly pleasures
**y no tenía una alta opinión de este Gotama**
and he had no high opinion of this Gotama

**"Oh Siddhartha", dijo Govinda un día a su amigo.**
"Oh Siddhartha," Govinda spoke one day to his friend
**"Hoy, estaba en el pueblo"**
"Today, I was in the village"
**"y un Brahman me invitó a entrar en su casa"**
"and a Brahman invited me into his house"
**"y en su casa, estaba el hijo de un Brahman de Magadha"**
"and in his house, there was the son of a Brahman from Magadha"
**"ha visto al Buda con sus propios ojos"**
"he has seen the Buddha with his own eyes"
**"Y le ha oído enseñar"**
"and he has heard him teach"
**"En verdad, esto me dolía el pecho cuando respiraba"**
"Verily, this made my chest ache when I breathed"
**"Y pensé esto para mí mismo:"**
"and I thought this to myself:"
**"¡Si tan solo escucháramos las enseñanzas de la boca de este hombre perfeccionado!"**
"if only we heard the teachings from the mouth of this perfected man!"
**"Habla, amigo, ¿no querríamos ir allí también?"**
"Speak, friend, wouldn't we want to go there too"
**"¿No sería bueno escuchar las enseñanzas de la boca del Buda?"**

"wouldn't it be good to listen to the teachings from the Buddha's mouth?"
**Dijo Siddhartha: "Había pensado que te quedarías con los Samaná"**
Spoke Siddhartha, "I had thought you would stay with the Samanas"
**"Siempre había creído que tu objetivo era vivir hasta los setenta años"**
"I always had believed your goal was to live to be seventy"
**"Pensé que seguirías practicando esas hazañas y ejercicios"**
"I thought you would keep practising those feats and exercises"
**"y pensé que te convertirías en un Samaná"**
"and I thought you would become a Samana"
**"Pero he aquí, no había conocido a Govinda lo suficientemente bien"**
"But behold, I had not known Govinda well enough"
**"Sabía poco de su corazón"**
"I knew little of his heart"
**"Así que ahora quieres tomar un nuevo camino"**
"So now you want to take a new path"
**"y quieres ir allí donde el Buda difunde sus enseñanzas"**
"and you want to go there where the Buddha spreads his teachings"
**Dijo Govinda, "Te estás burlando de mí"**
Spoke Govinda, "You're mocking me"
**"¡Burlate de mí si quieres, Siddhartha!"**
"Mock me if you like, Siddhartha!"
**"¿Pero no has desarrollado también el deseo de escuchar estas enseñanzas?"**
"But have you not also developed a desire to hear these teachings?"
**"¿No has dicho que no caminarías por el camino de los Samanas por mucho más tiempo?"**
"have you not said you would not walk the path of the Samanas for much longer?"
**Ante esto, Siddhartha se rió a su manera.**

At this, Siddhartha laughed in his very own manner
**la manera en que su voz asumió un toque de tristeza**
the manner in which his voice assumed a touch of sadness
**Pero todavía tenía ese toque de burla.**
but it still had that touch of mockery
**Dijo Siddhartha, "Govinda, has hablado bien"**
Spoke Siddhartha, "Govinda, you've spoken well"
**"has recordado correctamente lo que dije"**
"you've remembered correctly what I said"
**"Si tan solo recordaras la otra cosa que has escuchado de mí"**
"If only you remembered the other thing you've heard from me"
**"Me he vuelto desconfiado y cansado contra las enseñanzas y el aprendizaje"**
"I have grown distrustful and tired against teachings and learning"
**"Mi fe en las palabras, que nos traen los maestros, es pequeña"**
"my faith in words, which are brought to us by teachers, is small"
**"Pero hagámoslo, querida"**
"But let's do it, my dear"
**"Estoy dispuesto a escuchar estas enseñanzas"**
"I am willing to listen to these teachings"
**"aunque en mi corazón no tengo esperanza"**
"though in my heart I do not have hope"
**"Creo que ya hemos probado el mejor fruto de estas enseñanzas"**
"I believe that we've already tasted the best fruit of these teachings"
**Dijo Govinda, "Tu disposición deleita mi corazón"**
Spoke Govinda, "Your willingness delights my heart"
**"Pero dime, ¿cómo debería ser esto posible?"**
"But tell me, how should this be possible?"
**"¿Cómo pueden las enseñanzas de Gotama habernos revelado ya su mejor fruto?"**
"How can the Gotama's teachings have already revealed their

best fruit to us?"
**"Todavía no hemos escuchado sus palabras"**
"we have not heard his words yet"
**Dijo Siddhartha: "Comamos esta fruta".**
Spoke Siddhartha, "Let us eat this fruit"
**"¡Y esperemos el resto, oh Govinda!"**
"and let us wait for the rest, oh Govinda!"
**"Pero este fruto consiste en que nos llama lejos de los Samanás"**
"But this fruit consists in him calling us away from the Samanas"
**"¡y ya lo hemos recibido gracias al Gotama!"**
"and we have already received it thanks to the Gotama!"
**"Si tiene más, esperemos con corazones tranquilos"**
"Whether he has more, let us await with calm hearts"

**En este mismo día, Siddhartha habló con el Samaná más viejo.**
On this very same day Siddhartha spoke to the oldest Samana
**le contó su decisión de abandonar los Samanas**
he told him of his decision to leaves the Samanas
**Informó al mayor con cortesía y modestia.**
he informed the oldest one with courtesy and modesty
**pero el samano se enojó porque los dos jóvenes querían dejarlo.**
but the Samana became angry that the two young men wanted to leave him
**y habló en voz alta y usó palabras crudas**
and he talked loudly and used crude words
**Govinda se sobresaltó y se avergonzó**
Govinda was startled and became embarrassed
**Pero Siddhartha acercó su boca a la oreja de Govinda.**
But Siddhartha put his mouth close to Govinda's ear
**"Ahora, quiero mostrarle al viejo lo que he aprendido de él"**
"Now, I want to show the old man what I've learned from him"
**Siddhartha se posicionó cerca frente al Samaná**

Siddhartha positioned himself closely in front of the Samana
**Con un alma concentrada, capturó la mirada del anciano**
with a concentrated soul, he captured the old man's glance
**Lo privó de su poder y lo hizo mudo.**
he deprived him of his power and made him mute
**Él le quitó su libre albedrío**
he took away his free will
**Lo sometió bajo su propia voluntad, y le ordenó**
he subdued him under his own will, and commanded him
**Sus ojos se volvieron inmóviles y su voluntad se paralizó.**
his eyes became motionless, and his will was paralysed
**Sus brazos colgaban sin poder**
his arms were hanging down without power
**había sido víctima del hechizo de Siddhartha**
he had fallen victim to Siddhartha's spell
**Los pensamientos de Siddhartha pusieron a Samaná bajo su control**
Siddhartha's thoughts brought the Samana under their control
**Tenía que llevar a cabo lo que le ordenaban**
he had to carry out what they commanded
**Y así, el anciano hizo varias reverencias.**
And thus, the old man made several bows
**Realizó gestos de bendición**
he performed gestures of blessing
**Habló tartamudeando un deseo piadoso de un buen viaje.**
he spoke stammeringly a godly wish for a good journey
**Los jóvenes devolvieron los buenos deseos con agradecimiento**
the young men returned the good wishes with thanks
**Siguieron su camino con saludos**
they went on their way with salutations
**En el camino, Govinda volvió a hablar**
On the way, Govinda spoke again
**"Oh Siddhartha, has aprendido más de los Samanas de lo que yo sabía"**
"Oh Siddhartha, you have learned more from the Samanas than I knew"

"**Es muy difícil lanzar un hechizo sobre un viejo Samaná**"
"It is very hard to cast a spell on an old Samana"
"**En verdad, si te hubieras quedado allí, pronto habrías aprendido a caminar sobre el agua**"
"Truly, if you had stayed there, you would soon have learned to walk on water"
"**No busco caminar sobre el agua**", **dijo Siddhartha.**
"I do not seek to walk on water" said Siddhartha
"**¡Que los viejos samanas se contenten con tales hazañas!**"
"Let old Samanas be content with such feats!"

# Gotama

**En Savathi, todos los niños conocían el nombre del Buda exaltado**
In Savathi, every child knew the name of the exalted Buddha
**Todas las casas estaban preparadas para su venida**
every house was prepared for his coming
**cada casa llenaba los platos de limosna de los discípulos de Gotama**
each house filled the alms-dishes of Gotama's disciples
**Los discípulos de Gotama eran los que suplicaban en silencio**
Gotama's disciples were the silently begging ones
**Cerca de la ciudad estaba el lugar favorito de Gotama para quedarse**
Near the town was Gotama's favourite place to stay
**se quedó en el jardín de Jetavana**
he stayed in the garden of Jetavana
**el rico comerciante Anathapindika le había dado el jardín a Gotama**
the rich merchant Anathapindika had given the garden to Gotama
**Se lo había regalado**
he had given it to him as a gift
**Era un adorador obediente del Exaltado**
he was an obedient worshipper of the exalted one
**Los dos jóvenes ascetas habían recibido cuentos y respuestas**
the two young ascetics had received tales and answers
**todos estos cuentos y respuestas los llevaron a la morada de Gotama**
all these tales and answers pointed them to Gotama's abode
**llegaron a la ciudad de Savathi**
they arrived in the town of Savathi
**Llegaron a la primera puerta del pueblo**
they went to the very first door of the town
**y pedían comida a la puerta**
and they begged for food at the door

**Una mujer les ofreció comida**
a woman offered them food
**y aceptaron la comida**
and they accepted the food
**—preguntó Siddharta a la mujer**
Siddhartha asked the woman
**"Oh caritativo, ¿dónde mora el Buda?"**
"oh charitable one, where does the Buddha dwell?"
**"somos dos Samanas de la selva"**
"we are two Samanas from the forest"
**"Hemos venido a ver al Perfecto"**
"we have come to see the perfected one"
**"Hemos venido a oír las enseñanzas de su boca"**
"we have come to hear the teachings from his mouth"
**Habló la mujer: "Samanas del bosque"**
Spoke the woman, "you Samanas from the forest"
**"Realmente has venido al lugar correcto"**
"you have truly come to the right place"
**"Debes saber que en Jetavana, está el jardín de Anathapindika"**
"you should know, in Jetavana, there is the garden of Anathapindika"
**"Ahí es donde mora el Exaltado"**
"that is where the exalted one dwells"
**"Allí pasaréis la noche los peregrinos"**
"there you pilgrims shall spend the night"
**"Hay espacio suficiente para los innumerables que acuden aquí"**
"there is enough space for the innumerable, who flock here"
**"Ellos también vienen a escuchar las enseñanzas de su boca"**
"they too come to hear the teachings from his mouth"
**Esto hizo que Govinda se sintiera feliz y lleno de alegría**
This made Govinda happy, and full of joy
**Exclamó: "Hemos llegado a nuestro destino"**
he exclaimed, "we have reached our destination"
**"¡Nuestro camino ha llegado a su fin!"**
"our path has come to an end!"

"**Pero dinos, oh madre de los peregrinos**"
"But tell us, oh mother of the pilgrims"
—**¿Lo conoces, el Buda?**
"do you know him, the Buddha?"
—**¿Lo has visto con tus propios ojos?**
"have you seen him with your own eyes?"
**Habló la mujer: "Muchas veces lo he visto al Exaltado"**
Spoke the woman, "Many times I have seen him, the exalted one"
"**En muchos días lo he visto**"
"On many days I have seen him"
"**Lo he visto caminar por los callejones en silencio**"
"I have seen him walking through the alleys in silence"
"**Lo he visto con su capa amarilla**"
"I have seen him wearing his yellow cloak"
"**Lo he visto presentar su limosna en silencio**"
"I have seen him presenting his alms-dish in silence"
"**Lo he visto a las puertas de las casas**"
"I have seen him at the doors of the houses"
"**Y lo he visto salir con un plato lleno**"
"and I have seen him leaving with a filled dish"
**Encantado, Govinda escuchó a la mujer**
Delightedly, Govinda listened to the woman
**Y quería preguntar y oír mucho más**
and he wanted to ask and hear much more
**Pero Siddharta le instó a que siguiera caminando**
But Siddhartha urged him to walk on
**Le dieron las gracias a la mujer y se fueron**
They thanked the woman and left
**Apenas tuvieron que pedir indicaciones**
they hardly had to ask for directions
**muchos peregrinos y monjes se dirigían al Jetavana**
many pilgrims and monks were on their way to the Jetavana
**Llegaban de noche, por lo que las llegadas eran constantes**
they reached it at night, so there were constant arrivals
**y los que buscaron refugio lo consiguieron**
and those who sought shelter got it

**Los dos Samanas estaban acostumbrados a la vida en el bosque**
The two Samanas were accustomed to life in the forest
**Así que, sin hacer ruido, rápidamente encontraron un lugar donde quedarse**
so without making any noise they quickly found a place to stay
**y descansaron allí hasta la mañana**
and they rested there until the morning

**Al amanecer, vieron con asombro el tamaño de la multitud**
At sunrise, they saw with astonishment the size of the crowd
**Había venido un gran número de creyentes**
a great many number of believers had come
**y un gran número de curiosos habían pasado la noche allí**
and a great number of curious people had spent the night here
**En todos los senderos del maravilloso jardín, los monjes caminaban con túnicas amarillas**
On all paths of the marvellous garden, monks walked in yellow robes
**Bajo los árboles se sentaron aquí y allá, en profunda contemplación**
under the trees they sat here and there, in deep contemplation
**o estaban en una conversación sobre asuntos espirituales**
or they were in a conversation about spiritual matters
**Los jardines sombreados parecían una ciudad**
the shady gardens looked like a city
**Una ciudad llena de gente, bulliciosa como abejas**
a city full of people, bustling like bees
**La mayoría de los monjes salieron con su limosna**
The majority of the monks went out with their alms-dish
**Salieron a recoger comida para su almuerzo**
they went out to collect food for their lunch
**Esta sería su única comida del día**
this would be their only meal of the day
**El mismo Buda, el iluminado, también mendigaba por las mañanas**

The Buddha himself, the enlightened one, also begged in the mornings
**Siddharta lo vio, y al instante lo reconoció**
Siddhartha saw him, and he instantly recognised him
**lo reconoció como si un Dios lo hubiera señalado**
he recognised him as if a God had pointed him out
**Lo vio, un hombre sencillo con una túnica amarilla**
He saw him, a simple man in a yellow robe
**Llevaba el plato de limosna en la mano, caminando en silencio**
he was bearing the alms-dish in his hand, walking silently
**"¡Mira aquí!" —dijo Siddharta en voz baja a Govinda—**
"Look here!" Siddhartha said quietly to Govinda
**"Este es el Buda"**
"This one is the Buddha"
**Atentamente, Govinda miró al monje de la túnica amarilla**
Attentively, Govinda looked at the monk in the yellow robe
**Este monje no parecía ser diferente de ninguno de los demás**
this monk seemed to be in no way different from any of the others
**pero pronto, Govinda también se dio cuenta de que este es el indicado**
but soon, Govinda also realized that this is the one
**Y ellos le siguieron y le observaron**
And they followed him and observed him
**El Buda siguió su camino, modestamente y sumido en sus pensamientos**
The Buddha went on his way, modestly and deep in his thoughts
**Su rostro sereno no era ni feliz ni triste**
his calm face was neither happy nor sad
**Su rostro parecía sonreír tranquila e interiormente**
his face seemed to smile quietly and inwardly
**Su sonrisa estaba escondida, tranquila y tranquila**
his smile was hidden, quiet and calm
**la forma en que el Buda caminaba se parecía un poco a la de un niño sano**

the way the Buddha walked somewhat resembled a healthy child
**Caminaba como todos sus monjes**
he walked just as all of his monks did
**colocó sus pies de acuerdo con una regla precisa**
he placed his feet according to a precise rule
**su rostro y su andar, su mirada tranquilamente baja**
his face and his walk, his quietly lowered glance
**su mano colgando silenciosamente, cada dedo de ella**
his quietly dangling hand, every finger of it
**Todas estas cosas expresaban paz**
all these things expressed peace
**Todas estas cosas expresaban perfección**
all these things expressed perfection
**no escudriñó, ni imitó**
he did not search, nor did he imitate
**Respiró suavemente para sus adentros una calma inquebrantable**
he softly breathed inwardly an unwhithering calm
**Brillaba exteriormente como una luz que no se marchitaba**
he shone outwardly an unwhithering light
**Tenía a su alrededor una paz intocable**
he had about him an untouchable peace
**los dos Samanas lo reconocieron únicamente por la perfección de su calma**
the two Samanas recognised him solely by the perfection of his calm
**Lo reconocieron por la quietud de su apariencia**
they recognized him by the quietness of his appearance
**la quietud de su aspecto, en la que no había búsqueda**
the quietness in his appearance in which there was no searching
**no había deseo, ni imitación**
there was no desire, nor imitation
**No había ningún esfuerzo por ser visto**
there was no effort to be seen
**En su aspecto sólo se veía luz y paz**

only light and peace was to be seen in his appearance
**"Hoy escucharemos las enseñanzas de su boca", dijo Govinda**
"Today, we'll hear the teachings from his mouth" said Govinda
**Siddharta no contestó**
Siddhartha did not answer
**Sentía poca curiosidad por las enseñanzas**
He felt little curiosity for the teachings
**No creía que le enseñaran nada nuevo**
he did not believe that they would teach him anything new
**había escuchado el contenido de las enseñanzas de este Buda una y otra vez**
he had heard the contents of this Buddha's teachings again and again
**Pero estos informes solo representaban información de segunda mano**
but these reports only represented second hand information
**Pero miró atentamente la cabeza de Gotama**
But attentively he looked at Gotama's head
**sus hombros, sus pies, su mano colgando silenciosamente**
his shoulders, his feet, his quietly dangling hand
**Era como si cada dedo de esta mano fuera de estas enseñanzas**
it was as if every finger of this hand was of these teachings
**Sus dedos hablaban de la verdad**
his fingers spoke of truth
**Sus dedos respiraron y exhalaron la fragancia de la verdad**
his fingers breathed and exhaled the fragrance of truth
**Sus dedos brillaban con la verdad**
his fingers glistened with truth
**este Buda era veraz hasta el gesto de su último dedo**
this Buddha was truthful down to the gesture of his last finger
**Siddharta se dio cuenta de que aquel hombre era santo**
Siddhartha could see that this man was holy
**Nunca antes Siddharta había venerado tanto a una persona**
Never before, Siddhartha had venerated a person so much

**Nunca antes había amado tanto a una persona como a ésta**
he had never before loved a person as much as this one
**Ambos siguieron al Buda hasta llegar a la ciudad**
They both followed the Buddha until they reached the town
**y luego volvieron a su silencio**
and then they returned to their silence
**ellos mismos tenían la intención de abstenerse en este día**
they themselves intended to abstain on this day
**Vieron a Gotama devolviendo la comida que le habían dado**
They saw Gotama returning the food that had been given to him
**Lo que comía ni siquiera podía haber satisfecho el apetito de un pájaro**
what he ate could not even have satisfied a bird's appetite
**y lo vieron retirarse a la sombra de los árboles de mango**
and they saw him retiring into the shade of the mango-trees

**Por la noche, el calor había refrescado**
in the evening the heat had cooled down
**Todos en el campamento comenzaron a bullir y se reunieron alrededor**
everyone in the camp started to bustle about and gathered around
**oyeron las enseñanzas del Buda y su voz**
they heard the Buddha teaching, and his voice
**y su voz también se perfeccionó**
and his voice was also perfected
**Su voz era de perfecta calma**
his voice was of perfect calmness
**Su voz estaba llena de paz**
his voice was full of peace
**Gotama enseñó las enseñanzas del sufrimiento**
Gotama taught the teachings of suffering
**Enseñó sobre el origen del sufrimiento**
he taught of the origin of suffering
**Enseñó la manera de aliviar el sufrimiento**
he taught of the way to relieve suffering

**Con calma y claridad, su discurso tranquilo fluyó**
Calmly and clearly his quiet speech flowed on
**El sufrimiento era vida, y lleno de sufrimiento estaba el mundo**
Suffering was life, and full of suffering was the world
**pero se había encontrado la salvación del sufrimiento**
but salvation from suffering had been found
**la salvación fue obtenida por aquel que caminaría por el camino del Buda**
salvation was obtained by him who would walk the path of the Buddha
**Con voz suave, pero firme, habló el exaltado**
With a soft, yet firm voice the exalted one spoke
**Enseñó las cuatro doctrinas principales**
he taught the four main doctrines
**Enseñó el óctuple sendero**
he taught the eight-fold path
**Pacientemente siguió el camino habitual de las enseñanzas**
patiently he went the usual path of the teachings
**Sus enseñanzas contenían los ejemplos**
his teachings contained the examples
**Su enseñanza hacía uso de las repeticiones**
his teaching made use of the repetitions
**Brillante y silenciosamente, su voz se cernía sobre los oyentes**
brightly and quietly his voice hovered over the listeners
**Su voz era como una luz**
his voice was like a light
**Su voz era como un cielo estrellado**
his voice was like a starry sky
**Cuando el Buda terminó su discurso, muchos peregrinos dieron un paso al frente**
When the Buddha ended his speech, many pilgrims stepped forward
**Pidieron ser aceptados en la comunidad**
they asked to be accepted into the community
**Buscaron refugio en las enseñanzas**

they sought refuge in the teachings
**Y Gotama los aceptó hablando**
And Gotama accepted them by speaking
**"Has escuchado bien las enseñanzas"**
"You have heard the teachings well"
**"Únete a nosotros y camina en santidad"**
"join us and walk in holiness"
**"Pon fin a todo sufrimiento"**
"put an end to all suffering"
**He aquí que entonces Govinda, el tímido, también se adelantó y habló**
Behold, then Govinda, the shy one, also stepped forward and spoke
**"Yo también me refugio en el exaltado y en sus enseñanzas"**
"I also take my refuge in the exalted one and his teachings"
**y pidió ser aceptado en la comunidad de sus discípulos**
and he asked to be accepted into the community of his disciples
**y fue aceptado en la comunidad de los discípulos de Gotama**
and he was accepted into the community of Gotama's disciples

**el Buda se había retirado a pasar la noche**
the Buddha had retired for the night
**Govinda se volvió hacia Siddhartha y le habló con entusiasmo**
Govinda turned to Siddhartha and spoke eagerly
**"Siddharta, no me corresponde a mí regañarte"**
"Siddhartha, it is not my place to scold you"
**"Los dos hemos oído al exaltado"**
"We have both heard the exalted one"
**"Ambos hemos percibido las enseñanzas"**
"we have both perceived the teachings"
**"Govinda ha escuchado las enseñanzas"**
"Govinda has heard the teachings"
**"Se ha refugiado en las enseñanzas"**
"he has taken refuge in the teachings"
**"Pero, mi honorable amigo, debo preguntarle"**

"But, my honoured friend, I must ask you"
"¿No quieres también tú caminar por el camino de la salvación?"
"don't you also want to walk the path of salvation?"
—¿Querrías dudar?
"Would you want to hesitate?"
—¿Quieres esperar más?
"do you want to wait any longer?"
**Siddharta se despertó como si hubiera estado dormido**
Siddhartha awakened as if he had been asleep
**Durante mucho tiempo, miró a la cara de Govinda**
For a long time, he looked into Govinda's face
**Luego habló en voz baja, con una voz sin burla**
Then he spoke quietly, in a voice without mockery
"Govinda, amigo mío, ahora has dado este paso"
"Govinda, my friend, now you have taken this step"
"Ahora has elegido este camino"
"now you have chosen this path"
"Siempre, oh Govinda, has sido mi amigo"
"Always, oh Govinda, you've been my friend"
"Siempre has caminado un paso detrás de mí"
"you've always walked one step behind me"
"A menudo he pensado en ti"
"Often I have thought about you"
"'¿No dará Govinda por una vez también un paso solo?'"
"'Won't Govinda for once also take a step by himself'"
—¿No dará Govinda un paso sin mí?
"won't Govinda take a step without me?'"
"'¿No dará un paso impulsado por su propia alma?'"
"'won't he take a step driven by his own soul?'"
"Mira, ahora te has convertido en un hombre"
"Behold, now you've turned into a man"
"Estás eligiendo tu camino por ti mismo"
"you are choosing your path for yourself"
"Ojalá lo hicieras hasta el final"
"I wish that you would go it up to its end"
"¡Oh, amigo mío, espero que encuentres la salvación!"

"oh my friend, I hope that you shall find salvation!"
**Govinda, aún no lo entendía del todo**
Govinda, did not completely understand it yet
**Repitió su pregunta en tono impaciente**
he repeated his question in an impatient tone
**—¡Habla, te lo ruego, querida!**
"Speak up, I beg you, my dear!"
**"Dígame, ya que no podía ser de otra manera"**
"Tell me, since it could not be any other way"
**"¿No te refugiarás tú también con el exaltado Buda?"**
"won't you also take your refuge with the exalted Buddha?"
**Siddharta puso la mano sobre el hombro de Govinda**
Siddhartha placed his hand on Govinda's shoulder
**"No escuchaste mis buenos deseos para ti"**
"You failed to hear my good wish for you"
**"Te repito mi deseo"**
"I'm repeating my wish for you"
**"Ojalá siguieras este camino"**
"I wish that you would go this path"
**"Ojalá llegaras hasta el final de este camino"**
"I wish that you would go up to this path's end"
**"¡Deseo que encuentres la salvación!"**
"I wish that you shall find salvation!"
**En ese momento, Govinda se dio cuenta de que su amigo lo había abandonado**
In this moment, Govinda realized that his friend had left him
**Cuando se dio cuenta de esto, comenzó a llorar**
when he realized this he started to weep
**—¡Siddharta! —exclamó con lamento—**
"Siddhartha!" he exclaimed lamentingly
**Siddharta le habló amablemente**
Siddhartha kindly spoke to him
**"No olvides, Govinda, quién eres"**
"don't forget, Govinda, who you are"
**"ahora eres uno de los Samanas del Buda"**
"you are now one of the Samanas of the Buddha"
**"Has renunciado a tu casa y a tus padres"**

- 61 -

"You have renounced your home and your parents"
**"Has renunciado a tu nacimiento y a tus posesiones"**
"you have renounced your birth and possessions"
**"Has renunciado a tu libre albedrío"**
"you have renounced your free will"
**"Has renunciado a toda amistad"**
"you have renounced all friendship"
**"Esto es lo que requieren las enseñanzas"**
"This is what the teachings require"
**"Esto es lo que quiere el Exaltado"**
"this is what the exalted one wants"
**"Esto es lo que querías para ti"**
"This is what you wanted for yourself"
**"Mañana, oh Govinda, te dejo"**
"Tomorrow, oh Govinda, I will leave you"
**Durante mucho tiempo, los amigos continuaron caminando por el jardín**
For a long time, the friends continued walking in the garden
**Durante mucho tiempo, permanecieron allí y no encontraron sueño**
for a long time, they lay there and found no sleep
**Y una y otra vez, Govinda instó a su amigo**
And over and over again, Govinda urged his friend
**"¿Por qué no querrías buscar refugio en las enseñanzas de Gotama?"**
"why would you not want to seek refuge in Gotama's teachings?"
**"¿Qué falla podrías encontrar en estas enseñanzas?"**
"what fault could you find in these teachings?"
**Pero Siddharta se apartó de su amigo**
But Siddhartha turned away from his friend
**cada vez que decía: «¡Alégrate, Govinda!»**
every time he said, "Be content, Govinda!"
**"Muy buenas son las enseñanzas del exaltado"**
"Very good are the teachings of the exalted one"
**"¿Cómo podría encontrar una falla en sus enseñanzas?"**
"how could I find a fault in his teachings?"

**Era muy temprano en la mañana**
it was very early in the morning
**Uno de los monjes más antiguos atravesó el jardín**
one of the oldest monks went through the garden
**Llamó a los que se habían refugiado en las enseñanzas**
he called to those who had taken their refuge in the teachings
**Los llamó para que los vistieran con la túnica amarilla**
he called them to dress them up in the yellow robe
**y los instruye en las primeras enseñanzas y deberes de su cargo**
and he instruct them in the first teachings and duties of their position
**Govinda volvió a abrazar a su amigo de la infancia**
Govinda once again embraced his childhood friend
**Y luego se fue con los novicios**
and then he left with the novices
**Pero Siddharta paseó por el jardín, absorto en sus pensamientos**
But Siddhartha walked through the garden, lost in thought
**Entonces se encontró con Gotama, el exaltado**
Then he happened to meet Gotama, the exalted one
**Lo saludó con respeto**
he greeted him with respect
**la mirada del Buda estaba llena de bondad y calma**
the Buddha's glance was full of kindness and calm
**El joven se armó de valor**
the young man summoned his courage
**Le pidió permiso al Venerable para hablar con él**
he asked the venerable one for the permission to talk to him
**En silencio, el exaltado asintió con la cabeza en señal de aprobación**
Silently, the exalted one nodded his approval
**Dijo Siddharta: "Ayer, oh exaltado"**
Spoke Siddhartha, "Yesterday, oh exalted one"
**"He tenido el privilegio de escuchar tus maravillosas enseñanzas"**
"I had been privileged to hear your wondrous teachings"

"Junto con mi amigo, había venido de lejos, para escuchar tus enseñanzas"

"Together with my friend, I had come from afar, to hear your teachings"

**"Y ahora mi amigo se va a quedar con tu gente"**

"And now my friend is going to stay with your people"

**"Se ha refugiado contigo"**

"he has taken his refuge with you"

**"Pero volveré a emprender mi peregrinación"**

"But I will again start on my pilgrimage"

—Como quieras —dijo cortésmente el venerable—

"As you please," the venerable one spoke politely

—Demasiado atrevido es mi discurso —continuó Siddhartha—

"Too bold is my speech," Siddhartha continued

**"pero no quiero dejar a los exaltados en esta nota"**

"but I do not want to leave the exalted on this note"

**"Quiero compartir con el más venerable mis sinceros pensamientos"**

"I want to share with the most venerable one my honest thoughts"

—¿Le agrada al venerable escuchar un momento más?

"Does it please the venerable one to listen for one moment longer?"

**En silencio, el Buda asintió con la cabeza en señal de aprobación**

Silently, the Buddha nodded his approval

**Dijo Siddharta: "¡Oh, el más venerable!"**

Spoke Siddhartha, "oh most venerable one"

**"Hay una cosa que he admirado más que nada en tus enseñanzas"**

"there is one thing I have admired in your teachings most of all"

**"Todo en tus enseñanzas está perfectamente claro"**

"Everything in your teachings is perfectly clear"

**"Lo que dices está probado"**

"what you speak of is proven"

"Estás presentando el mundo como una cadena perfecta"
"you are presenting the world as a perfect chain"
"Una cadena que nunca y en ninguna parte se rompe"
"a chain which is never and nowhere broken"
"una cadena eterna cuyos eslabones son causas y efectos"
"an eternal chain the links of which are causes and effects"
"Nunca antes se había visto esto con tanta claridad"
"Never before, has this been seen so clearly"
"Nunca antes se había presentado esto de manera tan irrefutable"
"never before, has this been presented so irrefutably"
"Verdaderamente, el corazón de cada brahmán tiene que latir más fuerte con amor"
"truly, the heart of every Brahman has to beat stronger with love"
"Él ha visto el mundo a través de tus enseñanzas perfectamente conectadas"
"he has seen the world through your perfectly connected teachings"
"Sin huecos, claro como un cristal"
"without gaps, clear as a crystal"
"no depende del azar, no depende de los dioses"
"not depending on chance, not depending on Gods"
"Tiene que aceptarlo, sea bueno o malo"
"he has to accept it whether it may be good or bad"
"Tiene que vivir de acuerdo con ella, ya sea sufrimiento o alegría"
"he has to live by it whether it would be suffering or joy"
"pero no quiero discutir la uniformidad del mundo"
"but I do not wish to discuss the uniformity of the world"
"Es posible que esto no sea imprescindible"
"it is possible that this is not essential"
"Todo lo que sucede está conectado"
"everything which happens is connected"
"Lo grande y lo pequeño están todos englobados"
"the great and the small things are all encompassed"
"Están conectados por las mismas fuerzas del tiempo"

"they are connected by the same forces of time"
**"Están unidos por la misma ley de las causas"**
"they are connected by the same law of causes"
**"Las causas de la existencia y de la muerte"**
"the causes of coming into being and of dying"
**"Esto es lo que brilla intensamente en tus exaltadas enseñanzas"**
"this is what shines brightly out of your exalted teachings"
**"Pero, de acuerdo con sus propias enseñanzas, hay una pequeña brecha"**
"But, according to your very own teachings, there is a small gap"
**"Esta unidad y secuencia necesaria de todas las cosas se rompe en un solo lugar"**
"this unity and necessary sequence of all things is broken in one place"
**"Este mundo de unidad está invadido por algo ajeno"**
"this world of unity is invaded by something alien"
**"Hay algo nuevo, que no había existido antes"**
"there is something new, which had not been there before"
**"Hay algo que no se puede demostrar"**
"there is something which cannot be demonstrated"
**"Hay algo que no se puede probar"**
"there is something which cannot be proven"
**"Estas son tus enseñanzas para vencer al mundo"**
"these are your teachings of overcoming the world"
**"Estas son tus enseñanzas de salvación"**
"these are your teachings of salvation"
**"Pero con esta pequeña brecha, lo eterno se rompe de nuevo"**
"But with this small gap, the eternal breaks apart again"
**"Con esta pequeña infracción, la ley del mundo se vuelve nula"**
"with this small breach, the law of the world becomes void"
**"Por favor, perdónenme por expresar esta objeción"**
"Please forgive me for expressing this objection"
**En silencio, Gotama lo había escuchado, impasible**
Quietly, Gotama had listened to him, unmoved

**Ahora hablaba, el perfeccionado, con su voz clara amable y educada**
Now he spoke, the perfected one, with his kind and polite clear voice
**"Has oído las enseñanzas, oh hijo de un brahmán"**
"You've heard the teachings, oh son of a Brahman"
**"Y bien por ti que lo hayas pensado tan profundamente"**
"and good for you that you've thought about it this deeply"
**"Has encontrado una laguna en mis enseñanzas, un error"**
"You've found a gap in my teachings, an error"
**"Deberías pensar más en esto"**
"You should think about this further"
**"Pero ten cuidado, oh buscador de conocimiento, de la espesura de las opiniones"**
"But be warned, oh seeker of knowledge, of the thicket of opinions"
**"Cuidado con las discusiones sobre las palabras"**
"be warned of arguing about words"
**"No hay nada en las opiniones"**
"There is nothing to opinions"
**"Pueden ser bonitos o feos"**
"they may be beautiful or ugly"
**"Las opiniones pueden ser inteligentes o tontas"**
"opinions may be smart or foolish"
**"Todo el mundo puede apoyar sus opiniones, o descartarlas"**
"everyone can support opinions, or discard them"
**"Pero las enseñanzas, has oído de mí, no son ninguna opinión"**
"But the teachings, you've heard from me, are no opinion"
**"Su objetivo no es explicar el mundo a los que buscan el conocimiento"**
"their goal is not to explain the world to those who seek knowledge"
**"Tienen un objetivo diferente"**
"They have a different goal"
**"Su meta es la salvación del sufrimiento"**
"their goal is salvation from suffering"

"Esto es lo que enseña Gotama, nada más"
"This is what Gotama teaches, nothing else"
"Desearía que tú, oh exaltado, no te enojaras conmigo", dijo el joven
"I wish that you, oh exalted one, would not be angry with me" said the young man
"No te he hablado así para discutir contigo"
"I have not spoken to you like this to argue with you"
"No quiero discutir sobre palabras"
"I do not wish to argue about words"
"Tienes toda la razón, hay poco que opinar"
"You are truly right, there is little to opinions"
"Pero déjame decir una cosa más"
"But let me say one more thing"
"No he dudado ni un solo momento de ti"
"I have not doubted in you for a single moment"
"No he dudado ni por un momento de que eres Buda"
"I have not doubted for a single moment that you are Buddha"
"No he dudado de que has alcanzado la meta más alta"
"I have not doubted that you have reached the highest goal"
"la meta más elevada hacia la que tantos brahmanes están en camino"
"the highest goal towards which so many Brahmans are on their way"
"Has hallado la salvación de la muerte"
"You have found salvation from death"
"Ha llegado a ti en el curso de tu propia búsqueda"
"It has come to you in the course of your own search"
"Ha llegado a ti en tu propio camino"
"it has come to you on your own path"
"Ha llegado a ti a través de pensamientos y meditación"
"it has come to you through thoughts and meditation"
"Ha llegado a ti a través de las realizaciones y la iluminación"
"it has come to you through realizations and enlightenment"
"¡Pero no ha llegado a ti por medio de enseñanzas!"
"but it has not come to you by means of teachings!"

"Y este es mi pensamiento"
"And this is my thought"
"¡Nadie obtendrá la salvación por medio de las enseñanzas!"
"nobody will obtain salvation by means of teachings!"
"No serás capaz de transmitir tu hora de iluminación"
"You will not be able to convey your hour of enlightenment"
"¡Las palabras de lo que te ha sucedido no transmitirán el momento!"
"words of what has happened to you won't convey the moment!"
"Las enseñanzas del Buda iluminado contienen mucho"
"The teachings of the enlightened Buddha contain much"
"Enseña a muchos a vivir con rectitud"
"it teaches many to live righteously"
"Enseña a muchos a evitar el mal"
"it teaches many to avoid evil"
"Pero hay una cosa que estas enseñanzas no contienen"
"But there is one thing which these teachings do not contain"
"Son claras y venerables, pero a las enseñanzas les falta algo"
"they are clear and venerable, but the teachings miss something"
"Las enseñanzas no encierran el misterio"
"the teachings do not contain the mystery"
"El misterio de lo que el Exaltado ha experimentado por sí mismo"
"the mystery of what the exalted one has experienced for himself"
"Entre cientos de miles, solo él lo experimentó"
"among hundreds of thousands, only he experienced it"
"Esto es lo que he pensado y me he dado cuenta cuando escuché las enseñanzas"
"This is what I have thought and realized, when I heard the teachings"
"Es por eso que continúo mis viajes"
"This is why I am continuing my travels"
"por eso no busco otras enseñanzas mejores"
"this is why I do not to seek other, better teachings"

"**Sé que no hay mejores enseñanzas**"
"I know there are no better teachings"
"**Me voy para apartarme de todas las enseñanzas y de todos los maestros**"
"I leave to depart from all teachings and all teachers"
"**Me voy para alcanzar mi meta por mí mismo, o para morir**"
"I leave to reach my goal by myself, or to die"
"**Pero a menudo, pensaré en este día, oh exaltado**"
"But often, I'll think of this day, oh exalted one"
"**Y pensaré en esta hora, cuando mis ojos vieron a un hombre santo**"
"and I'll think of this hour, when my eyes beheld a holy man"
**Los ojos del Buda miraron en silencio al suelo**
The Buddha's eyes quietly looked to the ground
**En silencio, con perfecta ecuanimidad, su rostro inescrutable sonreía**
quietly, in perfect equanimity, his inscrutable face was smiling
**El Venerable habló despacio**
the venerable one spoke slowly
"**Deseo que tus pensamientos no sean erróneos**"
"I wish that your thoughts shall not be in error"
"**¡Deseo que alcances la meta!**"
"I wish that you shall reach the goal!"
"**Pero hay algo que te pido que me digas**"
"But there is something I ask you to tell me"
"**¿Has visto la multitud de mis samanas?**"
"Have you seen the multitude of my Samanas?"
"**Se han refugiado en las enseñanzas**"
"they have taken refuge in the teachings"
—**¿Crees que sería mejor que abandonaran las enseñanzas?**
"do you believe it would be better for them to abandon the teachings?"
—**¿Deberían volver al mundo de los deseos?**
"should they to return into the world of desires?"
-**¡Lejos está de mi mente semejante pensamiento! -exclamó Siddharta-**
"Far is such a thought from my mind" exclaimed Siddhartha

**"Deseo que todos se queden con las enseñanzas"**
"I wish that they shall all stay with the teachings"
**"¡Deseo que alcancen su meta!"**
"I wish that they shall reach their goal!"
**"No me corresponde juzgar la vida de otra persona"**
"It is not my place to judge another person's life"
**"Solo puedo juzgar mi propia vida"**
"I can only judge my own life"
**"Debo decidir, debo elegir, debo negarme"**
"I must decide, I must chose, I must refuse"
**"La salvación del yo es lo que buscamos los samanas"**
"Salvation from the self is what we Samanas search for"
**"Oh exaltado, si yo fuera uno de tus discípulos"**
"oh exalted one, if only I were one of your disciples"
**"Temía que me pasara a mí"**
"I'd fear that it might happen to me"
**"Solo aparentemente, mi yo estaría tranquilo y sería redimido"**
"only seemingly, would my self be calm and be redeemed"
**"Pero en verdad viviría y crecería"**
"but in truth it would live on and grow"
**"porque entonces me reemplazaría a mí mismo con las enseñanzas"**
"because then I would replace my self with the teachings"
**"Mi deber sería seguirte"**
"my self would be my duty to follow you"
**"Mi yo sería mi amor por ti"**
"my self would be my love for you"
**—¡Y yo mismo sería la comunidad de los monjes!**
"and my self would be the community of the monks!"
**Con media sonrisa, Gotama miró a los ojos del desconocido**
With half of a smile Gotama looked into the stranger's eyes
**Sus ojos estaban inquebrantablemente abiertos y amables**
his eyes were unwaveringly open and kind
**Le ordenó que se marchara con un gesto apenas perceptible**
he bid him to leave with a hardly noticeable gesture
**"Eres sabio, oh Samaná", dijo el venerable**

"You are wise, oh Samana" the venerable one spoke
**"Sabes hablar sabiamente, amigo mío"**
"You know how to talk wisely, my friend"
**"¡Sé consciente de demasiada sabiduría!"**
"Be aware of too much wisdom!"
**El Buda se dio la vuelta**
The Buddha turned away
**Siddharta nunca olvidaría su mirada**
Siddhartha would never forget his glance
**su media sonrisa quedó grabada para siempre en la memoria de Siddharta**
his half smile remained forever etched in Siddhartha's memory
**Siddharta pensó para sí mismo**
Siddhartha thought to himself
**"Nunca antes había visto a una persona mirar y sonreír de esta manera"**
"I have never before seen a person glance and smile this way"
**"Nadie más se sienta y camina como él"**
"no one else sits and walks like he does"
**"De verdad, deseo poder mirar y sonreír de esta manera"**
"truly, I wish to be able to glance and smile this way"
**"Deseo poder sentarme y caminar de esta manera también"**
"I wish to be able to sit and walk this way, too"
**"Liberado, venerable, oculto, abierto, infantil y misterioso"**
"liberated, venerable, concealed, open, childlike and mysterious"
**"Debe haber logrado llegar a lo más íntimo de sí mismo"**
"he must have succeeded in reaching the innermost part of his self"
**"Solo entonces alguien puede mirar y caminar por este camino"**
"only then can someone glance and walk this way"
**"También buscaré llegar a lo más íntimo de mí mismo"**
"I will also seek to reach the innermost part of my self"
**«He visto a un hombre», pensó Siddharta**
"I saw a man" Siddhartha thought

**"un solo hombre, ante el cual tendría que bajar la mirada"**
"a single man, before whom I would have to lower my glance"
**"No quiero bajar la mirada antes que nadie"**
"I do not want to lower my glance before anyone else"
**"Ninguna enseñanza me atraerá más"**
"No teachings will entice me more anymore"
**"Porque las enseñanzas de este hombre no me han seducido"**
"because this man's teachings have not enticed me"
**"El Buda me ha privado de mí", pensó Siddharta**
"I am deprived by the Buddha" thought Siddhartha
**"Estoy privado, a pesar de que él ha dado tanto"**
"I am deprived, although he has given so much"
**"Me ha privado de mi amigo"**
"he has deprived me of my friend"
**"Mi amigo que había creído en mí"**
"my friend who had believed in me"
**"Mi amigo que ahora cree en él"**
"my friend who now believes in him"
**"Mi amigo que había sido mi sombra"**
"my friend who had been my shadow"
**"y ahora es la sombra de Gotama"**
"and now he is Gotama's shadow"
**"pero me ha dado a Siddharta"**
"but he has given me Siddhartha"
**"Él me ha dado a mí mismo"**
"he has given me myself"

## Despertamiento
### Awakening

**Siddhartha dejó atrás la plantación de mangos**
Siddhartha left the mango grove behind him
**Pero sintió que su vida pasada también se quedó atrás**
but he felt his past life also stayed behind
**el Buda, el perfeccionado, se quedó atrás**
the Buddha, the perfected one, stayed behind
**y Govinda también se quedó atrás**
and Govinda stayed behind too
**y su vida pasada se había separado de él**
and his past life had parted from him
**Reflexionó mientras caminaba lentamente**
he pondered as he was walking slowly
**Reflexionó sobre esta sensación, que lo llenó por completo**
he pondered about this sensation, which filled him completely
**Reflexionó profundamente, como si se sumergiera en aguas profundas**
He pondered deeply, like diving into a deep water
**Se dejó hundir en el suelo de la sensación**
he let himself sink down to the ground of the sensation
**Se dejó hundir hasta el lugar donde están las causas**
he let himself sink down to the place where the causes lie
**Identificar las causas es la esencia misma del pensamiento**
to identify the causes is the very essence of thinking
**Así le parecía**
this was how it seemed to him
**Y sólo por esto, las sensaciones se convierten en realizaciones**
and by this alone, sensations turn into realizations
**y estas sensaciones no se pierden**
and these sensations are not lost
**pero las sensaciones se convierten en entidades**
but the sensations become entities
**y las sensaciones empiezan a emitir lo que hay dentro de ellas**

and the sensations start to emit what is inside of them
**muestran sus verdades como rayos de luz**
they show their truths like rays of light
**Caminando lentamente, Siddhartha reflexionó**
Slowly walking along, Siddhartha pondered
**Se dio cuenta de que ya no era joven**
He realized that he was no youth any more
**Se dio cuenta de que se había convertido en un hombre**
he realized that he had turned into a man
**Se dio cuenta de que algo lo había abandonado**
He realized that something had left him
**de la misma manera que una serpiente es dejada por su vieja piel**
the same way a snake is left by its old skin
**Lo que tuvo durante toda su juventud ya no existía en él**
what he had throughout his youth no longer existed in him
**solía ser parte de él; el deseo de tener maestros**
it used to be a part of him; the wish to have teachers
**el deseo de escuchar las enseñanzas**
the wish to listen to teachings
**También había dejado al último maestro que había aparecido en su camino**
He had also left the last teacher who had appeared on his path
**Incluso había dejado al maestro más alto y sabio**
he had even left the highest and wisest teacher
**había dejado al santísimo, Buda**
he had left the most holy one, Buddha
**Tuvo que separarse de él, incapaz de aceptar sus enseñanzas**
he had to part with him, unable to accept his teachings
**Más despacio, caminaba en sus pensamientos**
Slower, he walked along in his thoughts
**y se preguntó: "¿Pero qué es esto?"**
and he asked himself, "But what is this?"
**"¿Qué has tratado de aprender de las enseñanzas y de los maestros?"**
"what have you sought to learn from teachings and from teachers?"

—¿Y qué eran ellos, que tanto te han enseñado?
"and what were they, who have taught you so much?"
"¿Qué son ellos si no han sido capaces de enseñarte?"
"what are they if they have been unable to teach you?"
Y descubrió: "Era el yo"
And he found, "It was the self"
"era el propósito y la esencia de lo que buscaba aprender"
"it was the purpose and essence of which I sought to learn"
"Era el yo del que quería liberarme"
"It was the self I wanted to free myself from"
"el yo que busqué superar"
"the self which I sought to overcome"
"Pero no pude superarlo"
"But I was not able to overcome it"
"Solo pude engañarlo"
"I could only deceive it"
"Solo pude huir de ella"
"I could only flee from it"
"Solo pude esconderme de eso"
"I could only hide from it"
"Verdaderamente, nada en este mundo ha mantenido mis pensamientos tan ocupados"
"Truly, no thing in this world has kept my thoughts so busy"
"Me ha mantenido ocupado con el misterio de estar vivo"
"I have been kept busy by the mystery of me being alive"
"El misterio de que yo sea uno"
"the mystery of me being one"
"El misterio de estar separados y aislados de todos los demás"
"the mystery if being separated and isolated from all others"
—¡El misterio de que yo sea Siddharta!
"the mystery of me being Siddhartha!"
"Y no hay nada en este mundo de lo que sepa menos"
"And there is no thing in this world I know less about"
Había estado reflexionando mientras caminaba lentamente
he had been pondering while slowly walking along
Se detuvo cuando estos pensamientos se apoderaron de él

he stopped as these thoughts caught hold of him
**Y de inmediato surgió otro pensamiento de estos pensamientos**
and right away another thought sprang forth from these thoughts
**"Hay una razón por la que no sé nada de mí mismo"**
"there's one reason why I know nothing about myself"
**"Hay una razón por la que Siddhartha ha permanecido ajeno a mí"**
"there's one reason why Siddhartha has remained alien to me"
**"Todo esto se debe a una causa"**
"all of this stems from one cause"
**"Tenía miedo de mí mismo y estaba huyendo"**
"I was afraid of myself, and I was fleeing"
**"He buscado tanto al Atman como al Brahman"**
"I have searched for both Atman and Brahman"
**"por esto estaba dispuesto a diseccionarme a mí mismo"**
"for this I was willing to dissect my self"
**"y estaba dispuesto a quitarle todas las capas"**
"and I was willing to peel off all of its layers"
**"Quería encontrar el núcleo de todas las cáscaras en su interior desconocido"**
"I wanted to find the core of all peels in its unknown interior"
**"el Atman, la vida, la parte divina, la parte última"**
"the Atman, life, the divine part, the ultimate part"
**"Pero me he perdido en el proceso"**
"But I have lost myself in the process"
**Siddharta abrió los ojos y miró a su alrededor**
Siddhartha opened his eyes and looked around
**Mirando a su alrededor, una sonrisa llenó su rostro**
looking around, a smile filled his face
**Una sensación de despertar de largos sueños fluyó a través de él**
a feeling of awakening from long dreams flowed through him
**La sensación fluía desde la cabeza hasta los dedos de los pies**
the feeling flowed from his head down to his toes

**Y no pasó mucho tiempo antes de que volviera a caminar**
And it was not long before he walked again
**Caminaba deprisa, como un hombre que sabe lo que tiene que hacer**
he walked quickly, like a man who knows what he has got to do
**—¡Ahora no dejaré que Siddharta se escape de mí otra vez!**
"now I will not let Siddhartha escape from me again!"
**"Ya no quiero comenzar mis pensamientos y mi vida con Atman"**
"I no longer want to begin my thoughts and my life with Atman"
**"Tampoco quiero comenzar mis pensamientos con el sufrimiento del mundo"**
"nor do I want to begin my thoughts with the suffering of the world"
**"No quiero matarme ni diseccionarme más"**
"I do not want to kill and dissect myself any longer"
**"El Yoga-Veda no me enseñará más"**
"Yoga-Veda shall not teach me any more"
**"ni el Atharva-Veda, ni los ascetas"**
"nor Atharva-Veda, nor the ascetics"
**"No habrá ningún tipo de enseñanzas"**
"there will not be any kind of teachings"
**"Quiero aprender de mí mismo y ser mi alumno"**
"I want to learn from myself and be my student"
**"Quiero conocerme a mí mismo; el secreto de Siddharta"**
"I want to get to know myself; the secret of Siddhartha"

**Miró a su alrededor, como si viera el mundo por primera vez**
He looked around, as if he was seeing the world for the first time
**Hermoso y colorido era el mundo**
Beautiful and colourful was the world
**Extraño y misterioso era el mundo**
strange and mysterious was the world
**Aquí había azul, allí había amarillo, aquí había verde**

Here was blue, there was yellow, here was green
**el cielo y el río fluyeron**
the sky and the river flowed
**El bosque y las montañas eran rígidos**
the forest and the mountains were rigid
**Todo el mundo era hermoso**
all of the world was beautiful
**Todo era misterioso y mágico**
all of it was mysterious and magical
**y en medio de ella estaba él, Siddharta, el que despertaba**
and in its midst was he, Siddhartha, the awakening one
**y estaba en el camino hacia sí mismo**
and he was on the path to himself
**todo este amarillo y azul y el río y el bosque entraron en Siddhartha**
all this yellow and blue and river and forest entered Siddhartha
**por primera vez entró por los ojos**
for the first time it entered through the eyes
**ya no era un hechizo de Mara**
it was no longer a spell of Mara
**ya no era el velo de Maya**
it was no longer the veil of Maya
**Ya no era una casualidad y sin sentido**
it was no longer a pointless and coincidental
**Las cosas no eran sólo una diversidad de meras apariencias**
things were not just a diversity of mere appearances
**apariencias despreciables para el Brahman profundamente pensante**
appearances despicable to the deeply thinking Brahman
**el Brahman pensante desprecia la diversidad y busca la unidad**
the thinking Brahman scorns diversity, and seeks unity
**El azul era azul y el río era el río**
Blue was blue and river was river
**lo singular y divino vivía oculto en Siddhartha**
the singular and divine lived hidden in Siddhartha

**El camino y el propósito de la divinidad era ser amarillo aquí y azul allá**
divinity's way and purpose was to be yellow here, and blue there
**allí el cielo, allí el bosque, y aquí Siddhartha**
there sky, there forest, and here Siddhartha
**El propósito y las propiedades esenciales no estaban en algún lugar detrás de las cosas**
The purpose and essential properties was not somewhere behind the things
**El propósito y las propiedades esenciales estaban dentro de todo**
the purpose and essential properties was inside of everything
**«¡Qué sordo y estúpido he sido!», pensó**
"How deaf and stupid have I been!" he thought
**y caminó velozmente**
and he walked swiftly along
**"Cuando alguien lee un texto no desprecia los símbolos y las letras"**
"When someone reads a text he will not scorn the symbols and letters"
**"Él no llamará a los símbolos engaños o coincidencias"**
"he will not call the symbols deceptions or coincidences"
**"Pero él las leerá tal como fueron escritas"**
"but he will read them as they were written"
**"Él los estudiará y los amará, letra por letra"**
"he will study and love them, letter by letter"
**"Quería leer el libro del mundo y despreciaba las letras"**
"I wanted to read the book of the world and scorned the letters"
**"Quería leer el libro de mí mismo y despreciaba los símbolos"**
"I wanted to read the book of myself and scorned the symbols"
**"Llamé a mis ojos y a mi lengua coincidencias"**
"I called my eyes and my tongue coincidental"
**"Dije que eran formas sin valor y sin sustancia"**
"I said they were worthless forms without substance"

**"No, esto se acabó, he despertado"**
"No, this is over, I have awakened"

**"De hecho, he despertado"**
"I have indeed awakened"

**"Yo no había nacido antes de este mismo día"**
"I had not been born before this very day"

**Al pensar en estos pensamientos, Siddharta se detuvo de repente una vez más**
In thinking these thoughts, Siddhartha suddenly stopped once again

**Se detuvo como si hubiera una serpiente acostada frente a él**
he stopped as if there was a snake lying in front of him

**De repente, también se había dado cuenta de algo más**
suddenly, he had also become aware of something else

**De hecho, era como alguien que acababa de despertar**
He was indeed like someone who had just woken up

**Era como un bebé recién nacido que comienza una nueva vida**
he was like a new-born baby starting life anew

**Y tuvo que empezar de nuevo desde el principio**
and he had to start again at the very beginning

**Por la mañana había tenido intenciones muy diferentes**
in the morning he had had very different intentions

**Había pensado volver a su casa y a su padre**
he had thought to return to his home and his father

**Pero ahora se detuvo como si una serpiente estuviera en su camino**
But now he stopped as if a snake was lying on his path

**Se dio cuenta de dónde estaba**
he made a realization of where he was

**"Ya no soy el que era"**
"I am no longer the one I was"

**"Ya no soy un asceta"**
"I am no ascetic any more"

**"Ya no soy sacerdote"**
"I am not a priest any more"

**"Ya no soy Brahman"**

"I am no Brahman any more"
—¿Qué debo hacer en casa de mi padre?
"Whatever should I do at my father's place?"
"¿Estudiar? ¿Hacer ofrendas? ¿Practicar la meditación?"
"Study? Make offerings? Practise meditation?"
"Pero todo esto se acabó para mí"
"But all this is over for me"
"Todo esto ya no está en mi camino"
"all of this is no longer on my path"
Inmóvil, Siddharta permaneció allí de pie
Motionless, Siddhartha remained standing there
y por el momento de un momento y un respiro, su corazón se sintió frío
and for the time of one moment and breath, his heart felt cold
Sintió un frío en el pecho
he felt a coldness in his chest
la misma sensación que siente un animalito cuando ve lo solo que está
the same feeling a small animal feels when it sees how alone it is
Durante muchos años, había estado sin hogar y no había sentido nada
For many years, he had been without home and had felt nothing
Ahora, sentía que se había quedado sin hogar
Now, he felt he had been without a home
Sin embargo, incluso en la meditación más profunda, había sido el hijo de su padre
Still, even in the deepest meditation, he had been his father's son
había sido un brahmán, de una casta alta
he had been a Brahman, of a high caste
Había sido clérigo
he had been a cleric
Ahora bien, no era más que Siddhartha, el despierto
Now, he was nothing but Siddhartha, the awoken one
No quedaba nada más de él

nothing else was left of him
**Profundamente, inhaló y sintió frío**
Deeply, he inhaled and felt cold
**Un escalofrío recorrió su cuerpo**
a shiver ran through his body
**Nadie estaba tan solo como él**
Nobody was as alone as he was
**No había noble que no perteneciera a los nobles**
There was no nobleman who did not belong to the noblemen
**No había obrero que no perteneciera a los obreros**
there was no worker that did not belong to the workers
**Todos habían encontrado refugio entre ellos**
they had all found refuge among themselves
**Compartían sus vidas y hablaban sus idiomas**
they shared their lives and spoke their languages
**no hay brahmán que no sea considerado como brahman**
there are no Brahman who would not be regarded as Brahmans
**y no hay brahmanes que no hayan vivido como brahmanes**
and there are no Brahmans that didn't live as Brahmans
**no hay asceta que no haya podido refugiarse en los samanas**
there are no ascetic who could not find refuge with the Samanas
**Y ni siquiera el ermitaño más desamparado del bosque estaba solo**
and even the most forlorn hermit in the forest was not alone
**También estaba rodeado por un lugar al que pertenecía**
he was also surrounded by a place he belonged to
**También pertenecía a una casta en la que se sentía como en casa**
he also belonged to a caste in which he was at home
**Govinda lo había abandonado y se había hecho monje**
Govinda had left him and became a monk
**y mil monjes eran sus hermanos**
and a thousand monks were his brothers
**Llevaban la misma túnica que él**
they wore the same robe as him

**Creían en su fe y hablaban su idioma**
they believed in his faith and spoke his language
**Pero él, Siddharta, ¿a dónde pertenecía?**
But he, Siddhartha, where did he belong to?
**¿Con quién compartiría su vida?**
With whom would he share his life?
**¿De quién sería el idioma que hablaría?**
Whose language would he speak?
**El mundo se derritió a su alrededor**
the world melted away all around him
**Se quedó solo como una estrella en el cielo**
he stood alone like a star in the sky
**El frío y la desesperación lo rodeaban**
cold and despair surrounded him
**pero Siddharta emergió de este momento**
but Siddhartha emerged out of this moment
**Siddhartha emergió más que antes de ser más que antes**
Siddhartha emerged more his true self than before
**Estaba más concentrado que nunca**
he was more firmly concentrated than he had ever been
**Sintió; "Este había sido el último temblor del despertar"**
He felt; "this had been the last tremor of the awakening"
**"La última lucha de este nacimiento"**
"the last struggle of this birth"
**Y no pasó mucho tiempo hasta que volvió a caminar a grandes zancadas**
And it was not long until he walked again in long strides
**Comenzó a proceder con rapidez e impaciencia**
he started to proceed swiftly and impatiently
**Ya no iba a su casa**
he was no longer going home
**Ya no iba con su padre**
he was no longer going to his father

## Segunda Parte - Part Two
***
## Kamala

**Siddhartha aprendió algo nuevo en cada paso de su camino**
Siddhartha learned something new on every step of his path
**porque el mundo se transformó y su corazón quedó encantado**
because the world was transformed and his heart was enchanted
**Vio salir el sol por encima de las montañas**
He saw the sun rising over the mountains
**y vio la puesta de sol sobre la lejana playa**
and he saw the sun setting over the distant beach
**Por la noche, veía las estrellas en el cielo en sus posiciones fijas**
At night, he saw the stars in the sky in their fixed positions
**y vio la luna creciente flotando como un barco en el azul**
and he saw the crescent of the moon floating like a boat in the blue
**Vio árboles, estrellas, animales y nubes**
He saw trees, stars, animals, and clouds
**arco iris, rocas, hierbas, flores, arroyos y ríos**
rainbows, rocks, herbs, flowers, streams and rivers
**Vio el rocío reluciente en los arbustos por la mañana**
he saw the glistening dew in the bushes in the morning
**Vio a lo lejos altas montañas que eran azules**
he saw distant high mountains which were blue
**El viento soplaba a través del campo de arroz**
wind blew through the rice-field
**Todo esto, mil veces y colorido, siempre había estado ahí**
all of this, a thousand-fold and colourful, had always been there
**El sol y la luna siempre habían brillado**
the sun and the moon had always shone
**Los ríos siempre habían rugido y las abejas siempre habían zumbado**

rivers had always roared and bees had always buzzed
**Pero en tiempos pasados todo esto había sido un velo engañoso**
but in former times all of this had been a deceptive veil
**Para él no había sido más que fugaz**
to him it had been nothing more than fleeting
**Se suponía que debía ser mirado con desconfianza**
it was supposed to be looked upon in distrust
**estaba destinado a ser penetrado y destruido por el pensamiento**
it was destined to be penetrated and destroyed by thought
**ya que no era la esencia de la existencia**
since it was not the essence of existence
**Puesto que esta esencia estaba más allá, al otro lado de lo visible,**
since this essence lay beyond, on the other side of, the visible
**Pero ahora, sus ojos liberados se quedaron de este lado**
But now, his liberated eyes stayed on this side
**Vio y se dio cuenta de lo visible**
he saw and became aware of the visible
**Buscó estar en casa en este mundo**
he sought to be at home in this world
**No buscó la verdadera esencia**
he did not search for the true essence
**No aspiraba a un mundo del más allá**
he did not aim at a world beyond
**Este mundo era lo suficientemente hermoso para él**
this world was beautiful enough for him
**Verlo así hizo que todo pareciera infantil**
looking at it like this made everything childlike
**Hermosas eran la luna y las estrellas**
Beautiful were the moon and the stars
**hermoso era el arroyo y las orillas**
beautiful was the stream and the banks
**el bosque y las rocas, la cabra y el escarabajo dorado**
the forest and the rocks, the goat and the gold-beetle
**la flor y la mariposa; hermoso y encantador era**

the flower and the butterfly; beautiful and lovely it was
**Caminar por el mundo era infantil otra vez**
to walk through the world was childlike again
**De esta manera fue despertado**
this way he was awoken
**De esta manera se abrió a lo que está cerca**
this way he was open to what is near
**De esta manera no desconfiaba**
this way he was without distrust
**De otra manera, el sol quemaba la cabeza**
differently the sun burnt the head
**De otra manera, la sombra del bosque lo refrescaba**
differently the shade of the forest cooled him down
**De manera diferente, la calabaza y el plátano sabían**
differently the pumpkin and the banana tasted
**Cortos fueron los días, cortas fueron las noches**
Short were the days, short were the nights
**cada hora se alejaba velozmente como una vela en el mar**
every hour sped swiftly away like a sail on the sea
**y bajo la vela había un barco lleno de tesoros, lleno de alegría**
and under the sail was a ship full of treasures, full of joy
**Siddhartha vio a un grupo de simios que se movían a través de las altas copas de los árboles**
Siddhartha saw a group of apes moving through the high canopy
**Estaban en lo alto de las ramas de los árboles**
they were high in the branches of the trees
**y oyó su canto salvaje y codicioso**
and he heard their savage, greedy song
**Siddhartha vio a una oveja macho siguiendo a una hembra y apareándose con ella**
Siddhartha saw a male sheep following a female one and mating with her
**En un lago de juncos, vio al lucio cazando hambriento su cena**
In a lake of reeds, he saw the pike hungrily hunting for its

dinner
**Los peces jóvenes se alejaban del lucio**
young fish were propelling themselves away from the pike
**Estaban asustados, meneándose y chispeando**
they were scared, wiggling and sparkling
**Los peces jóvenes saltaron en tropel fuera del agua**
the young fish jumped in droves out of the water
**El aroma de la fuerza y la pasión salió con fuerza del agua**
the scent of strength and passion came forcefully out of the water
**y el lucio agitó el olor**
and the pike stirred up the scent
**Todo esto había existido siempre**
All of this had always existed
**y no la había visto, ni había estado con ella**
and he had not seen it, nor had he been with it
**Ahora estaba con ella y formaba parte de ella**
Now he was with it and he was part of it
**La luz y la sombra corrían por sus ojos**
Light and shadow ran through his eyes
**Las estrellas y la luna recorrieron su corazón**
stars and moon ran through his heart

**Siddharta recordó todo lo que había vivido en el Jardín Jetavana**
Siddhartha remembered everything he had experienced in the Garden Jetavana
**recordó la enseñanza que había escuchado allí del divino Buda**
he remembered the teaching he had heard there from the divine Buddha
**recordó la despedida de Govinda**
he remembered the farewell from Govinda
**Recordó la conversación con el Exaltado**
he remembered the conversation with the exalted one
**De nuevo recordó las palabras que le había dicho al exaltado**
Again he remembered his own words that he had spoken to

the exalted one
**Recordaba cada palabra**
he remembered every word
**Se dio cuenta de que había dicho cosas que en realidad no sabía**
he realized he had said things which he had not really known
**se asombró de lo que le había dicho a Gotama**
he astonished himself with what he had said to Gotama
**el tesoro y el secreto del Buda no eran las enseñanzas**
the Buddha's treasure and secret was not the teachings
**pero el secreto era lo inexpresable y no enseñable**
but the secret was the inexpressable and not teachable
**el secreto que había experimentado en la hora de su iluminación**
the secret which he had experienced in the hour of his enlightenment
**El secreto no era otra cosa que la misma cosa que acababa de experimentar**
the secret was nothing but this very thing which he had now gone to experience
**El secreto era lo que ahora empezaba a experimentar**
the secret was what he now began to experience
**Ahora tenía que experimentarse a sí mismo**
Now he had to experience his self
**ya sabía desde hacía mucho tiempo que su ser era Atman**
he had already known for a long time that his self was Atman
**sabía que el Atman tenía las mismas características eternas que Brahman**
he knew Atman bore the same eternal characteristics as Brahman
**Pero en realidad nunca había encontrado este yo**
But he had never really found this self
**porque había querido capturar el yo en la red del pensamiento**
because he had wanted to capture the self in the net of thought
**Pero el cuerpo no era parte del yo**
but the body was not part of the self

**No era el espectáculo de los sentidos**
it was not the spectacle of the senses
**Así tampoco era el pensamiento, ni la mente racional**
so it also was not the thought, nor the rational mind
**No era la sabiduría aprendida, ni la habilidad aprendida**
it was not the learned wisdom, nor the learned ability
**De estas cosas no se pudo sacar ninguna conclusión**
from these things no conclusions could be drawn
**No, el mundo del pensamiento también estaba todavía de este lado**
No, the world of thought was also still on this side
**Tanto los pensamientos como los sentidos eran cosas bonitas**
Both, the thoughts as well as the senses, were pretty things
**Pero el significado último se escondía detrás de ambos**
but the ultimate meaning was hidden behind both of them
**Había que escuchar y jugar con ambos**
both had to be listened to and played with
**ni había que despreciarla ni sobreestimarla**
neither had to be scorned nor overestimated
**Había voces secretas de la verdad más íntima**
there were secret voices of the innermost truth
**Estas voces tenían que ser percibidas con atención**
these voices had to be attentively perceived
**No quería esforzarse por nada más**
He wanted to strive for nothing else
**Haría lo que la voz le ordenara**
he would do what the voice commanded him to do
**Moraría donde las voces le aconsejaran**
he would dwell where the voices adviced him to
**¿Por qué Gotama se había sentado bajo el árbol Bodhi?**
Why had Gotama sat down under the Bodhi tree?
**Había oído una voz en su propio corazón**
He had heard a voice in his own heart
**una voz que le había ordenado que buscara descanso bajo aquel árbol**
a voice which had commanded him to seek rest under this tree
**Podría haber pasado a hacer ofrendas**

he could have gone on to make offerings
**Podría haber realizado sus abluciones**
he could have performed his ablutions
**Podría haber pasado ese momento en oración**
he could have spent that moment in prayer
**Había optado por no comer ni beber**
he had chosen not to eat or drink
**Había optado por no dormir ni soñar**
he had chosen not to sleep or dream
**en cambio, había obedecido la voz**
instead, he had obeyed the voice
**Obedecer así era bueno**
To obey like this was good
**Era bueno no obedecer a una orden externa**
it was good not to obey to an external command
**Era bueno obedecer solo a la voz**
it was good to obey only the voice
**Estar listo de esta manera era bueno y necesario**
to be ready like this was good and necessary
**No había nada más que fuera necesario**
there was nothing else that was necessary

**en la noche, Siddhartha llegó a un río**
in the night Siddhartha got to a river
**Dormía en la choza de paja de un barquero**
he slept in the straw hut of a ferryman
**esa noche Siddhartha tuvo un sueño**
this night Siddhartha had a dream
**Govinda estaba de pie frente a él**
Govinda was standing in front of him
**Estaba vestido con la túnica amarilla de un asceta**
he was dressed in the yellow robe of an ascetic
**Triste era el aspecto de Govinda**
Sad was how Govinda looked
**Tristemente preguntó: "¿Por qué me has abandonado?"**
sadly he asked, "Why have you forsaken me?"
**Siddharta abrazó a Govinda y lo rodeó con sus brazos**

Siddhartha embraced Govinda, and wrapped his arms around him
**Lo acercó a su pecho y lo besó**
he pulled him close to his chest and kissed him
**pero ya no era Govinda, sino una mujer**
but it was not Govinda anymore, but a woman
**Un pecho lleno sobresalía del vestido de la mujer**
a full breast popped out of the woman's dress
**Siddharta se acostó y bebió del pecho**
Siddhartha lay and drank from the breast
**probó dulce y fuertemente la leche de este pecho**
sweetly and strongly tasted the milk from this breast
**Sabía a mujer y a hombre**
It tasted of woman and man
**Sabía a sol y a bosque**
it tasted of sun and forest
**Sabía a animal y flor**
it tasted of animal and flower
**Sabía de todos los frutos y de todos los alegres deseos**
it tasted of every fruit and every joyful desire
**Lo embriagó y lo dejó inconsciente**
It intoxicated him and rendered him unconscious
**Siddharta despertó del sueño**
Siddhartha woke up from the dream
**El río pálido brillaba a través de la puerta de la cabaña**
the pale river shimmered through the door of the hut
**El canto oscuro de un búho resonó profundamente en el bosque**
a dark call of an owl resounded deeply through the forest
**Siddhartha le pidió al barquero que lo llevara al otro lado del río**
Siddhartha asked the ferryman to get him across the river
**El barquero lo llevó al otro lado del río en su balsa de bambú**
The ferryman got him across the river on his bamboo-raft
**El agua brillaba rojiza a la luz de la mañana**
the water shimmered reddish in the light of the morning

**"Este es un río hermoso", le dijo a su compañero**
"This is a beautiful river," he said to his companion
—Sí —dijo el barquero—, un río muy hermoso.
"Yes," said the ferryman, "a very beautiful river"
**"Lo amo más que nada"**
"I love it more than anything"
**"A menudo lo he escuchado"**
"Often I have listened to it"
**"A menudo le he mirado a los ojos"**
"often I have looked into its eyes"
**"Y siempre he aprendido de ello"**
"and I have always learned from it"
**"De un río se puede aprender mucho"**
"Much can be learned from a river"
—Te lo agradezco, mi benefactor —dijo Siddharta—
"I thank you, my benefactor" spoke Siddhartha
**Desembarcó al otro lado del río**
he disembarked on the other side of the river
**"No tengo ningún regalo que pueda darte por tu hospitalidad, querida"**
"I have no gift I could give you for your hospitality, my dear"
**"Y tampoco tengo pago por tu trabajo"**
"and I also have no payment for your work"
**"Soy un hombre sin hogar"**
"I am a man without a home"
**"Soy el hijo de un brahmán y un samaná"**
"I am the son of a Brahman and a Samana"
—Lo vi —dijo el barquero—
"I did see it," spoke the ferryman
**"No esperaba ningún pago de su parte"**
"I did not expect any payment from you"
**"Es costumbre que los invitados lleven un regalo"**
"it is custim for guests to bear a gift"
**"pero tampoco esperaba esto de ti"**
"but I did not expect this from you either"
**"Me darás el regalo en otra ocasión"**
"You will give me the gift another time"

—¿Lo crees? —preguntó Siddharta, perplejo—
"Do you think so?" asked Siddhartha, bemusedly
-Estoy seguro de ello -replicó el barquero-
"I am sure of it," replied the ferryman
"Esto también lo he aprendido del río"
"This too, I have learned from the river"
"¡Todo lo que va, vuelve!"
"everything that goes comes back!"
"Tú también, Samaná, volverás"
"You too, Samana, will come back"
"¡Ahora adiós! Que tu amistad sea mi recompensa"
"Now farewell! Let your friendship be my reward"
"Recuérdame, cuando hagas ofrendas a los dioses"
"Commemorate me, when you make offerings to the gods"
Sonriendo, se separaron el uno del otro
Smiling, they parted from each other
Sonriendo, Siddharta se alegró de la amistad
Smiling, Siddhartha was happy about the friendship
Y se alegró de la amabilidad del barquero
and he was happy about the kindness of the ferryman
"Es como Govinda", pensó con una sonrisa
"He is like Govinda," he thought with a smile
"todos los que encuentro en mi camino son como Govinda"
"all I meet on my path are like Govinda"
"Todos están agradecidos por lo que tienen"
"All are thankful for what they have"
"Pero ellos son los que tendrían derecho a recibir agradecimientos"
"but they are the ones who would have a right to receive thanks"
"Todas son sumisas y les gustaría ser amigas"
"all are submissive and would like to be friends"
"A todos les gusta obedecer y pensar poco"
"all like to obey and think little"
"Todas las personas son como niños"
"all people are like children"

**A eso del mediodía, pasó por un pueblo**
At about noon, he came through a village
**Frente a las cabañas de barro, los niños se revolcaban en la calle**
In front of the mud cottages, children were rolling about in the street
**Jugaban con semillas de calabaza y conchas marinas**
they were playing with pumpkin-seeds and sea-shells
**Gritaban y luchaban entre sí**
they screamed and wrestled with each other
**pero todos huyeron tímidamente de la desconocida Samaná**
but they all timidly fled from the unknown Samana
**Al final del pueblo, el camino conducía a través de un arroyo**
In the end of the village, the path led through a stream
**A la orilla del arroyo, una joven estaba arrodillada**
by the side of the stream, a young woman was kneeling
**Estaba lavando ropa en el arroyo**
she was washing clothes in the stream
**Cuando Siddharta la saludó, ella levantó la cabeza**
When Siddhartha greeted her, she lifted her head
**Y ella lo miró con una sonrisa**
and she looked up to him with a smile
**Podía ver el blanco de sus ojos brillando**
he could see the white in her eyes glistening
**Le dio una bendición**
He called out a blessing to her
**Esta era la costumbre entre los viajeros**
this was the custom among travellers
**Y preguntó qué tan lejos estaba de la gran ciudad**
and he asked how far it was to the large city
**Entonces ella se levantó y se acercó a él**
Then she got up and came to him
**Su boca húmeda brillaba en su joven rostro**
beautifully her wet mouth was shimmering in her young face
**Ella intercambió bromas humorísticas con él**
She exchanged humorous banter with him
**Le preguntó si ya había comido**

she asked whether he had eaten already
**Y ella hizo preguntas curiosas**
and she asked curious questions
**—¿Es cierto que los samanas dormían solos en el bosque por la noche?**
"is it true that the Samanas slept alone in the forest at night?"
**"¿Es cierto que a los samanas no se les permite tener mujeres con ellos?"**
"is it true Samanas are not allowed to have women with them"
**Mientras hablaba, ella puso su pie izquierdo sobre el derecho de él**
While talking, she put her left foot on his right one
**el movimiento de una mujer que querría iniciar el placer sexual**
the movement of a woman who would want to initiate sexual pleasure
**Los libros de texto llaman a esto "trepar a un árbol"**
the textbooks call this "climbing a tree"
**Siddharta sintió que se le calentaba la sangre**
Siddhartha felt his blood heating up
**Tenía que volver a pensar en su sueño**
he had to think of his dream again
**Se inclinó ligeramente hacia la mujer**
he bend slightly down to the woman
**y besó con sus labios el pezón moreno de su pecho**
and he kissed with his lips the brown nipple of her breast
**Al levantar la vista, vio su rostro sonriendo**
Looking up, he saw her face smiling
**y sus ojos estaban llenos de lujuria**
and her eyes were full of lust
**Siddharta también sintió deseo por ella**
Siddhartha also felt desire for her
**Sintió que la fuente de su sexualidad se movía**
he felt the source of his sexuality moving
**Pero nunca antes había tocado a una mujer**
but he had never touched a woman before
**Así que dudó por un momento**

so he hesitated for a moment
**Sus manos ya estaban preparadas para alcanzarla**
his hands were already prepared to reach out for her
**Pero entonces oyó la voz de su ser más íntimo**
but then he heard the voice of his innermost self
**Se estremeció de asombro al oír su voz**
he shuddered with awe at his voice
**Y esta voz le dijo que no**
and this voice told him no
**Todos los encantos desaparecieron del rostro sonriente de la joven**
all charms disappeared from the young woman's smiling face
**Ya no veía nada más que una mirada húmeda**
he no longer saw anything else but a damp glance
**Todo lo que podía ver era un animal hembra en celo**
all he could see was female animal in heat
**Cortésmente, le acarició la mejilla**
Politely, he petted her cheek
**Se apartó de ella y desapareció**
he turned away from her and disappeared away
**Se alejó de la mujer decepcionada con pasos ligeros**
he left from the disappointed woman with light steps
**y desapareció en el bosque de bambú**
and he disappeared into the bamboo-wood

**Llegó a la gran ciudad antes de la noche**
he reached the large city before the evening
**Y se alegró de haber llegado a la ciudad**
and he was happy to have reached the city
**porque sentía la necesidad de estar entre la gente**
because he felt the need to be among people
**o mucho tiempo, había vivido en los bosques**
or a long time, he had lived in the forests
**Por primera vez en mucho tiempo durmió bajo un techo**
for first time in a long time he slept under a roof
**Ante la ciudad había un jardín bellamente cercado**
Before the city was a beautifully fenced garden

**El viajero se encontró con un pequeño grupo de sirvientes**
the traveller came across a small group of servants
**Los sirvientes llevaban cestas de fruta**
the servants were carrying baskets of fruit
**Cuatro sirvientes llevaban una silla de manos ornamental**
four servants were carrying an ornamental sedan-chair
**En esta silla estaba sentada una mujer, la señora**
on this chair sat a woman, the mistress
**Estaba sobre almohadas rojas bajo un dosel de colores**
she was on red pillows under a colourful canopy
**Siddharta se detuvo a la entrada del jardín de recreo**
Siddhartha stopped at the entrance to the pleasure-garden
**y vio pasar el desfile**
and he watched the parade go by
**vio, vio a los criados y a las criadas**
he saw saw the servants and the maids
**Vio las cestas y la silla de manos**
he saw the baskets and the sedan-chair
**Y vio a la señora en la silla**
and he saw the lady on the chair
**Debajo de su cabello negro vio un rostro muy delicado**
Under her black hair he saw a very delicate face
**una boca de color rojo brillante, como un higo recién partido**
a bright red mouth, like a freshly cracked fig
**cejas bien cuidadas y pintadas en un arco alto**
eyebrows which were well tended and painted in a high arch
**Eran ojos oscuros inteligentes y atentos**
they were smart and watchful dark eyes
**Un cuello alto y claro se alzaba sobre un vestido verde y dorado**
a clear, tall neck rose from a green and golden garment
**Sus manos descansaban, largas y delgadas**
her hands were resting, long and thin
**Tenía anchos brazaletes dorados sobre sus muñecas**
she had wide golden bracelets over her wrists
**Siddharta vio lo hermosa que era, y su corazón se alegró**
Siddhartha saw how beautiful she was, and his heart rejoiced

**Hizo una profunda reverencia cuando la silla de manos se acercó**
He bowed deeply, when the sedan-chair came closer
**Enderezándose de nuevo, miró el rostro hermoso y encantador**
straightening up again, he looked at the fair, charming face
**Leyó sus ojos inteligentes con los arcos altos**
he read her smart eyes with the high arcs
**Respiró una fragancia de algo que no conocía**
he breathed in a fragrance of something he did not know
**Con una sonrisa, la hermosa mujer asintió por un momento**
With a smile, the beautiful woman nodded for a moment
**Luego desapareció en el jardín**
then she disappeared into the garden
**Y luego los sirvientes también desaparecieron**
and then the servants disappeared as well
**«Entro en esta ciudad con un presagio encantador», pensó Siddharta**
"I am entering this city with a charming omen" Siddhartha thought
**Al instante se sintió atraído por el jardín**
He instantly felt drawn into the garden
**Pero pensó en su situación**
but he thought about his situation
**Se dio cuenta de cómo lo habían mirado los sirvientes y las sirvientas**
he became aware of how the servants and maids had looked at him
**Lo consideraron despreciable, desconfiado y lo rechazaron**
they thought him despicable, distrustful, and rejected him
**"Sigo siendo samaná", pensó**
"I am still a Samana" he thought
**"Sigo siendo un asceta y un mendigo"**
"I am still an ascetic and beggar"
**"No debo quedarme así"**
"I must not remain like this"
**"No podré entrar así en el jardín", se rió**

"I will not be able to enter the garden like this," he laughed
**Preguntó a la siguiente persona que venía por el sendero sobre el jardín**
he asked the next person who came along the path about the garden
**y preguntó por el nombre de la mujer**
and he asked for the name of the woman
**le dijeron que era el jardín de Kamala, la famosa cortesana**
he was told that this was the garden of Kamala, the famous courtesan
**y le dijeron que ella también era dueña de una casa en la ciudad**
and he was told that she also owned a house in the city
**Luego, entró a la ciudad con un gol**
Then, he entered the city with a goal
**Persiguiendo su objetivo, permitió que la ciudad lo absorbiera**
Pursuing his goal, he allowed the city to suck him in
**Vagaba a la deriva por el fluir de las calles**
he drifted through the flow of the streets
**Se detuvo en las plazas de la ciudad**
he stood still on the squares in the city
**Descansó en las escaleras de piedra junto al río**
he rested on the stairs of stone by the river
**Cuando llegó la noche, se hizo amigo de un ayudante de barbero**
When the evening came, he made friends with a barber's assistant
**Lo había visto trabajar a la sombra de un arco**
he had seen him working in the shade of an arch
**y lo encontró de nuevo orando en un templo de Vishnu**
and he found him again praying in a temple of Vishnu
**habló de las historias de Vishnu y los Lakshmi**
he told about stories of Vishnu and the Lakshmi
**Entre los botes junto al río, durmió esta noche**
Among the boats by the river, he slept this night
**Siddharta acudió a él antes de que entraran los primeros**

**clientes en su tienda**
Siddhartha came to him before the first customers came into his shop
**Hizo que el ayudante del barbero le afeitara la barba y le cortara el pelo**
he had the barber's assistant shave his beard and cut his hair
**Se peinó el cabello y lo ungió con aceite fino**
he combed his hair and anointed it with fine oil
**Luego fue a bañarse al río**
Then he went to take his bath in the river

**A última hora de la tarde, la bella Kamala se acercó a su jardín**
late in the afternoon, beautiful Kamala approached her garden
**Siddharta estaba de nuevo en la entrada**
Siddhartha was standing at the entrance again
**Hizo una reverencia y recibió el saludo de la cortesana**
he made a bow and received the courtesan's greeting
**Llamó la atención de uno de los sirvientes**
he got the attention of one of the servant
**Le pidió que informara a su ama**
he asked him to inform his mistress
**"un joven brahmán desea hablar con ella"**
"a young Brahman wishes to talk to her"
**Después de un rato, el sirviente regresó**
After a while, the servant returned
**el criado le pidió a Siddharta que lo siguiera**
the servant asked Siddhartha to follow him
**Siddharta siguió al criado hasta un pabellón**
Siddhartha followed the servant into a pavilion
**aquí Kamala estaba acostada en un sofá**
here Kamala was lying on a couch
**Y el criado lo dejó solo con ella**
and the servant left him alone with her
**—¿No estabas tú también ahí ayer, saludándome? — preguntó Kamala**
"Weren't you also standing out there yesterday, greeting me?"

asked Kamala

**"Es verdad que ya te vi y te saludé ayer"**
"It's true that I've already seen and greeted you yesterday"
**—¿Pero no llevabas ayer barba y pelo largo?**
"But didn't you yesterday wear a beard, and long hair?"
**—¿Y no había polvo en tu pelo?**
"and was there not dust in your hair?"
**"Has observado bien, lo has visto todo"**
"You have observed well, you have seen everything"
**"Has visto a Siddharta, el hijo de un brahmán"**
"You have seen Siddhartha, the son of a Brahman"
**"el brahmán que ha dejado su hogar para convertirse en un samaná"**
"the Brahman who has left his home to become a Samana"
**"el brahmán que ha sido samaná durante tres años"**
"the Brahman who has been a Samana for three years"
**"Pero ahora, he dejado ese camino y he venido a esta ciudad"**
"But now, I have left that path and came into this city"
**"Y el primero que conocí, incluso antes de entrar en la ciudad, fuiste tú"**
"and the first one I met, even before I had entered the city, was you"
**"¡Para decir esto, he venido a ti, oh Kamala!"**
"To say this, I have come to you, oh Kamala!"
**"Antes, Siddharta se dirigía a todas las mujeres con los ojos en el suelo"**
"before, Siddhartha addressed all woman with his eyes to the ground"
**"Eres la primera mujer a la que me dirijo de otra manera"**
"You are the first woman whom I address otherwise"
**"Nunca más quiero volver los ojos a la tierra"**
"Never again do I want to turn my eyes to the ground"
**"No me daré la vuelta cuando me encuentre con una mujer hermosa"**
"I won't turn when I'm coming across a beautiful woman"
**Kamala sonrió y jugó con su abanico de plumas de pavo real**
Kamala smiled and played with her fan of peacocks' feathers

—¿Y sólo para decirme esto, Siddharta ha venido a verme?"
"And only to tell me this, Siddhartha has come to me?"
**"Para decirte esto y agradecerte por ser tan hermosa"**
"To tell you this and to thank you for being so beautiful"
**"Me gustaría pedirte que seas mi amigo y maestro"**
"I would like to ask you to be my friend and teacher"
**"porque todavía no sé nada de ese arte que has dominado"**
"for I know nothing yet of that art which you have mastered"
**Al oír esto, Kamala se rió a carcajadas**
At this, Kamala laughed aloud
**"Nunca antes me había pasado esto, amigo mío"**
"Never before this has happened to me, my friend"
**"¡Un samaná de la selva vino a mí y quiso aprender de mí!"**
"a Samana from the forest came to me and wanted to learn from me!"
**"Nunca antes me había pasado esto"**
"Never before this has happened to me"
**"¡Un samaná vino a mí con el pelo largo y un taparrabos viejo y roto!"**
"a Samana came to me with long hair and an old, torn loincloth!"
**"Muchos jóvenes vienen a mí"**
"Many young men come to me"
**"Y también hay hijos de brahmanes entre ellos"**
"and there are also sons of Brahmans among them"
**"Pero vienen con ropas hermosas"**
"but they come in beautiful clothes"
**"Vienen con zapatos finos"**
"they come in fine shoes"
**"Tienen perfume en el pelo**
"they have perfume in their hair
**"Y tienen dinero en sus bolsas"**
"and they have money in their pouches"
**"Así son los jóvenes que vienen a mí"**
"This is how the young men are like, who come to me"
**Siddharta dijo: "Ya estoy empezando a aprender de ti"**
Spoke Siddhartha, "Already I am starting to learn from you"

**"Ya ayer estaba aprendiendo"**
"Even yesterday, I was already learning"
**"Ya me he quitado la barba"**
"I have already taken off my beard"
**"Me he peinado el pelo"**
"I have combed the hair"
**"Y tengo aceite en el pelo"**
"and I have oil in my hair"
**"Es poco lo que me falta"**
"There is little which is still missing in me"
**"Oh excelente, ropa fina, zapatos finos, dinero en mi bolsa"**
"oh excellent one, fine clothes, fine shoes, money in my pouch"
**"Sabrás que Siddharta se ha fijado metas más difíciles"**
"You shall know Siddhartha has set harder goals for himself"
**"Y ha alcanzado estos objetivos"**
"and he has reached these goals"
**"¿Cómo no voy a alcanzar esa meta?"**
"How shouldn't I reach that goal?"
**"la meta que me propuse ayer"**
"the goal which I have set for myself yesterday"
**"Ser tu amigo y aprender de ti las alegrías del amor"**
"to be your friend and to learn the joys of love from you"
**"Ya verás que aprenderé rápido, Kamala"**
"You'll see that I'll learn quickly, Kamala"
**"Ya he aprendido cosas más difíciles de lo que se supone que debes enseñarme"**
"I have already learned harder things than what you're supposed to teach me"
**"Y ahora vamos a ello"**
"And now let's get to it"
**—¿No está satisfecho con Siddharta tal como es?**
"You aren't satisfied with Siddhartha as he is?"
**"Con aceite en el pelo, pero sin ropa"**
"with oil in his hair, but without clothes"
**"Siddharta sin zapatos, sin dinero"**
"Siddhartha without shoes, without money"
**Riendo, Kamala exclamó: "No, querida"**

Laughing, Kamala exclaimed, "No, my dear"
**"Todavía no me satisface"**
"he doesn't satisfy me, yet"
**"La ropa es lo que debe tener"**
"Clothes are what he must have"
**"Ropa bonita y zapatos es lo que necesita"**
"pretty clothes, and shoes is what he needs"
**"Zapatos bonitos y mucho dinero en la bolsa"**
"pretty shoes, and lots of money in his pouch"
**"Y debe tener regalos para Kamala"**
"and he must have gifts for Kamala"
**—¿Lo sabes ahora, Samaná de la selva?**
"Do you know it now, Samana from the forest?"
**—¿Te has fijado en mis palabras?**
"Did you mark my words?"
**—Sí, he marcado tus palabras —exclamó Siddharta—**
"Yes, I have marked your words," Siddhartha exclaimed
**"¡Cómo no voy a marcar las palabras que salen de una boca así!"**
"How should I not mark words which are coming from such a mouth!"
**"Tu boca es como un higo recién partido, Kamala"**
"Your mouth is like a freshly cracked fig, Kamala"
**"Mi boca está roja y fresca también"**
"My mouth is red and fresh as well"
**"Será una combinación adecuada para los tuyos, ya verás"**
"it will be a suitable match for yours, you'll see"
**"Pero dime, hermosa Kamala"**
"But tell me, beautiful Kamala"
**"¿No le tienes miedo a la Samaná del bosque?"**
"aren't you at all afraid of the Samana from the forest""
**"el samaná que ha venido a aprender a hacer el amor"**
"the Samana who has come to learn how to make love"
**—¿Para qué he de temer a un samaná?**
"Whatever for should I be afraid of a Samana?"
**"una estúpida samaná del bosque"**
"a stupid Samana from the forest"

"un samaná que viene de los chacales"
"a Samana who is coming from the jackals"
"¿Un samaná que ni siquiera sabe todavía lo que son las mujeres?"
"a Samana who doesn't even know yet what women are?"
"Oh, es fuerte, el Samaná"
"Oh, he's strong, the Samana"
"Y no le tiene miedo a nada"
"and he isn't afraid of anything"
"Podría obligarte, niña hermosa"
"He could force you, beautiful girl"
"Podría secuestrarte y hacerte daño"
"He could kidnap you and hurt you"
"No, Samaná, no le tengo miedo a esto"
"No, Samana, I am not afraid of this"
"¿Algún samaná o brahmán temió alguna vez que alguien pudiera venir y agarrarlo?"
"Did any Samana or Brahman ever fear someone might come and grab him?"
"¿Podría temer que alguien le robe su aprendizaje?
"could he fear someone steals his learning?
"¿Podría alguien llevarse su devoción religiosa?"
"could anyone take his religious devotion"
"¿Es posible tomar la profundidad de su pensamiento?
"is it possible to take his depth of thought?
"No, porque estas cosas son suyas"
"No, because these things are his very own"
"Solo daría el conocimiento que está dispuesto a dar"
"he would only give away the knowledge he is willing to give"
"Solo daría a aquellos a los que está dispuesto a dar"
"he would only give to those he is willing to give to"
"Precisamente así es también con Kamala"
"precisely like this it is also with Kamala"
"Y lo mismo sucede con los placeres del amor"
"and it is the same way with the pleasures of love"
-Hermosa y roja es la boca de Kamala -respondió Siddharta-
"Beautiful and red is Kamala's mouth," answered Siddhartha

"pero no intentes besarlo en contra de la voluntad de Kamala"
"but don't try to kiss it against Kamala's will"
"Porque no obtendrás ni una sola gota de dulzura de ella"
"because you will not obtain a single drop of sweetness from it"
—Aprendes con facilidad, Siddharta.
"You are learning easily, Siddhartha"
"Tú también deberías aprender esto"
"you should also learn this"
"El amor se puede obtener mendigando, comprando"
"love can be obtained by begging, buying"
"Puedes recibirlo como regalo"
"you can receive it as a gift"
"O lo puedes encontrar en la calle"
"or you can find it in the street"
"Pero el amor no se puede robar"
"but love cannot be stolen"
"En esto, has tomado el camino equivocado"
"In this, you have come up with the wrong path"
"Sería una lástima que quisieras abordar el amor de una manera tan equivocada"
"it would be a pity if you would want to tackle love in such a wrong manner"
Siddharta se inclinó con una sonrisa
Siddhartha bowed with a smile
"Sería una lástima, Kamala, tienes tanta razón"
"It would be a pity, Kamala, you are so right"
"Sería una lástima"
"It would be such a great pity"
"No, no perderé ni una gota de dulzura de tu boca"
"No, I shall not lose a single drop of sweetness from your mouth"
"Ni perderás la dulzura de mi boca"
"nor shall you lose sweetness from my mouth"
"Así está acordado. Siddharta volverá"
"So it is agreed. Siddhartha will return"

"**Siddhartha volverá una vez que tenga lo que le falta**"
"Siddhartha will return once he has what he still lacks"

"**Volverá con ropa, zapatos y dinero**"
"he will come back with clothes, shoes, and money"

**—Pero habla, querida Kamala, ¿no podrías darme un pequeño consejo?**
"But speak, lovely Kamala, couldn't you still give me one small advice?"

"**¿Te doy un consejo? ¿Por qué no?**"
"Give you an advice? Why not?"

"**¿A quién no le gustaría dar consejos a un pobre e ignorante samaná?**"
"Who wouldn't like to give advice to a poor, ignorant Samana?"

**—Querida Kamala, ¿dónde debo ir para encontrar estas tres cosas más rápidamente?**
"Dear Kamala, where I should go to find these three things most quickly?"

"**Amigo, a muchos les gustaría saber esto**"
"Friend, many would like to know this"

"**Debes hacer lo que has aprendido y pedir dinero**"
"You must do what you've learned and ask for money"

"**No hay otra manera de que un pobre obtenga dinero**"
"There is no other way for a poor man to obtain money"

**—¿Qué podrías hacer?**
"What might you be able to do?"

"**Puedo pensar. Puedo esperar. Puedo ayunar -dijo Siddhartha-**
"I can think. I can wait. I can fast" said Siddhartha

"**¿Nada más?**", preguntó Kamala
"Nothing else?" asked Kamala

"**Sí, también puedo escribir poesía**"
"yes, I can also write poetry"

"**¿Te gustaría darme un beso por un poema?**"
"Would you like to give me a kiss for a poem?"

"**Me gustaría, si me gusta tu poema**"
"I would like to, if I like your poem"

—¿Cuál sería su título?
"What would be its title?"
**Siddharta habló, después de haberlo pensado un momento**
Siddhartha spoke, after he had thought about it for a moment
**"En su jardín sombreado entró la hermosa Kamala"**
"Into her shady garden stepped the pretty Kamala"
**"A la entrada del jardín estaba la samaná marrón"**
"At the garden's entrance stood the brown Samana"
**"Profundamente, viendo la flor del loto, se inclinó ese hombre"**
"Deeply, seeing the lotus's blossom, Bowed that man"
**"y sonriendo, Kamala le dio las gracias"**
"and smiling, Kamala thanked him"
**"Más hermoso, pensó el joven, que las ofrendas a los dioses"**
"More lovely, thought the young man, than offerings for gods"
**Kamala aplaudió tan fuerte que los brazaletes dorados resonaron**
Kamala clapped her hands so loud that the golden bracelets clanged
**"Hermosos son tus versos, oh morena Samaná"**
"Beautiful are your verses, oh brown Samana"
**"Y en verdad, no pierdo nada cuando te doy un beso por ellos"**
"and truly, I'm losing nothing when I'm giving you a kiss for them"
**Ella le hizo señas con la mirada**
She beckoned him with her eyes
**Inclinó la cabeza de modo que su rostro tocó el de ella**
he tilted his head so that his face touched hers
**y puso su boca sobre la boca de ella**
and he placed his mouth on her mouth
**la boca que era como un higo recién partido**
the mouth which was like a freshly cracked fig
**Durante un largo rato, Kamala lo besó**
For a long time, Kamala kissed him
**y con profundo asombro, Siddharta sintió cómo ella le enseñaba**

and with a deep astonishment Siddhartha felt how she taught him
**Sintió lo sabia que era**
he felt how wise she was
**Sintió cómo ella lo controlaba**
he felt how she controlled him
**Sintió cómo ella lo rechazaba**
he felt how she rejected him
**Sintió cómo ella lo atraía**
he felt how she lured him
**y sintió cómo iba a haber más besos**
and he felt how there were to be more kisses
**Cada beso era diferente a los demás**
every kiss was different from the others
**estaba quieto, cuando recibió los besos**
he was still, when he received the kisses
**Respirando profundamente, permaneció de pie donde estaba**
Breathing deeply, he remained standing where he was
**Estaba asombrado como un niño acerca de las cosas que valía la pena aprender**
he was astonished like a child about the things worth learning
**El conocimiento se reveló ante sus ojos**
the knowledge revealed itself before his eyes
**"Muy hermosos son tus versos", exclamó Kamala**
"Very beautiful are your verses" exclaimed Kamala
**"Si yo fuera rico, te daría monedas de oro por ellos"**
"if I were rich, I would give you pieces of gold for them"
**"Pero te será difícil ganar suficiente dinero con versos"**
"But it will be difficult for you to earn enough money with verses"
**"porque necesitas mucho dinero, si quieres ser amiga de Kamala"**
"because you need a lot of money, if you want to be Kamala's friend"
—¡Cómo eres capaz de besar, Kamala! —tartamudeó Siddhartha—

"The way you're able to kiss, Kamala!" stammered Siddhartha
**"Sí, esto es lo que puedo hacer"**
"Yes, this I am able to do"
**"por lo tanto, no me falta ropa, zapatos, pulseras"**
"therefore I do not lack clothes, shoes, bracelets"
**"Tengo todas las cosas bonitas"**
"I have all the beautiful things"
**—¿Pero qué será de ti?**
"But what will become of you?"
**"¿No eres capaz de hacer otra cosa?"**
"Aren't you able to do anything else?"
**"¿Puedes hacer algo más que pensar, rápido, y hacer poesía?"**
"can you do mroe than think, fast, and make poetry?"
**—También conozco los cantos sacrificiales —dijo Siddharta—**
"I also know the sacrificial songs" said Siddhartha
**"pero ya no quiero cantar esas canciones"**
"but I do not want to sing those songs any more"
**"También sé hacer hechizos mágicos"**
"I also know how to make magic spells"
**"pero no quiero hablarlas más"**
"but I do not want to speak them any more"
**"He leído las Escrituras"**
"I have read the scriptures"
**"¡Detente!" Kamala lo interrumpió**
"Stop!" Kamala interrupted him
**—¿Sabes leer y escribir?**
"You're able to read and write?"
**"Ciertamente, yo puedo hacer esto, mucha gente puede"**
"Certainly, I can do this, many people can"
**"La mayoría de la gente no puede", respondió Kamala**
"Most people can't," Kamala replied
**"Yo también soy de los que no pueden"**
"I am also one of those who can't do it"
**"Es muy bueno que sepas leer y escribir"**
"It is very good that you're able to read and write"
**"También encontrarás uso para los hechizos mágicos"**

"you will also find use for the magic spells"
**En ese momento, una sirvienta entró corriendo**
In this moment, a maid came running in
**Susurró un mensaje al oído de su ama**
she whispered a message into her mistress's ear
**"Hay una visita para mí", exclamó Kamala**
"There's a visitor for me" exclaimed Kamala
**—Date prisa y aléjate, Siddharta.**
"Hurry and get yourself away, Siddhartha"
**"Nadie puede verte aquí, ¡recuerda esto!"**
"nobody may see you in here, remember this!"
**"Mañana te volveré a ver"**
"Tomorrow, I'll see you again"
**Kamala ordenó a su doncella que le diera a Siddharta ropas blancas**
Kamala ordered her maid to give Siddhartha white garments
**y entonces Siddharta se vio arrastrado por la doncella**
and then Siddhartha found himself being dragged away by the maid
**Lo llevaron a una casa de jardín, fuera de la vista de cualquier camino**
he was brought into a garden-house out of sight of any paths
**Luego fue conducido a los arbustos del jardín**
then he was led into the bushes of the garden
**Se le instó a que saliera del jardín lo antes posible**
he was urged to get himself out of the garden as soon as possible
**y le dijeron que no debía ser visto**
and he was told he must not be seen
**Hizo lo que le habían dicho**
he did as he had been told
**Estaba acostumbrado al bosque**
he was accustomed to the forest
**Así que se las arregló para salir sin hacer ruido**
so he managed to get out without making a sound

**Regresó a la ciudad con las prendas enrolladas bajo el brazo**

he returned to the city carrying the rolled up garments under his arm

**En la posada, donde se alojan los viajeros, se colocó junto a la puerta**
At the inn, where travellers stay, he positioned himself by the door

**Sin palabras pidió comida**
without words he asked for food

**Sin decir una palabra, aceptó un trozo de pastel de arroz**
without a word he accepted a piece of rice-cake

**Pensó en cómo siempre había mendigado**
he thought about how he had always begged

**"Tal vez mañana no le pida más comida a nadie"**
"Perhaps as soon as tomorrow I will ask no one for food any more"

**De repente, el orgullo se encendió en él**
Suddenly, pride flared up in him

**Ya no era Samaná**
He was no Samana any more

**Ya no era apropiado para él mendigar comida**
it was no longer appropriate for him to beg for food

**Le dio el pastel de arroz a un perro**
he gave the rice-cake to a dog

**y esa noche se quedó sin comer**
and that night he remained without food

**Siddharta pensó para sí mismo en la ciudad**
Siddhartha thought to himself about the city

**"Sencilla es la vida que la gente lleva en este mundo"**
"Simple is the life which people lead in this world"

**"Esta vida no presenta dificultades"**
"this life presents no difficulties"

**"Todo era difícil y fatigoso cuando era samaná"**
"Everything was difficult and toilsome when I was a Samana"

**"como samaná todo era inútil"**
"as a Samana everything was hopeless"

**"Pero ahora todo es fácil"**
"but now everything is easy"

"**Es fácil como la lección de besar de Kamala**"
"it is easy like the lesson in kissing from Kamala"
"**Necesito ropa y dinero, nada más**"
"I need clothes and money, nothing else"
"**Estos objetivos son pequeños y alcanzables**"
"these goals are small and achievable"
"**Tales objetivos no harán que una persona pierda el sueño**"
"such goals won't make a person lose any sleep"

**al día siguiente regresó a la casa de Kamala**
the next day he returned to Kamala's house
"**Las cosas están funcionando bien**", le gritó
"Things are working out well" she called out to him
"**Te están esperando en casa de Kamaswami**"
"They are expecting you at Kamaswami's"
"**Es el comerciante más rico de la ciudad**"
"he is the richest merchant of the city"
"**Si le gustas, te aceptará a su servicio**"
"If he likes you, he'll accept you into his service"
"**pero debes ser inteligente, morena Samaná**"
"but you must be smart, brown Samana"
"**Hice que otros le hablaran de ti**"
"I had others tell him about you"
"**Sé cortés con él, es muy poderoso**"
"Be polite towards him, he is very powerful"
"**¡Pero te advierto, no seas demasiado modesto!**"
"But I warn you, don't be too modest!"
"**No quiero que te conviertas en su siervo**"
"I do not want you to become his servant"
"**Llegarás a ser su igual**"
"you shall become his equal"
"**o de lo contrario no estaré satisfecho contigo**"
"or else I won't be satisfied with you"
"**Kamaswami está empezando a envejecer y a ser perezoso**"
"Kamaswami is starting to get old and lazy"
"**Si le gustas, te confiará mucho**"
"If he likes you, he'll entrust you with a lot"

**Siddharta le dio las gracias y se echó a reír**
Siddhartha thanked her and laughed
**Se enteró de que no había comido**
she found out that he had not eaten
**Y ella le envió pan y frutas**
so she sent him bread and fruits
**"Has tenido suerte", dijo cuando se separaron**
"You've been lucky" she said when they parted
**"Te voy a abrir una puerta tras otra"**
"I'm opening one door after another for you"
**"¿Cómo es eso? ¿Tienes un hechizo?"**
"How come? Do you have a spell?"
**"Te dije que sabía pensar, esperar y ayunar"**
"I told you I knew how to think, to wait, and to fast"
**"Pero pensabas que esto no servía para nada"**
"but you thought this was of no use"
**"Pero sirve para muchas cosas"**
"But it is useful for many things"
**"Kamala, verás que los estúpidos Samanas son buenos aprendiendo"**
"Kamala, you'll see that the stupid Samanas are good at learning"
**"Verás que son capaces de hacer muchas cosas bonitas en el bosque"**
"you'll see they are able to do many pretty things in the forest"
**"Cosas de las que gente como tú no eres capaz"**
"things which the likes of you aren't capable of"
**"Anteayer, todavía era un mendigo peludo"**
"The day before yesterday, I was still a shaggy beggar"
**"Hace tan poco como ayer que besé a Kamala"**
"as recently as yesterday I have kissed Kamala"
**"y pronto seré comerciante y tendré dinero"**
"and soon I'll be a merchant and have money"
**"Y tendré todas esas cosas en las que insistes"**
"and I'll have all those things you insist upon"
—Bueno, sí —admitió ella—, pero ¿dónde estarías sin mí?
"Well yes," she admitted, "but where would you be without

- 115 -

me?"
**– ¿Qué serías si Kamala no te estuviera ayudando?**
"What would you be, if Kamala wasn't helping you?"
**—Querida Kamala —dijo Siddhartha—**
"Dear Kamala" said Siddhartha
**y se enderezó en toda su estatura**
and he straightened up to his full height
**"Cuando llegué a ti en tu jardín, di el primer paso"**
"when I came to you into your garden, I did the first step"
**"Fue mi resolución aprender el amor de esta mujer tan hermosa"**
"It was my resolution to learn love from this most beautiful woman"
**"en ese momento había tomado esta resolución"**
"that moment I had made this resolution"
**"y sabía que lo llevaría a cabo"**
"and I knew I would carry it out"
**"Sabía que me ayudarías"**
"I knew that you would help me"
**"a la primera vista a la entrada del jardín ya lo sabía"**
"at your first glance at the entrance of the garden I already knew it"
**"¿Pero y si no hubiera estado dispuesta?", preguntó Kamala**
"But what if I hadn't been willing?" asked Kamala
**-Estabas dispuesto -replicó Siddharta-**
"You were willing" replied Siddhartha
**"Cuando tiras una piedra al agua, toma el curso más rápido hasta el fondo"**
"When you throw a rock into water, it takes the fastest course to the bottom"
**"Así es cuando Siddhartha tiene un objetivo"**
"This is how it is when Siddhartha has a goal"
**"Siddharta no hace nada; espera, piensa, ayuna"**
"Siddhartha does nothing; he waits, he thinks, he fasts"
**"Pero pasa a través de las cosas del mundo como una roca a través del agua"**
"but he passes through the things of the world like a rock

through water"
**"Pasó por el agua sin hacer nada"**
"he passed through the water without doing anything"
**"Se siente atraído por el fondo del agua"**
"he is drawn to the bottom of the water"
**"Se deja caer al fondo del agua"**
"he lets himself fall to the bottom of the water"
**"Su objetivo le atrae hacia él"**
"His goal attracts him towards it"
**"No deja entrar en su alma nada que pueda oponerse a la meta"**
"he doesn't let anything enter his soul which might oppose the goal"
**"Esto es lo que Siddhartha ha aprendido entre los samanas"**
"This is what Siddhartha has learned among the Samanas"
**"Esto es lo que los tontos llaman magia"**
"This is what fools call magic"
**"Creen que lo hacen los demonios"**
"they think it is done by daemons"
**"Pero los demonios no hacen nada"**
"but nothing is done by daemons"
**"No hay demonios en este mundo"**
"there are no daemons in this world"
**"Todo el mundo puede hacer magia, si así lo desea"**
"Everyone can perform magic, should they choose to"
**"Cada uno puede alcanzar sus metas si es capaz de pensar"**
"everyone can reach his goals if he is able to think"
**"Cada uno puede alcanzar sus metas si es capaz de esperar"**
"everyone can reach his goals if he is able to wait"
**"Todo el mundo puede alcanzar sus metas si es capaz de ayunar"**
"everyone can reach his goals if he is able to fast"
**Kamala lo escuchó; A ella le encantaba su voz**
Kamala listened to him; she loved his voice
**Le encantaba la mirada de sus ojos**
she loved the look from his eyes
**"Tal vez sea como dices, amigo"**

"Perhaps it is as you say, friend"
**"Pero tal vez haya otra explicación"**
"But perhaps there is another explanation"
**"Siddharta es un hombre guapo"**
"Siddhartha is a handsome man"
**"Su mirada agrada a las mujeres"**
"his glance pleases the women"
**"La buena fortuna viene hacia él por esto"**
"good fortune comes towards him because of this"
**Con un beso, Siddharta se despidió**
With one kiss, Siddhartha bid his farewell
**"Ojalá fuera así, maestra mía"**
"I wish that it should be this way, my teacher"
**"Deseo que mi mirada te complazca"**
"I wish that my glance shall please you"
**"Deseo que siempre me traigas buena fortuna"**
"I wish that that you always bring me good fortune"

## Con la Gente Infantil
## With the Childlike People

**Siddharta fue a ver a Kamaswami, el mercader**
Siddhartha went to Kamaswami the merchant
**Lo condujeron a una casa rica**
he was directed into a rich house
**Los sirvientes lo condujeron a través de preciosas alfombras a una cámara**
servants led him between precious carpets into a chamber
**En el aposento era donde esperaba al dueño de la casa**
in the chamber was where he awaited the master of the house
**Kamaswami entró rápidamente en la habitación**
Kamaswami entered swiftly into the room
**Era un hombre que se movía con suavidad**
he was a smoothly moving man
**Tenía el pelo muy gris y unos ojos muy inteligentes y cautelosos**
he had very gray hair and very intelligent, cautious eyes
**y tenía una boca codiciosa**
and he had a greedy mouth
**Cortésmente, el anfitrión y el invitado se saludaron**
Politely, the host and the guest greeted one another
**—Me han dicho que eras un brahmán —comenzó el mercader—**
"I have been told that you were a Brahman" the merchant began
**"Me han dicho que eres un hombre culto"**
"I have been told that you are a learned man"
**"Y también me han dicho otra cosa"**
"and I have also been told something else"
**"Buscas estar al servicio de un comerciante"**
"you seek to be in the service of a merchant"
**"¿Es posible que te hayas vuelto indigente, Brahman, para que busques servir?"**
"Might you have become destitute, Brahman, so that you seek to serve?"

-No -dijo Siddharta-, no me he vuelto indigente.
"No," said Siddhartha, "I have not become destitute"
-Tampoco he estado nunca en la indigencia -añadió Siddharta-
"nor have I ever been destitute" added Siddhartha
"Debes saber que vengo de las Samanas"
"You should know that I'm coming from the Samanas"
"He vivido con ellos durante mucho tiempo"
"I have lived with them for a long time"
"vienes de las samanas"
"you are coming from the Samanas"
"¿Cómo podrías ser otra cosa que indigente?"
"how could you be anything but destitute?"
—¿Acaso los Samanas no tienen posesiones?
"Aren't the Samanas entirely without possessions?"
-No tengo posesiones, si eso es lo que quieres decir -dijo Siddharta-
"I am without possessions, if that is what you mean" said Siddhartha
"Pero yo no tengo posesiones voluntariamente"
"But I am without possessions voluntarily"
"y por eso no soy indigente"
"and therefore I am not destitute"
"Pero, ¿de qué piensas vivir, estando sin posesiones?"
"But what are you planning to live of, being without possessions?"
"Todavía no he pensado en esto, señor"
"I haven't thought of this yet, sir"
"Llevo más de tres años sin posesiones"
"For more than three years, I have been without possessions"
"Y nunca he pensado en lo que me tocó vivir"
"and I have never thought about of what I should live"
"Así que has vivido de las posesiones de otros"
"So you've lived of the possessions of others"
"Presumiblemente, ¿así es como es?"
"Presumable, this is how it is?"
"Bueno, los mercaderes también viven de lo que otras

**personas poseen"**
"Well, merchants also live of what other people own"

-Bien dicho -concedió el marchante-
"Well said," granted the marchent

**"Pero no tomaría nada de otra persona a cambio de nada"**
"But he wouldn't take anything from another person for nothing"

**"A cambio, daría su mercancía", dijo Kamaswami**
"he would give his merchandise in return" said Kamaswami

**"Así parece ser, en efecto"**
"So it seems to be indeed"

**"Todo el mundo toma, todo el mundo da, así es la vida"**
"Everyone takes, everyone gives, such is life"

**"Pero si no te importa que te lo pregunte, tengo una pregunta"**
"But if you don't mind me asking, I have a question"

**"Estando sin posesiones, ¿qué te gustaría dar?"**
"being without possessions, what would you like to give?"

**"Cada uno da lo que tiene"**
"Everyone gives what he has"

**"El guerrero da fuerza"**
"The warrior gives strength"

**"El comerciante da mercancías"**
"the merchant gives merchandise"

**"El maestro da enseñanzas"**
"the teacher gives teachings"

**"El agricultor da arroz"**
"the farmer gives rice"

**"El pescador da pescado"**
"the fisher gives fish"

—Sí, efectivamente. ¿Y qué es lo que tienes que dar?"
"Yes indeed. And what is it that you've got to give?"

—¿Qué es lo que has aprendido?
"What is it that you've learned?"

—¿Qué eres capaz de hacer?
"what you're able to do?"

**"Puedo pensar. Puedo esperar. Puedo ayunar"**

"I can think. I can wait. I can fast"
**"¿Eso es todo?" preguntó Kamaswami**
"That's everything?" asked Kamaswami
**"¡Creo que eso es todo lo que hay!"**
"I believe that is everything there is!"
**—¿Y de qué sirve eso?**
"And what's the use of that?"
**"Por ejemplo; ayuno. ¿Para qué sirve?"**
"For example; fasting. What is it good for?"
**"Está muy bien, señor"**
"It is very good, sir"
**"Hay veces que una persona no tiene nada que comer"**
"there are times a person has nothing to eat"
**"Entonces ayunar es lo más inteligente que puede hacer"**
"then fasting is the smartest thing he can do"
**"Hubo un tiempo en que Siddhartha no había aprendido a ayunar"**
"there was a time where Siddhartha hadn't learned to fast"
**"En este tiempo tuvo que aceptar cualquier tipo de servicio"**
"in this time he had to accept any kind of service"
**"Porque el hambre le obligaría a aceptar el servicio"**
"because hunger would force him to accept the service"
**"Pero así, Siddhartha puede esperar tranquilamente"**
"But like this, Siddhartha can wait calmly"
**"No conoce la impaciencia, no conoce la emergencia"**
"he knows no impatience, he knows no emergency"
**"Durante mucho tiempo puede permitir que el hambre lo asedia"**
"for a long time he can allow hunger to besiege him"
**"Y puede reírse del hambre"**
"and he can laugh about the hunger"
**"Para esto, señor, es para lo que sirve el ayuno"**
"This, sir, is what fasting is good for"
**"Tienes razón, Samaná" reconoció Kamaswami**
"You're right, Samana" acknowledged Kamaswami
**—Espera un momento —le pidió a su invitado—**
"Wait for a moment" he asked of his guest

**Kamaswami salió de la habitación y regresó con un pergamino**
Kamaswami left the room and returned with a scroll
**le entregó a Siddharta el pergamino y le pidió que lo leyera**
he handed Siddhartha the scroll and asked him to read it
**Siddharta miró el pergamino que le habían entregado**
Siddhartha looked at the scroll handed to him
**En el pergamino se había escrito un contrato de compraventa**
on the scroll a sales-contract had been written
**Comenzó a leer en voz alta el contenido del pergamino**
he began to read out the scroll's contents
**Kamaswami estaba muy contento con Siddharta**
Kamaswami was very pleased with Siddhartha
**"¿Podrías escribir algo para mí en este pedazo de papel?"**
"would you write something for me on this piece of paper?"
**Le entregó un papel y un bolígrafo**
He handed him a piece of paper and a pen
**Siddharta escribió y devolvió el papel**
Siddhartha wrote, and returned the paper
**Kamaswami leyó: "Escribir es bueno, pensar es mejor"**
Kamaswami read, "Writing is good, thinking is better"
**"Ser inteligente es bueno, ser paciente es mejor"**
"Being smart is good, being patient is better"
**"Es excelente cómo eres capaz de escribir", lo elogió el comerciante**
"It is excellent how you're able to write" the merchant praised him
**"Muchas cosas todavía tendremos que discutir entre nosotros"**
"Many a thing we will still have to discuss with one another"
**"Por hoy, te pido que seas mi invitado"**
"For today, I'm asking you to be my guest"
**"Por favor, ven a vivir a esta casa"**
"please come to live in this house"
**Siddharta dio las gracias a Kamaswami y aceptó su oferta**
Siddhartha thanked Kamaswami and accepted his offer
**A partir de ese momento vivió en la casa del comerciante**

he lived in the dealer's house from now on
**Le trajeron ropa y zapatos**
Clothes were brought to him, and shoes
**Y todos los días, un sirviente le preparaba un baño**
and every day, a servant prepared a bath for him

**Dos veces al día, se servía una comida abundante**
Twice a day, a plentiful meal was served
**pero Siddharta sólo comía una vez al día**
but Siddhartha only ate once a day
**y no comía ni comía, ni bebía vino**
and he ate neither meat, nor did he drink wine
**Kamaswami le habló de su oficio**
Kamaswami told him about his trade
**Le mostró la mercancía y los almacenes**
he showed him the merchandise and storage-rooms
**Le mostró cómo se hacían los cálculos**
he showed him how the calculations were done
**Siddharta conoció muchas cosas nuevas**
Siddhartha got to know many new things
**Escuchaba mucho y hablaba poco**
he heard a lot and spoke little
**pero no olvidó las palabras de Kamala**
but he did not forget Kamala's words
**por lo que nunca estuvo subordinado al mercader**
so he was never subservient to the merchant
**Lo obligó a tratarlo como a un igual**
he forced him to treat him as an equal
**Tal vez lo obligó a tratarlo como algo más que un igual**
perhaps he forced him to treat him as even more than an equal
**Kamaswami llevó a cabo sus negocios con cuidado**
Kamaswami conducted his business with care
**Y era muy apasionado por su negocio**
and he was very passionate about his business
**pero Siddharta miraba todo esto como si se tratara de un juego**
but Siddhartha looked upon all of this as if it was a game

**Se esforzó por aprender las reglas del juego con precisión**
he tried hard to learn the rules of the game precisely
**Pero el contenido del juego no le tocó el corazón**
but the contents of the game did not touch his heart
**No había estado mucho tiempo en la casa de Kamaswami**
He had not been in Kamaswami's house for long
**pero pronto tomó parte en el negocio de su casero**
but soon he took part in his landlord's business

**todos los días visitaba a la hermosa Kamala**
every day he visited beautiful Kamala
**Kamala tenía una hora fijada para sus reuniones**
Kamala had an hour appointed for their meetings
**Vestía ropa bonita y zapatos finos**
she was wearing pretty clothes and fine shoes
**Y pronto le trajo regalos también**
and soon he brought her gifts as well
**Aprendió mucho de su boca roja e inteligente**
Much he learned from her red, smart mouth
**Mucho aprendió de su mano tierna y flexible**
Much he learned from her tender, supple hand
**En cuanto al amor, Siddharta era todavía un niño**
regarding love, Siddhartha was still a boy
**y tenía tendencia a lanzarse ciegamente al amor**
and he had a tendency to plunge into love blindly
**Cayó en la lujuria como en un pozo sin fondo**
he fell into lust like into a bottomless pit
**Ella le enseñó a fondo, comenzando con lo básico**
she taught him thoroughly, starting with the basics
**El placer no se puede tomar sin dar placer**
pleasure cannot be taken without giving pleasure
**Cada gesto, cada caricia, cada caricia, cada mirada**
every gesture, every caress, every touch, every look
**Cada mancha del cuerpo, por pequeña que fuera, tenía su secreto**
every spot of the body, however small it was, had its secret
**Los secretos traerían felicidad a quienes los conocen**

the secrets would bring happiness to those who know them
**Los amantes no deben separarse el uno del otro después de celebrar el amor**
lovers must not part from one another after celebrating love
**no deben separarse sin que uno admire al otro**
they must not part without one admiring the other
**Deben ser tan derrotados como victoriosos**
they must be as defeated as they have been victorious
**Ninguno de los amantes debe empezar a sentirse harto o aburrido**
neither lover should start feeling fed up or bored
**No deben tener la mala sensación de haber sido abusivos**
they should not get the evil feeling of having been abusive
**y no deben sentir que han sido abusadas**
and they should not feel like they have been abused
**Maravillosas horas pasó con la bella e inteligente artista**
Wonderful hours he spent with the beautiful and smart artist
**Se convirtió en su alumno, su amante, su amigo**
he became her student, her lover, her friend
**Aquí, con Kamala, estaba el valor y el propósito de su vida presente**
Here with Kamala was the worth and purpose of his present life
**su propósito no era con el negocio de Kamaswami**
his purpose was not with the business of Kamaswami

**Siddhartha recibió cartas y contratos importantes**
Siddhartha received important letters and contracts
**Kamaswami comenzó a discutir todos los asuntos importantes con él**
Kamaswami began discussing all important affairs with him
**Pronto se dio cuenta de que Siddharta sabía poco de arroz y lana**
He soon saw that Siddhartha knew little about rice and wool
**pero vio que actuaba de una manera afortunada**
but he saw that he acted in a fortunate manner
**y Siddharta le superaba en calma y ecuanimidad**

and Siddhartha surpassed him in calmness and equanimity
**Lo superó en el arte de comprender a personas previamente desconocidas**
he surpassed him in the art of understanding previously unknown people
**Kamaswami habló de Siddhartha a un amigo**
Kamaswami spoke about Siddhartha to a friend
**"Este brahmán no es un mercader apropiado"**
"This Brahman is no proper merchant"
**"Nunca será comerciante"**
"he will never be a merchant"
**"Para los negocios nunca hay pasión en su alma"**
"for business there is never any passion in his soul"
**"Pero tiene una cualidad misteriosa"**
"But he has a mysterious quality about him"
**"Esta cualidad trae el éxito por sí misma"**
"this quality brings success about all by itself"
**"Podría ser de una buena estrella de su nacimiento"**
"it could be from a good Star of his birth"
**"o podría ser algo que ha aprendido entre los samanas"**
"or it could be something he has learned among Samanas"
**"Parece que siempre está jugando con nuestros asuntos de negocios"**
"He always seems to be merely playing with our business-affairs"
**"Su negocio nunca llega a formar parte de él"**
"his business never fully becomes a part of him"
**"Su negocio nunca lo gobierna"**
"his business never rules over him"
**"Nunca le teme al fracaso"**
"he is never afraid of failure"
**"Nunca se molesta por una pérdida"**
"he is never upset by a loss"
**El amigo aconsejó al comerciante**
The friend advised the merchant
**"Dale un tercio de las ganancias que te da"**
"Give him a third of the profits he makes for you"

"Pero que también sea responsable cuando haya pérdidas"
"but let him also be liable when there are losses"
"Entonces, se volverá más celoso"
"Then, he'll become more zealous"
**Kamaswami sintió curiosidad y siguió el consejo**
Kamaswami was curious, and followed the advice
**Pero a Siddharta le importaban poco las pérdidas o las ganancias**
But Siddhartha cared little about loses or profits
**Cuando obtenía ganancias, las aceptaba con ecuanimidad**
When he made a profit, he accepted it with equanimity
**Cuando tenía pérdidas, se reía**
when he made losses, he laughed it off
**Parecía, en efecto, como si no le importara el negocio**
It seemed indeed, as if he did not care about the business
**En una ocasión, viajó a un pueblo**
At one time, he travelled to a village
**Fue allí a comprar una gran cosecha de arroz**
he went there to buy a large harvest of rice
**Pero cuando llegó, el arroz ya se había vendido**
But when he got there, the rice had already been sold
**Otro mercader había llegado a la aldea antes que él**
another merchant had gotten to the village before him
**Sin embargo, Siddharta permaneció varios días en esa aldea**
Nevertheless, Siddhartha stayed for several days in that village
**Invitó a los granjeros a tomar una copa**
he treated the farmers for a drink
**Dio monedas de cobre a sus hijos**
he gave copper-coins to their children
**Se unió a la celebración de una boda**
he joined in the celebration of a wedding
**y regresó muy satisfecho de su viaje**
and he returned extremely satisfied from his trip
**Kamaswami estaba enojado porque Siddharta había perdido tiempo y dinero**
Kamaswami was angry that Siddhartha had wasted time and

money
**Siddharta respondió: "¡Deja de regañar, querido amigo!"**
Siddhartha answered "Stop scolding, dear friend!"
**"Nunca se consiguió nada regañando"**
"Nothing was ever achieved by scolding"
**"Si ha ocurrido una pérdida, déjame soportar esa pérdida"**
"If a loss has occurred, let me bear that loss"
**"Estoy muy satisfecho con este viaje"**
"I am very satisfied with this trip"
**"He conocido a muchos tipos de personas"**
"I have gotten to know many kinds of people"
**"Un brahmán se ha convertido en mi amigo"**
"a Brahman has become my friend"
**"Los niños se han sentado en mis rodillas"**
"children have sat on my knees"
**"Los agricultores me han enseñado sus campos"**
"farmers have shown me their fields"
**"Nadie sabía que yo era comerciante"**
"nobody knew that I was a merchant"
**"Todo eso está muy bien," exclamó Kamaswami indignado**
"That's all very nice," exclaimed Kamaswami indignantly
**"Pero, de hecho, eres un comerciante después de todo"**
"but in fact, you are a merchant after all"
**—¿O es que sólo tenías que viajar para divertirte?**
"Or did you have only travel for your amusement?"
**—Por supuesto que he viajado para divertirme —se rió Siddhartha—**
"of course I have travelled for my amusement" Siddhartha laughed
**—¿De qué otra manera habría viajado?**
"For what else would I have travelled?"
**"He conocido gente y lugares"**
"I have gotten to know people and places"
**"He recibido bondad y confianza"**
"I have received kindness and trust"
**"He encontrado amistades en este pueblo"**
"I have found friendships in this village"

**"si hubiera sido Kamaswami, habría regresado molesto"**
"if I had been Kamaswami, I would have travelled back annoyed"
**"Habría tenido prisa en cuanto fallara mi compra"**
"I would have been in hurry as soon as my purchase failed"
**"Y se habría perdido tiempo y dinero"**
"and time and money would indeed have been lost"
**"Pero así, he tenido unos días buenos"**
"But like this, I've had a few good days"
**"He aprendido de mi tiempo allí"**
"I've learned from my time there"
**"Y he tenido alegría de la experiencia"**
"and I have had joy from the experience"
**"No me he hecho daño ni a mí mismo ni a los demás por la molestia y la precipitación"**
"I've neither harmed myself nor others by annoyance and hastiness"
**"si alguna vez vuelvo, la gente amiga me acogerá"**
"if I ever return friendly people will welcome me"
**"Si vuelvo a hacer negocios, la gente amable también me dará la bienvenida"**
"if I return to do business friendly people will welcome me too"
**"Me alabo a mí mismo por no mostrar ninguna prisa o disgusto"**
"I praise myself for not showing any hurry or displeasure"
**"Así que, déjalo como está, amigo mío"**
"So, leave it as it is, my friend"
**"Y no te hagas daño regañándote"**
"and don't harm yourself by scolding"
**"Si ves que Siddharta se hace daño a sí mismo, habla conmigo"**
"If you see Siddhartha harming himself, then speak with me"
**"Y Siddharta seguirá su propio camino"**
"and Siddhartha will go on his own path"
**"Pero hasta entonces, estemos satisfechos el uno con el otro"**
"But until then, let's be satisfied with one another"

**Los intentos del mercader por convencer a Siddharta fueron inútiles**
the merchant's attempts to convince Siddhartha were futile
**no podía hacer que Siddharta comiera su pan**
he could not make Siddhartha eat his bread
**Siddharta comía su propio pan**
Siddhartha ate his own bread
**o mejor dicho, ambos comían el pan de otras personas**
or rather, they both ate other people's bread
**Siddhartha nunca escuchó las preocupaciones de Kamaswami**
Siddhartha never listened to Kamaswami's worries
**y Kamaswami tenía muchas preocupaciones que quería compartir**
and Kamaswami had many worries he wanted to share
**Había negocios en marcha en peligro de fracasar**
there were business-deals going on in danger of failing
**Los cargamentos de mercadería parecían haberse perdido**
shipments of merchandise seemed to have been lost
**Los deudores parecían incapaces de pagar**
debtors seemed to be unable to pay
**Kamaswami nunca pudo convencer a Siddhartha de que pronunciara palabras de preocupación**
Kamaswami could never convince Siddhartha to utter words of worry
**Kamaswami no podía hacer que Siddhartha sintiera ira hacia los negocios**
Kamaswami could not make Siddhartha feel anger towards business
**No podía hacer que tuviera arrugas en la frente**
he could not get him to to have wrinkles on the forehead
**no podía hacer dormir mal a Siddharta**
he could not make Siddhartha sleep badly

**un día, Kamaswami trató de hablar con Siddhartha**
one day, Kamaswami tried to speak with Siddhartha
**"Siddharta, no has aprendido nada nuevo"**

"Siddhartha, you have failed to learn anything new"
**pero, de nuevo, Siddharta se rió de esto**
but again, Siddhartha laughed at this
**"¿Podrías por favor no engañarme con tales bromas?"**
"Would you please not kid me with such jokes"
**"Lo que he aprendido de ti es cuánto cuesta una canasta de pescado"**
"What I've learned from you is how much a basket of fish costs"
**"y aprendí cuánto interés se puede cobrar por el dinero prestado"**
"and I learned how much interest may be charged on loaned money"
**"Estas son sus áreas de especialización"**
"These are your areas of expertise"
**"No he aprendido a pensar de ti, mi querido Kamaswami"**
"I haven't learned to think from you, my dear Kamaswami"
**"Deberías ser tú quien busque aprender de mí"**
"you ought to be the one seeking to learn from me"
**De hecho, su alma no estaba con el comercio**
Indeed his soul was not with the trade
**El negocio era lo suficientemente bueno como para proporcionarle dinero para Kamala**
The business was good enough to provide him with money for Kamala
**Y le valió mucho más de lo que necesitaba**
and it earned him much more than he needed
**Además de Kamala, la curiosidad de Siddhartha estaba en la gente**
Besides Kamala, Siddhartha's curiosity was with the people
**sus negocios, artesanías, preocupaciones y placeres**
their businesses, crafts, worries, and pleasures
**Todas estas cosas solían ser ajenas a él**
all these things used to be alien to him
**Sus actos de insensatez solían ser tan distantes como la luna**
their acts of foolishness used to be as distant as the moon
**Logró hablar fácilmente con todos ellos**

he easily succeeded in talking to all of them
**Podía vivir con todos ellos**
he could live with all of them
**Y podría seguir aprendiendo de todos ellos**
and he could continue to learn from all of them
**Pero había algo que lo separaba de ellos**
but there was something which separated him from them
**Podía sentir una división entre él y la gente**
he could feel a divide between him and the people
**este factor separador era que él era un samaná**
this separating factor was him being a Samana
**Vio a la humanidad pasar por la vida de una manera infantil**
He saw mankind going through life in a childlike manner
**En muchos sentidos, vivían de la misma manera que viven los animales**
in many ways they were living the way animals live
**Amaba y también despreciaba su forma de vida**
he loved and also despised their way of life
**Los vio trabajar y sufrir**
He saw them toiling and suffering
**Se estaban volviendo grises por cosas indignas de este precio**
they were becoming gray for things unworthy of this price
**Hacían cosas por dinero y pequeños placeres**
they did things for money and little pleasures
**Hicieron cosas por ser un poco honrados**
they did things for being slightly honoured
**Los vio regañarse e insultarse unos a otros**
he saw them scolding and insulting each other
**Los vio quejándose de dolor**
he saw them complaining about pain
**dolores ante los cuales un samaná solo sonreiría**
pains at which a Samana would only smile
**y los vio sufrir privaciones**
and he saw them suffering from deprivations
**privaciones que un samaná no sentiría**
deprivations which a Samana would not feel

**Estaba abierto a todo lo que estas personas le traían**
He was open to everything these people brought his way
**Bienvenido fue el mercader que le ofreció ropa a la venta**
welcome was the merchant who offered him linen for sale
**acogida era el deudor que solicitaba otro préstamo**
welcome was the debtor who sought another loan
**Bienvenido fue el mendigo que le contó la historia de su pobreza**
welcome was the beggar who told him the story of his poverty
**el mendigo que no era ni la mitad de pobre que cualquier samaná**
the beggar who was not half as poor as any Samana
**No trató de manera diferente al rico mercader y a su sirviente**
He did not treat the rich merchant and his servant different
**Dejó que un vendedor ambulante lo engañara al comprar plátanos**
he let street-vendor cheat him when buying bananas
**Kamaswami a menudo se quejaba con él de sus preocupaciones**
Kamaswami would often complain to him about his worries
**o le reprocharía su negocio**
or he would reproach him about his business
**Escuchó con curiosidad y alegría**
he listened curiously and happily
**pero estaba desconcertado por su amigo**
but he was puzzled by his friend
**Trató de entenderlo**
he tried to understand him
**Y admitió que tenía razón, hasta cierto punto**
and he admitted he was right, up to a certain point
**fueron muchos los que preguntaron por Siddharta**
there were many who asked for Siddhartha
**Muchos querían hacer negocios con él**
many wanted to do business with him
**Había muchos que querían engañarlo**
there were many who wanted to cheat him

**Muchos querían sacarle algún secreto**
many wanted to draw some secret out of him
**Muchos querían apelar a su simpatía**
many wanted to appeal to his sympathy
**Muchos querían recibir su consejo**
many wanted to get his advice
**Daba consejos a los que lo querían**
He gave advice to those who wanted it
**Se compadeció de los que necesitaban piedad**
he pitied those who needed pity
**Hacía regalos a los que les gustaban los regalos**
he made gifts to those who liked presents
**Dejó que algunos lo engañaran un poco**
he let some cheat him a bit
**Este juego que todos jugaban ocupaba sus pensamientos**
this game which all people played occupied his thoughts
**pensaba en este juego tanto como en los dioses**
he thought about this game just as much as he had about the Gods
**En lo profundo de su pecho sintió una voz moribunda**
deep in his chest he felt a dying voice
**Esta voz lo amonestó en voz baja**
this voice admonished him quietly
**y apenas percibía la voz dentro de sí mismo**
and he hardly perceived the voice inside of himself
**Y entonces, durante una hora, se dio cuenta de algo**
And then, for an hour, he became aware of something
**Se dio cuenta de la extraña vida que llevaba**
he became aware of the strange life he was leading
**Se dio cuenta de que esta vida era solo un juego**
he realized this life was only a game
**A veces sentía felicidad y alegría**
at times he would feel happiness and joy
**Pero la vida real seguía pasándole de largo**
but real life was still passing him by
**y pasaba sin tocarlo**
and it was passing by without touching him

**Siddharta jugaba con sus negocios**
Siddhartha played with his business-deals
**Siddharta se divertía con la gente que le rodeaba**
Siddhartha found amusement in the people around him
**pero en cuanto a su corazón, no estaba con ellos**
but regarding his heart, he was not with them
**La fuente corría a alguna parte, muy lejos de él**
The source ran somewhere, far away from him
**corría y corría invisiblemente**
it ran and ran invisibly
**Ya no tenía nada que ver con su vida**
it had nothing to do with his life any more
**Varias veces se asustó a causa de tales pensamientos**
at several times he became scared on account of such thoughts
**Deseaba poder participar en todos estos juegos infantiles**
he wished he could participate in all of these childlike games
**Quería vivir de verdad**
he wanted to really live
**Quería actuar de verdad en su teatro**
he wanted to really act in their theatre
**Quería disfrutar realmente de sus placeres**
he wanted to really enjoy their pleasures
**Y quería vivir, en lugar de quedarse de brazos cruzados**
and he wanted to live, instead of just standing by as a spectator

**Pero una y otra vez, volvía a la hermosa Kamala**
But again and again, he came back to beautiful Kamala
**Aprendió el arte del amor**
he learned the art of love
**y practicó el culto de la lujuria**
and he practised the cult of lust
**lujuria, en la que dar y recibir se convierte en uno**
lust, in which giving and taking becomes one
**Charló con ella y aprendió de ella**
he chatted with her and learned from her
**Él le dio consejos, y él recibió sus consejos**

- 136 -

he gave her advice, and he received her advice
**Ella lo entendía mejor de lo que Govinda solía entenderlo**
She understood him better than Govinda used to understand him
**ella era más parecida a él de lo que Govinda había sido**
she was more similar to him than Govinda had been
**"Eres como yo", le dijo**
"You are like me," he said to her
**"Eres diferente a la mayoría de la gente"**
"you are different from most people"
**"Tú eres Kamala, nada más"**
"You are Kamala, nothing else"
**"Y dentro de ti, hay paz y refugio"**
"and inside of you, there is a peace and refuge"
**"Un refugio al que acudir a cualquier hora del día"**
"a refuge to which you can go at every hour of the day"
**"Puedes estar en casa contigo mismo"**
"you can be at home with yourself"
**"Yo también puedo hacer esto"**
"I can do this too"
**"Poca gente tiene este lugar"**
"Few people have this place"
**"Y, sin embargo, todos ellos podían tenerlo"**
"and yet all of them could have it"
**"No todas las personas son inteligentes", dijo Kamala**
"Not all people are smart" said Kamala
**—No —dijo Siddharta—, no es ésa la razón.**
"No," said Siddhartha, "that's not the reason why"
**"Kamaswami es tan inteligente como yo"**
"Kamaswami is just as smart as I am"
**"Pero no tiene refugio en sí mismo"**
"but he has no refuge in himself"
**"Otros lo tienen, aunque tienen la mente de los niños"**
"Others have it, although they have the minds of children"
**"La mayoría de la gente, Kamala, es como una hoja que cae"**
"Most people, Kamala, are like a falling leaf"
**"Una hoja que se sopla y gira por el aire"**

"a leaf which is blown and is turning around through the air"
**"una hoja que vacila y cae al suelo"**
"a leaf which wavers, and tumbles to the ground"
**"Pero otros, unos pocos, son como estrellas"**
"But others, a few, are like stars"
**"Van por un rumbo fijo"**
"they go on a fixed course"
**"No les llega el viento"**
"no wind reaches them"
**"En sí mismos tienen su ley y su curso"**
"in themselves they have their law and their course"
**"Entre todos los eruditos que he conocido, había uno de esta clase"**
"Among all the learned men I have met, there was one of this kind"
**"Era un verdadero perfecto"**
"he was a truly perfected one"
**"Nunca podré olvidarlo"**
"I'll never be able to forget him"
**"Es ese Gotama, el exaltado"**
"It is that Gotama, the exalted one"
**"Miles de seguidores escuchan sus enseñanzas cada día"**
"Thousands of followers are listening to his teachings every day"
**"Siguen sus instrucciones cada hora"**
"they follow his instructions every hour"
**"Pero todas son hojas que caen"**
"but they are all falling leaves"
**"No en sí mismos tienen enseñanzas y una ley"**
"not in themselves they have teachings and a law"
**Kamala lo miró con una sonrisa**
Kamala looked at him with a smile
**"De nuevo, estás hablando de él", dijo**
"Again, you're talking about him," she said
**"otra vez, estás teniendo los pensamientos de un samaná"**
"again, you're having a Samana's thoughts"
**Siddharta no dijo nada, y jugaron al juego del amor**

Siddhartha said nothing, and they played the game of love
**uno de los treinta o cuarenta juegos diferentes que Kamala conocía**
one of the thirty or forty different games Kamala knew
**Su cuerpo era flexible como el de un jaguar**
Her body was flexible like that of a jaguar
**Flexible como el arco de un cazador**
flexible like the bow of a hunter
**el que había aprendido de ella a hacer el amor**
he who had learned from her how to make love
**Era conocedor de muchas formas de lujuria**
he was knowledgeable of many forms of lust
**El que aprendió de ella conocía muchos secretos**
he that learned from her knew many secrets
**Durante mucho tiempo, tocó con Siddhartha**
For a long time, she played with Siddhartha
**Ella lo sedujo y lo rechazó**
she enticed him and rejected him
**Ella lo obligó y lo abrazó**
she forced him and embraced him
**Disfrutaba de sus habilidades magistrales**
she enjoyed his masterful skills
**hasta que fue derrotado y descansó exhausto a su lado**
until he was defeated and rested exhausted by her side
**La cortesana se inclinó sobre él**
The courtesan bent over him
**Le echó una larga mirada a la cara**
she took a long look at his face
**Ella lo miró a los ojos, que se habían cansado**
she looked at his eyes, which had grown tired
**—Eres el mejor amante que he visto en mi vida —dijo pensativa—**
"You are the best lover I have ever seen" she said thoughtfully
**"Eres más fuerte que los demás, más flexible, más dispuesto"**
"You're stronger than others, more supple, more willing"
**—Has aprendido bien mi arte, Siddharta.**
"You've learned my art well, Siddhartha"

**"En algún momento, cuando sea mayor, querré tener a tu hijo"**
"At some time, when I'll be older, I'd want to bear your child"
**"Y sin embargo, querida mía, has seguido siendo una samaná"**
"And yet, my dear, you've remained a Samana"
**"Y a pesar de esto, no me amas"**
"and despite this, you do not love me"
**"No hay nadie a quien ames"**
"there is nobody that you love"
**"¿No es así?", preguntó Kamala**
"Isn't it so?" asked Kamala
—Es muy posible que así sea —dijo Siddharta con cansancio—
"It might very well be so," Siddhartha said tiredly
**"Yo soy como tú, porque tampoco tú amas"**
"I am like you, because you also do not love"
**"¿De qué otra manera podrías practicar el amor como un oficio?"**
"how else could you practise love as a craft?"
**"Quizás, la gente de nuestra especie no puede amar"**
"Perhaps, people of our kind can't love"
**"La gente infantil puede amar, ese es su secreto"**
"The childlike people can love, that's their secret"

## Sansara

**Durante mucho tiempo, Siddharta había vivido en el mundo y en la lujuria**
For a long time, Siddhartha had lived in the world and lust
**Sin embargo, vivió de esta manera, sin ser parte de ella**
he lived this way though, without being a part of it
**lo había matado cuando había sido samaná**
he had killed this off when he had been a Samana
**pero ahora se habían despertado de nuevo**
but now they had awoken again
**Había probado las riquezas, la lujuria y el poder**
he had tasted riches, lust, and power
**durante mucho tiempo había permanecido como un samaná en su corazón**
for a long time he had remained a Samana in his heart
**Kamala, siendo inteligente, se había dado cuenta de esto muy bien**
Kamala, being smart, had realized this quite right
**El pensamiento, la espera y el ayuno seguían guiando su vida**
thinking, waiting, and fasting still guided his life
**La gente infantil permanecía ajena a él**
the childlike people remained alien to him
**y permaneció ajeno a la gente infantil**
and he remained alien to the childlike people
**Pasaron los años; Rodeado de la buena vida**
Years passed by; surrounded by the good life
**Siddharta apenas sentía que los años se desvanecían**
Siddhartha hardly felt the years fading away
**Se había hecho rico y poseía una casa propia**
He had become rich and possessed a house of his own
**Incluso tenía sus propios sirvientes**
he even had his own servants
**Tenía un jardín delante de la ciudad, junto al río**
he had a garden before the city, by the river
**A la gente le gustaba y acudía a él en busca de dinero o**

consejo
The people liked him and came to him for money or advice
**pero no había nadie cerca de él, excepto Kamala**
but there was nobody close to him, except Kamala
**el brillante estado de estar despierto**
the bright state of being awake
**el sentimiento que había experimentado en el apogeo de su juventud**
the feeling which he had experienced at the height of his youth
**en aquellos días después del sermón de Gotama**
in those days after Gotama's sermon
**después de la separación de Govinda**
after the separation from Govinda
**la tensa expectativa de la vida**
the tense expectation of life
**el orgulloso estado de estar solo**
the proud state of standing alone
**Estar sin enseñanzas ni maestros**
being without teachings or teachers
**la flexible disposición a escuchar la voz divina en su propio corazón**
the supple willingness to listen to the divine voice in his own heart
**Todas estas cosas se habían convertido poco a poco en un recuerdo**
all these things had slowly become a memory
**El recuerdo había sido fugaz, distante y silencioso**
the memory had been fleeting, distant, and quiet
**La fuente sagrada, que antes estaba cerca, ahora solo murmuraba**
the holy source, which used to be near, now only murmured
**la fuente sagrada, que murmuraba dentro de sí mismo**
the holy source, which used to murmur within himself
**Sin embargo, muchas cosas había aprendido de los samanas**
Nevertheless, many things he had learned from the Samanas
**había aprendido de Gotama**

he had learned from Gotama
**había aprendido de su padre el Brahman**
he had learned from his father the Brahman
**Su padre había permanecido dentro de su ser durante mucho tiempo**
his father had remained within his being for a long time
**la vida moderada, la alegría de pensar, las horas de meditación**
moderate living, the joy of thinking, hours of meditation
**el conocimiento secreto del yo; Su entidad eterna**
the secret knowledge of the self; his eternal entity
**el yo que no es ni cuerpo ni conciencia**
the self which is neither body nor consciousness
**Todavía tenía muchas partes de esto**
Many a part of this he still had
**pero una parte tras otra había quedado sumergida**
but one part after another had been submerged
**y, finalmente, cada parte acumuló polvo**
and eventually each part gathered dust
**Un torno de alfarero, una vez en movimiento, girará durante mucho tiempo**
a potter's wheel, once in motion, will turn for a long time
**pierde su vigor sólo lentamente**
it loses its vigour only slowly
**y se detiene solo después de un tiempo**
and it comes to a stop only after time
**El alma de Siddharta no dejaba de girar la rueda del ascetismo**
Siddhartha's soul had kept on turning the wheel of asceticism
**La rueda del pensamiento había seguido girando durante mucho tiempo**
the wheel of thinking had kept turning for a long time
**La rueda de la diferenciación había girado durante mucho tiempo**
the wheel of differentiation had still turned for a long time
**pero giró lenta y vacilante**
but it turned slowly and hesitantly

**Y estuvo a punto de paralizarse**
and it was close to coming to a standstill
**Lentamente, como la humedad que entra en el tallo moribundo de un árbol**
Slowly, like humidity entering the dying stem of a tree
**llenando el tallo lentamente y haciendo que se pudra**
filling the stem slowly and making it rot
**el mundo y la pereza habían entrado en el alma de Siddharta**
the world and sloth had entered Siddhartha's soul
**Poco a poco llenó su alma y la hizo pesada**
slowly it filled his soul and made it heavy
**hizo que su alma se cansara y la durmiera**
it made his soul tired and put it to sleep
**Por otro lado, sus sentidos habían cobrado vida**
On the other hand, his senses had become alive
**Había mucho que sus sentidos habían aprendido**
there was much his senses had learned
**Había muchas cosas que sus sentidos habían experimentado**
there was much his senses had experienced
**Siddhartha había aprendido a comerciar**
Siddhartha had learned to trade
**Había aprendido a usar su poder sobre la gente**
he had learned how to use his power over people
**Había aprendido a divertirse con una mujer**
he had learned how to enjoy himself with a woman
**Había aprendido a vestir ropa bonita**
he had learned how to wear beautiful clothes
**Había aprendido a dar órdenes a los sirvientes**
he had learned how to give orders to servants
**Había aprendido a bañarse en aguas perfumadas**
he had learned how to bathe in perfumed waters
**Había aprendido a comer con ternura y a preparar cuidadosamente la comida**
He had learned how to eat tenderly and carefully prepared food
**Incluso comía pescado, carne y aves de corral**
he even ate fish, meat, and poultry

**especias, dulces y vino, lo que provoca pereza y olvido**
spices and sweets and wine, which causes sloth and forgetfulness
**Había aprendido a jugar con dados y en un tablero de ajedrez**
He had learned to play with dice and on a chess-board
**Había aprendido a ver bailarinas**
he had learned to watch dancing girls
**Aprendió a dejarse llevar en una silla de manos**
he learned to have himself carried about in a sedan-chair
**Aprendió a dormir en una cama blanda**
he learned to sleep on a soft bed
**Pero aún así se sentía diferente de los demás**
But still he felt different from others
**Todavía se sentía superior a los demás**
he still felt superior to the others
**Siempre los miraba con cierta burla**
he always watched them with some mockery
**Siempre había un desdén burlón por lo que sentía por ellos**
there was always some mocking disdain to how he felt about them
**el mismo desdén que un samaná siente por la gente del mundo**
the same disdain a Samana feels for the people of the world

**Kamaswami estaba enfermo y se sentía molesto**
Kamaswami was ailing and felt annoyed
**se sintió insultado por Siddhartha**
he felt insulted by Siddhartha
**y se sentía molesto por sus preocupaciones como comerciante**
and he was vexed by his worries as a merchant
**Siddharta siempre había mirado estas cosas con burla**
Siddhartha had always watched these things with mockery
**pero su burla se había vuelto más cansada**
but his mockery had become more tired
**Su superioridad se había vuelto más tranquila**

his superiority had become more quiet
**tan lentamente imperceptible como el paso de la estación lluviosa**
as slowly imperceptible as the rainy season passing by
**Poco a poco, Siddharta había asumido algo de las costumbres infantiles de la gente**
slowly, Siddhartha had assumed something of the childlike people's ways
**Había ganado algo de su puerilidad**
he had gained some of their childishness
**y había ganado algo de su temor**
and he had gained some of their fearfulness
**Y, sin embargo, cuanto más se volvía como ellos, más los envidiaba**
And yet, the more be become like them the more he envied them
**Los envidiaba por lo único que le faltaba**
He envied them for the one thing that was missing from him
**la importancia que supieron conceder a sus vidas**
the importance they were able to attach to their lives
**la cantidad de pasión en sus alegrías y miedos**
the amount of passion in their joys and fears
**la temible pero dulce felicidad de estar constantemente enamorado**
the fearful but sweet happiness of being constantly in love
**Estas personas estaban enamoradas de sí mismas todo el tiempo**
These people were in love with themselves all of the time
**Las mujeres amaban a sus hijos, con honores o dinero**
women loved their children, with honours or money
**Los hombres se amaban a sí mismos con planes o esperanzas**
the men loved themselves with plans or hopes
**Pero esto no lo aprendió de ellos**
But he did not learn this from them
**No aprendió la alegría de los niños**
he did not learn the joy of children
**y no aprendió su necedad**

and he did not learn their foolishness
**Lo que más aprendió fueron sus cosas desagradables**
what he mostly learned were their unpleasant things
**y despreciaba estas cosas**
and he despised these things
**por la mañana, después de haber tenido compañía**
in the morning, after having had company
**Cada vez más permanecía en la cama durante mucho tiempo**
more and more he stayed in bed for a long time
**Se sentía incapaz de pensar y estaba cansado**
he felt unable to think, and was tired
**se enojó e impacientó cuando Kamaswami lo aburrió con sus preocupaciones**
he became angry and impatient when Kamaswami bored him with his worries
**Se rió demasiado fuerte cuando perdió una partida de dados**
he laughed just too loud when he lost a game of dice
**Su rostro era aún más inteligente y espiritual que el de los demás**
His face was still smarter and more spiritual than others
**pero su rostro ya casi no se reía**
but his face rarely laughed anymore
**Poco a poco, su rostro asumió otros rasgos**
slowly, his face assumed other features
**los rasgos que a menudo se encuentran en los rostros de los ricos**
the features often found in the faces of rich people
**rasgos de descontento, de enfermizo, de mal humor**
features of discontent, of sickliness, of ill-humour
**rasgos de pereza y de falta de amor**
features of sloth, and of a lack of love
**la enfermedad del alma que tienen los ricos**
the disease of the soul which rich people have
**Poco a poco, esta enfermedad se apoderó de él**
Slowly, this disease grabbed hold of him
**como una fina niebla, el cansancio se apoderó de Siddharta**
like a thin mist, tiredness came over Siddhartha

**Poco a poco, esta niebla se hizo un poco más densa cada día**
slowly, this mist got a bit denser every day
**Se volvía un poco más turbio cada mes**
it got a bit murkier every month
**y cada año se hacía un poco más pesado**
and every year it got a bit heavier
**Los vestidos envejecen con el tiempo**
dresses become old with time
**La ropa pierde su hermoso color con el tiempo**
clothes lose their beautiful colour over time
**Se manchan, se arrugan, se desgastan en las costuras**
they get stains, wrinkles, worn off at the seams
**Empiezan a mostrar manchas raídas aquí y allá**
they start to show threadbare spots here and there
**así fue la nueva vida de Siddhartha**
this is how Siddhartha's new life was
**la vida que había comenzado después de su separación de Govinda**
the life which he had started after his separation from Govinda
**Su vida había envejecido y perdido color**
his life had grown old and lost colour
**Con el paso de los años fue perdiendo esplendor**
there was less splendour to it as the years passed by
**Su vida fue acumulando arrugas y manchas**
his life was gathering wrinkles and stains
**y escondidos en el fondo, la decepción y el disgusto esperaban**
and hidden at bottom, disappointment and disgust were waiting
**mostraban su fealdad**
they were showing their ugliness
**Siddharta no se dio cuenta de estas cosas**
Siddhartha did not notice these things
**Recordó la voz brillante y confiable dentro de él**
he remembered the bright and reliable voice inside of him
**Se dio cuenta de que la voz se había quedado en silencio**

he noticed the voice had become silent
**la voz que se había despertado en él en ese momento**
the voice which had awoken in him at that time
**la voz que lo había guiado en sus mejores momentos**
the voice that had guided him in his best times
**Había sido capturado por el mundo**
he had been captured by the world
**Había sido capturado por la lujuria, la codicia, la pereza**
he had been captured by lust, covetousness, sloth
**y finalmente había sido capturado por su vicio más despreciado**
and finally he had been captured by his most despised vice
**el vicio del que más se burlaba**
the vice which he mocked the most
**el más tonto de todos los vicios**
the most foolish one of all vices
**Había dejado que la codicia entrara en su corazón**
he had let greed into his heart
**Las propiedades, las posesiones y las riquezas también lo habían capturado finalmente**
Property, possessions, and riches also had finally captured him
**Tener cosas ya no era un juego para él**
having things was no longer a game to him
**Sus posesiones se habían convertido en un grillete y una carga**
his possessions had become a shackle and a burden
**Había sucedido de una manera extraña y tortuosa**
It had happened in a strange and devious way
**Siddharta había adquirido este vicio en el juego de dados**
Siddhartha had gotten this vice from the game of dice
**había dejado de ser un samaná en su corazón**
he had stopped being a Samana in his heart
**Y luego comenzó a jugar el juego por dinero**
and then he began to play the game for money
**Primero se unió al juego con una sonrisa**
first he joined the game with a smile

**En este momento solo jugaba casualmente**
at this time he only played casually
**Quería unirse a las costumbres de la gente infantil**
he wanted to join the customs of the childlike people
**pero ahora jugaba con una rabia y una pasión crecientes**
but now he played with an increasing rage and passion
**Era un jugador temido entre los demás mercaderes**
He was a feared gambler among the other merchants
**Sus apuestas eran tan audaces que pocos se atrevían a enfrentarse a él**
his stakes were so audacious that few dared to take him on
**Jugó el partido debido a un dolor en el corazón**
He played the game due to a pain of his heart
**Perder y malgastar su miserable dinero le trajo una alegría airada**
losing and wasting his wretched money brought him an angry joy
**No podía demostrar su desdén por la riqueza de ninguna otra manera**
he could demonstrate his disdain for wealth in no other way
**No podía burlarse del falso dios de los mercaderes de una mejor manera**
he could not mock the merchants' false god in a better way
**Así que apostó con apuestas altas**
so he gambled with high stakes
**Se odiaba a sí mismo sin piedad y se burlaba de sí mismo**
he mercilessly hated himself and mocked himself
**Ganó miles, tiró miles**
he won thousands, threw away thousands
**Perdió dinero, joyas, una casa en el campo**
he lost money, jewellery, a house in the country
**Lo volvió a ganar y luego volvió a perder**
he won it again, and then he lost again
**Le encantaba el miedo que sentía mientras tiraba los dados**
he loved the fear he felt while he was rolling the dice
**Le encantaba sentirse preocupado por perder lo que apostaba**

he loved feeling worried about losing what he gambled
**Siempre quiso llevar este miedo a un nivel un poco más alto**
he always wanted to get this fear to a slightly higher level
**Solo sentía algo parecido a la felicidad cuando sentía este miedo**
he only felt something like happiness when he felt this fear
**Era algo así como una intoxicación**
it was something like an intoxication
**algo así como una forma elevada de vida**
something like an elevated form of life
**algo más brillante en medio de su aburrida vida**
something brighter in the midst of his dull life
**Y después de cada gran pérdida, su mente estaba puesta en nuevas riquezas**
And after each big loss, his mind was set on new riches
**Se dedicó al comercio con más celo**
he pursued the trade more zealously
**Obligó a sus deudores a pagar de manera más estricta**
he forced his debtors more strictly to pay
**porque quería seguir apostando**
because he wanted to continue gambling
**Quería seguir despilfarrando**
he wanted to continue squandering
**Quería seguir demostrando su desdén por la riqueza**
he wanted to continue demonstrating his disdain of wealth
**Siddharta perdía la calma cuando se producían pérdidas**
Siddhartha lost his calmness when losses occurred
**Perdió la paciencia cuando no le pagaron a tiempo**
he lost his patience when he was not paid on time
**Perdió su bondad hacia los mendigos**
he lost his kindness towards beggars
**Apostó decenas de miles de dólares en una tirada de dados**
He gambled away tens of thousands at one roll of the dice
**Se volvió más estricto y más mezquino en sus negocios**
he became more strict and more petty in his business
**¡De vez en cuando, soñaba por la noche con dinero!**
occasionally, he was dreaming at night about money!

**Cada vez que despertaba de este horrible hechizo, continuaba huyendo**
whenever he woke up from this ugly spell, he continued fleeing
**Cada vez que encontraba su rostro en el espejo envejecido, encontraba un nuevo juego**
whenever he found his face in the mirror to have aged, he found a new game
**Cada vez que la vergüenza y el disgusto se apoderaban de él, adormecía su mente**
whenever embarrassment and disgust came over him, he numbed his mind
**adormeció su mente con sexo y vino**
he numbed his mind with sex and wine
**y de allí huyó de nuevo al impulso de amontonar y obtener posesiones**
and from there he fled back into the urge to pile up and obtain possessions
**En este ciclo sin sentido, corrió**
In this pointless cycle he ran
**A partir de su vida se cansó, envejeció y enfermó**
fromt his life he grow tired, old, and ill

**Entonces llegó el momento en que un sueño le advirtió**
Then the time came when a dream warned him
**Había pasado las horas de la noche con Kamala**
He had spent the hours of the evening with Kamala
**Había estado en su hermoso jardín de recreo**
he had been in her beautiful pleasure-garden
**Habían estado sentados bajo los árboles, hablando**
They had been sitting under the trees, talking
**y Kamala había dicho palabras pensativas**
and Kamala had said thoughtful words
**palabras tras las cuales se escondía una tristeza y un cansancio**
words behind which a sadness and tiredness lay hidden
**Le había pedido que le hablara de Gotama**

She had asked him to tell her about Gotama
**No se cansaba de oírlo**
she could not hear enough of him
**Le encantaba lo claros que eran sus ojos**
she loved how clear his eyes were
**Le encantaba lo quieta y hermosa que era su boca**
she loved how still and beautiful his mouth was
**Le encantaba la bondad de su sonrisa**
she loved the kindness of his smile
**Le encantaba lo tranquilo que había sido su paseo**
she loved how peaceful his walk had been
**Durante mucho tiempo, tuvo que hablarle del Buda exaltado**
For a long time, he had to tell her about the exalted Buddha
**y Kamala había suspirado y hablado**
and Kamala had sighed, and spoke
**"Un día, tal vez pronto, también seguiré a ese Buda"**
"One day, perhaps soon, I'll also follow that Buddha"
**"Le daré mi jardín de recreo como regalo"**
"I'll give him my pleasure-garden for a gift"
**"y me refugiaré en sus enseñanzas"**
"and I will take my refuge in his teachings"
**Pero después de esto, ella lo había excitado**
But after this, she had aroused him
**Lo había atado a ella en el acto de hacer el amor**
she had tied him to her in the act of making love
**con doloroso fervor, mordiendo y llorando**
with painful fervour, biting and in tears
**Era como si quisiera exprimir hasta la última gota dulce de este vino**
it was as if she wanted to squeeze the last sweet drop out of this wine
**Nunca antes se había vuelto tan extrañamente claro para Siddhartha**
Never before had it become so strangely clear to Siddhartha
**Sintió lo cerca que estaba la lujuria de la muerte**
he felt how close lust was akin to death
**Se acostó a su lado, y el rostro de Kamala estaba cerca de él**

he laid by her side, and Kamala's face was close to him
**debajo de los ojos y junto a las comisuras de los labios**
under her eyes and next to the corners of her mouth
**Estaba tan claro como nunca antes**
it was as clear as never before
**Allí se leía una inscripción espantosa**
there read a fearful inscription
**una inscripción de pequeñas líneas y ligeras ranuras**
an inscription of small lines and slight grooves
**Una inscripción que recuerda al otoño y a la vejez**
an inscription reminiscent of autumn and old age
**aquí y allá, canas entre sus cabellos negros**
here and there, gray hairs among his black ones
**El propio Siddharta, que sólo tenía cuarenta años, se dio cuenta de lo mismo**
Siddhartha himself, who was only in his forties, noticed the same thing
**El cansancio estaba escrito en el hermoso rostro de Kamala**
Tiredness was written on Kamala's beautiful face
**cansancio de caminar un largo camino**
tiredness from walking a long path
**Un camino que no tiene un destino feliz**
a path which has no happy destination
**Cansancio y comienzo del marchitamiento**
tiredness and the beginning of withering
**Miedo a la vejez, al otoño y a tener que morir**
fear of old age, autumn, and having to die
**Con un suspiro, se había despedido de ella**
With a sigh, he had bid his farewell to her
**el alma llena de desgana, y llena de ansiedad oculta**
the soul full of reluctance, and full of concealed anxiety

**Siddharta había pasado la noche en su casa con bailarinas**
Siddhartha had spent the night in his house with dancing girls
**Actuaba como si fuera superior a ellos**
he acted as if he was superior to them
**Actuaba como superior con los demás miembros de su casta**

he acted superior towards the fellow-members of his caste
**Pero esto ya no era cierto**
but this was no longer true
**Había bebido mucho vino esa noche**
he had drunk much wine that night
**y se acostó un buen rato después de la medianoche**
and he went to bed a long time after midnight
**cansada y sin embargo emocionada, al borde del llanto y la desesperación**
tired and yet excited, close to weeping and despair
**Durante mucho tiempo buscó dormir, pero fue en vano**
for a long time he sought to sleep, but it was in vain
**Su corazón estaba lleno de miseria**
his heart was full of misery
**Pensó que no podía aguantar más**
he thought he could not bear any longer
**Estaba lleno de una repugnancia que sentía penetrar en todo su cuerpo**
he was full of a disgust, which he felt penetrating his entire body
**como el sabor tibio y repulsivo del vino**
like the lukewarm repulsive taste of the wine
**La música apagada era demasiado alegre**
the dull music was a little too happy
**La sonrisa de las bailarinas era demasiado suave**
the smile of the dancing girls was a little too soft
**El aroma de sus cabellos y pechos era demasiado dulce**
the scent of their hair and breasts was a little too sweet
**Pero más que por cualquier otra cosa, estaba disgustado consigo mismo**
But more than by anything else, he was disgusted by himself
**Le repugnaba su pelo perfumado**
he was disgusted by his perfumed hair
**Le daba asco el olor a vino que salía de su boca**
he was disgusted by the smell of wine from his mouth
**Le repugnaba la apatía de su piel**
he was disgusted by the listlessness of his skin

**Como cuando alguien que ha comido y bebido demasiado**
Like when someone who has eaten and drunk far too much
**Lo vomitan de nuevo con un dolor agonizante**
they vomit it back up again with agonising pain
**pero se sienten aliviados por los vómitos**
but they feel relieved by the vomiting
**Este hombre insomne deseaba liberarse de estos placeres**
this sleepless man wished to free himself of these pleasures
**Quería deshacerse de estos hábitos**
he wanted to be rid of these habits
**Quería escapar de toda esta vida sin sentido**
he wanted to escape all of this pointless life
**y quería escapar de sí mismo**
and he wanted to escape from himself
**No fue hasta la luz de la mañana cuando se había dormido un poco**
it wasn't until the light of the morning when he had slightly fallen sleep
**Ya comenzaban las primeras actividades en la calle**
the first activities in the street were already beginning
**Por unos instantes había encontrado un atisbo de sueño**
for a few moments he had found a hint of sleep
**En esos momentos, tuvo un sueño**
In those moments, he had a dream
**Kamala era dueña de un pequeño y raro pájaro cantor en una jaula dorada**
Kamala owned a small, rare singing bird in a golden cage
**siempre le cantaba por la mañana**
it always sung to him in the morning
**pero luego soñó que este pájaro se había vuelto mudo**
but then he dreamt this bird had become mute
**Como esto despertó su atención, se paró frente a la jaula**
since this arose his attention, he stepped in front of the cage
**Miró al pájaro dentro de la jaula**
he looked at the bird inside the cage
**El pajarito estaba muerto y yacía rígido en el suelo**
the small bird was dead, and lay stiff on the ground

**Sacó al pájaro muerto de su jaula**
He took the dead bird out of its cage
**Se tomó un momento para pesar el pájaro muerto que tenía en la mano**
he took a moment to weigh the dead bird in his hand
**y luego lo tiró a la calle,**
and then threw it away, out in the street
**En el mismo momento se sintió terriblemente conmocionado**
in the same moment he felt terribly shocked
**Le dolía el corazón como si hubiera tirado por la borda todo valor**
his heart hurt as if he had thrown away all value
**Todo lo bueno había estado dentro de este pájaro muerto**
everything good had been inside of this dead bird
**Al partir de este sueño, se sintió envuelto por una profunda tristeza**
Starting up from this dream, he felt encompassed by a deep sadness
**Todo le parecía inútil**
everything seemed worthless to him
**Inútil e inútil era la forma en que había estado pasando por la vida**
worthless and pointless was the way he had been going through life
**Nada de lo que estaba vivo quedó en sus manos**
nothing which was alive was left in his hands
**Nada que fuera de alguna manera delicioso podía ser guardado**
nothing which was in some way delicious could be kept
**Nada que valiera la pena conservar se quedaría**
nothing worth keeping would stay
**Solo se quedó allí, vacío como un náufrago en la orilla**
alone he stood there, empty like a castaway on the shore

**Con la mente sombría, Siddharta se fue a su jardín de recreo**
With a gloomy mind, Siddhartha went to his pleasure-garden
**Cerró la puerta y se sentó bajo un árbol de mango**

he locked the gate and sat down under a mango-tree
**Sintió la muerte en su corazón y el horror en su pecho**
he felt death in his heart and horror in his chest
**Sintió cómo todo moría y se marchitaba en él**
he sensed how everything died and withered in him
**Poco a poco, reunió sus pensamientos en su mente**
By and by, he gathered his thoughts in his mind
**Una vez más, recorrió todo el camino de su vida**
once again, he went through the entire path of his life
**Empezó con los primeros días que tenía uso de razón**
he started with the first days he could remember
**¿Cuándo hubo un momento en que hubiera sentido una verdadera dicha?**
When was there ever a time when he had felt a true bliss?
**Oh, sí, varias veces había experimentado algo así**
Oh yes, several times he had experienced such a thing
**En sus años de niño había saboreado la felicidad**
In his years as a boy he had had a taste of bliss
**había sentido felicidad en su corazón cuando obtuvo la alabanza de los brahmanes**
he had felt happiness in his heart when he obtained praise from the Brahmans
**"Hay un camino por delante del que se ha distinguido"**
"There is a path in front of the one who has distinguished himself"
**Había sentido dicha recitando los versículos sagrados**
he had felt bliss reciting the holy verses
**Había sentido la dicha de disputar con los sabios**
he had felt bliss disputing with the learned ones
**Había sentido dicha cuando era ayudante en las ofrendas**
he had felt bliss when he was an assistant in the offerings
**Entonces, lo había sentido en su corazón**
Then, he had felt it in his heart
**"Hay un camino delante de ti"**
"There is a path in front of you"
**"Estás destinado a este camino"**
"you are destined for this path"

"**Los dioses te están esperando**"
"the gods are awaiting you"
**Y de nuevo, cuando era joven, había sentido dicha**
And again, as a young man, he had felt bliss
**cuando sus pensamientos lo separaban de los que pensaban en las mismas cosas**
when his thoughts separated him from those thinking on the same things
**cuando luchó con dolor por el propósito de Brahman**
when he wrestled in pain for the purpose of Brahman
**cuando cada conocimiento obtenido sólo encendió una nueva sed en él**
when every obtained knowledge only kindled new thirst in him
**En medio del dolor sintió lo mismo**
in the midst of the pain he felt this very same thing
"**¡Vamos! ¡Te llaman!**".
"Go on! You are called upon!"
**Había oído esta voz cuando salió de su casa**
He had heard this voice when he had left his home
**oyó oír esta voz cuando había escogido la vida de un samaná**
he heard heard this voice when he had chosen the life of a Samana
**y de nuevo oyó esta voz cuando salió de los Samanas**
and again he heard this voice when left the Samanas
**Había oído la voz cuando fue a ver al Perfeccionado**
he had heard the voice when he went to see the perfected one
**Y cuando se hubo alejado del Perfecto, oyó la voz**
and when he had gone away from the perfected one, he had heard the voice
**Había oído la voz cuando se adentró en lo incierto**
he had heard the voice when he went into the uncertain
**¿Cuánto tiempo hacía que no oía más esa voz?**
For how long had he not heard this voice any more?
**¿Cuánto tiempo hacía que no alcanzaba más la altura?**
for how long had he reached no height any more?
**¿Cuán uniforme y aburrida fue la manera en que pasó por la**

vida?
how even and dull was the manner in which he went through life?
**durante muchos años sin una meta alta**
for many long years without a high goal
**Había estado sin sed ni elevación**
he had been without thirst or elevation
**Se había contentado con pequeños placeres lujuriosos**
he had been content with small lustful pleasures
**¡Y, sin embargo, nunca estaba satisfecho!**
and yet he was never satisfied!
**Durante todos estos años se había esforzado por llegar a ser como los demás**
For all of these years he had tried hard to become like the others
**Anhelaba ser una de las personas infantiles**
he longed to be one of the childlike people
**Pero no sabía que eso era lo que realmente quería**
but he didn't know that that was what he really wanted
**Su vida había sido mucho más miserable y pobre que la de ellos**
his life had been much more miserable and poorer than theirs
**porque sus metas y preocupaciones no eran las suyas**
because their goals and worries were not his
**el mundo entero del pueblo Kamaswami no había sido más que un juego para él**
the entire world of the Kamaswami-people had only been a game to him
**Sus vidas eran una danza que él miraba**
their lives were a dance he would watch
**Representaban una comedia con la que podía divertirse**
they performed a comedy he could amuse himself with
**Sólo Kamala había sido querida y valiosa para él**
Only Kamala had been dear and valuable to him
**Pero, ¿seguía siendo valiosa para él?**
but was she still valuable to him?
**¿Todavía la necesitaba?**

Did he still need her?
¿O todavía lo necesitaba?
Or did she still need him?
¿No jugaron un juego sin final?
Did they not play a game without an ending?
¿Era necesario vivir para esto?
Was it necessary to live for this?
¡No, no era necesario!
No, it was not necessary!
El nombre de este juego era Sansara
The name of this game was Sansara
Un juego para niños que tal vez fue agradable de jugar una vez
a game for children which was perhaps enjoyable to play once
Tal vez se podría jugar dos veces
maybe it could be played twice
Tal vez podrías jugarlo diez veces
perhaps you could play it ten times
Pero, ¿deberías jugarlo por los siglos de los siglos?
but should you play it for ever and ever?
Entonces, Siddhartha supo que la partida había terminado
Then, Siddhartha knew that the game was over
Sabía que no podía jugar más
he knew that he could not play it any more
Escalofríos recorrieron su cuerpo y dentro de él
Shivers ran over his body and inside of him
Sintió que algo había muerto
he felt that something had died

Todo el día se sentó bajo el árbol de mango
That entire day, he sat under the mango-tree
Pensaba en su padre
he was thinking of his father
estaba pensando en Govinda
he was thinking of Govinda
y estaba pensando en Gotama
and he was thinking of Gotama

**¿Tuvo que dejarlos para convertirse en un Kamaswami?**
Did he have to leave them to become a Kamaswami?
**Todavía estaba sentado allí cuando cayó la noche**
He was still sitting there when the night had fallen
**Alcanzó a ver las estrellas y pensó para sí mismo**
he caught sight of the stars, and thought to himself
**"Aquí estoy sentada bajo mi árbol de mango, en mi jardín de recreo"**
"Here I'm sitting under my mango-tree in my pleasure-garden"
**Sonrió un poco para sí mismo**
He smiled a little to himself
**¿Era realmente necesario tener un jardín?**
was it really necessary to own a garden?
**¿No era un juego tonto?**
was it not a foolish game?
**¿Necesitaba tener un árbol de mango?**
did he need to own a mango-tree?
**También puso fin a esto**
He also put an end to this
**Esto también murió en él**
this also died in him
**Se levantó y se despidió del árbol de mango**
He rose and bid his farewell to the mango-tree
**Se despidió del jardín de recreo**
he bid his farewell to the pleasure-garden
**Como había estado sin comer ese día, sintió un hambre fuerte**
Since he had been without food this day, he felt strong hunger
**Y pensó en su casa en la ciudad**
and he thought of his house in the city
**Pensó en su habitación y en su cama**
he thought of his chamber and bed
**Pensó en la mesa con las comidas**
he thought of the table with the meals on it
**Sonrió cansado, se sacudió y se despidió de estas cosas**
He smiled tiredly, shook himself, and bid his farewell to these

things
**A la misma hora de la noche, Siddharta salió de su jardín**
In the same hour of the night, Siddhartha left his garden
**Se fue de la ciudad y nunca más regresó**
he left the city and never came back

**Durante mucho tiempo, Kamaswami hizo que la gente lo buscara**
For a long time, Kamaswami had people look for him
**Pensaron que había caído en manos de ladrones**
they thought he had fallen into the hands of robbers
**Kamala no tenía a nadie que lo buscara**
Kamala had no one look for him
**Ella no se asombró de su desaparición**
she was not astonished by his disappearance
**¿No lo esperaba siempre?**
Did she not always expect it?
**¿No era un samaná?**
Was he not a Samana?
**un hombre que no estaba en casa en ninguna parte, un peregrino**
a man who was at home nowhere, a pilgrim
**Lo había sentido la última vez que habían estado juntos**
she had felt this the last time they had been together
**Estaba feliz a pesar de todo el dolor de la pérdida**
she was happy despite all the pain of the loss
**Estaba feliz de haber estado con él por última vez**
she was happy she had been with him one last time
**Estaba feliz de haberlo atraído tan afectuosamente hacia su corazón**
she was happy she had pulled him so affectionately to her heart
**Estaba feliz de haberse sentido completamente poseída y penetrada por él**
she was happy she had felt completely possessed and penetrated by him
**Cuando recibió la noticia, se acercó a la ventana**

When she received the news, she went to the window
**En la ventana sostenía un raro pájaro cantor**
at the window she held a rare singing bird
**El ave fue mantenida cautiva en una jaula dorada**
the bird was held captive in a golden cage
**Abrió la puerta de la jaula**
She opened the door of the cage
**Sacó el pájaro y lo dejó volar**
she took the bird out and let it fly
**Durante mucho tiempo, lo miró**
For a long time, she gazed after it
**A partir de ese día, no recibió más visitas**
From this day on, she received no more visitors
**y mantenía su casa cerrada con llave**
and she kept her house locked
**Pero después de un tiempo, se dio cuenta de que estaba embarazada**
But after some time, she became aware that she was pregnant
**estaba embarazada de la última vez que estuvo con Siddhartha**
she was pregnant from the last time she was with Siddhartha

## A Orillas del Río
### By the River

**Siddharta caminó por el bosque**
Siddhartha walked through the forest
**Ya estaba lejos de la ciudad**
he was already far from the city
**Y no sabía más que una cosa**
and he knew nothing but one thing
**No había vuelta atrás para él**
there was no going back for him
**La vida que había vivido durante muchos años había terminado**
the life that he had lived for many years was over
**Había probado toda esta vida**
he had tasted all of this life
**Había chupado todo de esta vida**
he had sucked everything out of this life
**hasta que se disgustó con él**
until he was disgusted with it
**El pájaro cantor con el que había soñado estaba muerto**
the singing bird he had dreamt of was dead
**y el pájaro en su corazón también estaba muerto**
and the bird in his heart was dead too
**había estado profundamente enredado en Sansara**
he had been deeply entangled in Sansara
**Había absorbido el asco y la muerte en su cuerpo**
he had sucked up disgust and death into his body
**como una esponja succiona agua hasta que se llena**
like a sponge sucks up water until it is full
**Estaba lleno de miseria y muerte**
he was full of misery and death
**No quedaba nada en este mundo que pudiera haberlo atraído**
there was nothing left in this world which could have attracted him
**Nada podría haberle dado alegría o consuelo**

nothing could have given him joy or comfort
**Deseaba apasionadamente no saber nada de sí mismo**
he passionately wished to know nothing about himself anymore
**Quería descansar y estar muerto**
he wanted to have rest and be dead
**¡Deseaba que un rayo lo matara!**
he wished there was a lightning-bolt to strike him dead!
**¡Si hubiera un tigre que lo devorara!**
If there only was a tiger to devour him!
**Si tan solo hubiera un vino venenoso que adormeciera sus sentidos**
If there only was a poisonous wine which would numb his senses
**un vino que le trajo olvido y sueño**
a wine which brought him forgetfulness and sleep
**un vino del que no despertaría**
a wine from which he wouldn't awake from
**¿Había todavía algún tipo de suciedad con la que no se hubiera ensuciado?**
Was there still any kind of filth he had not soiled himself with?
**¿Hubo algún pecado o acto insensato que no haya cometido?**
was there a sin or foolish act he had not committed?
**¿Había una tristeza en el alma que no conocía?**
was there a dreariness of the soul he didn't know?
**¿Había algo que no se hubiera traído a sí mismo?**
was there anything he had not brought upon himself?
**¿Era todavía posible estar vivo?**
Was it still at all possible to be alive?
**¿Era posible respirar una y otra vez?**
Was it possible to breathe in again and again?
**¿Todavía podía exhalar?**
Could he still breathe out?
**¿Era capaz de soportar el hambre?**
was he able to bear hunger?
**¿Había alguna forma de volver a comer?**

was there any way to eat again?
¿Era posible volver a dormir?
was it possible to sleep again?
¿Podría volver a acostarse con una mujer?
could he sleep with a woman again?
¿No se había agotado este ciclo?
had this cycle not exhausted itself?
¿No se llevaron las cosas a su conclusión?
were things not brought to their conclusion?

**Siddharta llegó al gran río del bosque**
Siddhartha reached the large river in the forest
**Era el mismo río que cruzó cuando aún era joven**
it was the same river he crossed when he had still been a young man
**era el mismo río que cruzó desde la ciudad de Gotama**
it was the same river he crossed from the town of Gotama
**Recordó a un barquero que lo había llevado al otro lado del río**
he remembered a ferryman who had taken him over the river
**Junto a este río se detuvo, y vacilante se detuvo en la orilla**
By this river he stopped, and hesitantly he stood at the bank
**El cansancio y el hambre lo habían debilitado**
Tiredness and hunger had weakened him
**"¿Para qué debo caminar?"**
"what should I walk on for?"
**—¿A qué meta quedaba por llegar?**
"to what goal was there left to go?"
**No, no hubo más goles**
No, there were no more goals
**No quedaba nada más que un doloroso anhelo de sacudirse este sueño**
there was nothing left but a painful yearning to shake off this dream
**Anhelaba escupir este vino rancio**
he yearned to spit out this stale wine
**Quería poner fin a esta vida miserable y vergonzosa**

he wanted to put an end to this miserable and shameful life
**un cocotero inclinado sobre la orilla del río**
a coconut-tree bent over the bank of the river
**Siddharta se apoyó en el tronco con el hombro**
Siddhartha leaned against its trunk with his shoulder
**Se abrazó al tronco con un brazo**
he embraced the trunk with one arm
**Y miró hacia abajo en el agua verde**
and he looked down into the green water
**el agua corría por debajo de él**
the water ran under him
**Miró hacia abajo y se encontró completamente lleno del deseo de dejarlo ir**
he looked down and found himself to be entirely filled with the wish to let go
**Quería ahogarse en estas aguas**
he wanted to drown in these waters
**El agua reflejaba un vacío aterrador en él**
the water reflected a frightening emptiness back at him
**El agua respondía al terrible vacío de su alma**
the water answered to the terrible emptiness in his soul
**Sí, había llegado al final**
Yes, he had reached the end
**No le quedaba nada, excepto aniquilarse a sí mismo**
There was nothing left for him, except to annihilate himself
**Quería aplastar el fracaso en el que había moldeado su vida**
he wanted to smash the failure into which he had shaped his life
**Quería arrojar su vida a los pies de dioses que se reían burlonamente**
he wanted to throw his life before the feet of mockingly laughing gods
**Este era el gran vómito que había anhelado; muerte**
This was the great vomiting he had longed for; death
**el destrozo de la forma que odiaba**
the smashing to bits of the form he hated
**Que sea alimento para peces y cocodrilos**

Let him be food for fishes and crocodiles
**Siddharta el perro, un lunático**
Siddhartha the dog, a lunatic
**un cuerpo depravado y podrido; ¡Un alma debilitada y maltratada!**
a depraved and rotten body; a weakened and abused soul!
**Que sea cortado en pedazos por los demonios**
let him be chopped to bits by the daemons
**Con el rostro distorsionado, miró fijamente al agua**
With a distorted face, he stared into the water
**Vio el reflejo de su rostro y lo escupió**
he saw the reflection of his face and spat at it
**Profundamente cansado, apartó el brazo del tronco del árbol**
In deep tiredness, he took his arm away from the trunk of the tree
**Se giró un poco para dejarse caer**
he turned a bit, in order to let himself fall straight down
**para finalmente ahogarme en el río**
in order to finally drown in the river
**Con los ojos cerrados, se deslizó hacia la muerte**
With his eyes closed, he slipped towards death
**Entonces, desde las zonas más remotas de su alma, se oyó un sonido**
Then, out of remote areas of his soul, a sound stirred up
**un sonido que se agitaba en tiempos pasados de su vida ahora cansada**
a sound stirred up out of past times of his now weary life
**Era una palabra singular, una sola sílaba**
It was a singular word, a single syllable
**Sin pensarlo, se dijo la voz a sí mismo**
without thinking he spoke the voice to himself
**balbuceó el principio y el fin de todas las oraciones de los brahmanes**
he slurred the beginning and the end of all prayers of the Brahmans
**pronunció el santo Om**
he spoke the holy Om

**"Lo que es perfecto" o "la terminación"**
"that what is perfect" or "the completion"
**Y en el momento se dio cuenta de la insensatez de sus acciones**
And in the moment he realized the foolishness of his actions
**el sonido de Om tocó los oídos de Siddhartha**
the sound of Om touched Siddhartha's ear
**Su espíritu dormido se despertó de repente**
his dormant spirit suddenly woke up
**Siddharta estaba profundamente conmocionado**
Siddhartha was deeply shocked
**Vio que así eran las cosas con él**
he saw this was how things were with him
**Estaba tan condenado que había podido buscar la muerte**
he was so doomed that he had been able to seek death
**Había perdido tanto el rumbo que deseó el final**
he had lost his way so much that he wished the end
**El deseo de un niño había podido crecer en él**
the wish of a child had been able to grow in him
**¡Había deseado encontrar descanso aniquilando su cuerpo!**
he had wished to find rest by annihilating his body!
**toda la agonía de los últimos tiempos**
all the agony of recent times
**todas las realizaciones aleccionadoras que su vida había creado**
all sobering realizations that his life had created
**toda la desesperación que había sentido**
all the desperation that he had felt
**Estas cosas no provocaron este momento**
these things did not bring about this moment
**cuando el Om entró en su conciencia, se hizo consciente de sí mismo**
when the Om entered his consciousness he became aware of himself
**Se dio cuenta de su miseria y de su error**
he realized his misery and his error
**¡Om! Habló consigo mismo**

Om! he spoke to himself
**¡Om! y de nuevo supo acerca de Brahman**
Om! and again he knew about Brahman
**¡Om! Conocía la indestructibilidad de la vida**
Om! he knew about the indestructibility of life
**¡Om! Sabía de todo lo que es divino, que había olvidado**
Om! he knew about all that is divine, which he had forgotten
**Pero este fue solo un momento que pasó ante él**
But this was only a moment that flashed before him
**Al pie del cocotero, Siddharta se desplomó**
By the foot of the coconut-tree, Siddhartha collapsed
**Fue golpeado por el cansancio**
he was struck down by tiredness
**murmurando "Om", apoyó la cabeza en la raíz del árbol**
mumbling "Om", he placed his head on the root of the tree
**y cayó en un profundo sueño**
and he fell into a deep sleep
**Profundo era su sueño, y sin sueños**
Deep was his sleep, and without dreams
**Hacía mucho tiempo que no conocía un sueño así**
for a long time he had not known such a sleep any more

**Cuando se despertó después de muchas horas, sintió como si hubieran pasado diez años**
When he woke up after many hours, he felt as if ten years had passed
**Oyó el agua fluir tranquilamente**
he heard the water quietly flowing
**No sabía dónde estaba**
he did not know where he was
**y no sabía quién lo había traído aquí**
and he did not know who had brought him here
**Abrió los ojos y miró con asombro**
he opened his eyes and looked with astonishment
**Había árboles y el cielo sobre él**
there were trees and the sky above him
**Recordaba dónde estaba y cómo había llegado hasta allí**

he remembered where he was and how he got here
**Pero le tomó mucho tiempo para esto**
But it took him a long while for this
**El pasado le parecía como si hubiera sido cubierto por un velo**
the past seemed to him as if it had been covered by a veil
**infinitamente distante, infinitamente lejano, infinitamente sin sentido**
infinitely distant, infinitely far away, infinitely meaningless
**Solo sabía que su vida anterior había sido abandonada**
He only knew that his previous life had been abandoned
**Esta vida pasada le parecía una encarnación anterior muy antigua**
this past life seemed to him like a very old, previous incarnation
**Esta vida pasada se sentía como un pre-nacimiento de su yo presente**
this past life felt like a pre-birth of his present self
**lleno de asco y miseria, había tenido la intención de tirar su vida por la borda**
full of disgust and wretchedness, he had intended to throw his life away
**Había vuelto en sí junto a un río, bajo un cocotero**
he had come to his senses by a river, under a coconut-tree
**la palabra sagrada "Om" estaba en sus labios**
the holy word "Om" was on his lips
**Se había quedado dormido y ahora se había despertado**
he had fallen asleep and had now woken up
**Miraba el mundo como un hombre nuevo**
he was looking at the world as a new man
**En voz baja, pronunció la palabra "Om" para sí mismo**
Quietly, he spoke the word "Om" to himself
**el "Om" que estaba hablando cuando se había quedado dormido**
the "Om" he was speaking when he had fallen asleep
**su sueño se sentía como nada más que una larga recitación meditativa de "Om"**

his sleep felt like nothing more than a long meditative
recitation of "Om"
**todo su sueño había sido un pensamiento de "Om"**
all his sleep had been a thinking of "Om"
**una inmersión y la entrada completa en "Om"**
a submergence and complete entering into "Om"
**A entrar en lo perfeccionado y completado**
a going into the perfected and completed
**¡Qué sueño tan maravilloso había sido este!**
What a wonderful sleep this had been!
**Nunca antes había estado tan refrescado por el sueño**
he had never before been so refreshed by sleep
**Quizás, realmente había muerto**
Perhaps, he really had died
**¿Tal vez se había ahogado y había renacido en un nuevo cuerpo?**
maybe he had drowned and was reborn in a new body?
**Pero no, se conocía a sí mismo y quién era**
But no, he knew himself and who he was
**Conocía sus manos y sus pies**
he knew his hands and his feet
**Conocía el lugar donde yacía**
he knew the place where he lay
**Conocía a sí mismo en su pecho**
he knew this self in his chest
**Siddharta el excéntrico, el raro**
Siddhartha the eccentric, the weird one
**pero este Siddharta se transformó, sin embargo**
but this Siddhartha was nevertheless transformed
**Estaba extrañamente bien descansado y despierto**
he was strangely well rested and awake
**Y estaba alegre y curioso**
and he was joyful and curious

**Siddharta se enderezó y miró a su alrededor**
Siddhartha straightened up and looked around
**Entonces vio a una persona sentada frente a él**

then he saw a person sitting opposite to him
**un monje con una túnica amarilla con la cabeza afeitada**
a monk in a yellow robe with a shaven head
**Estaba sentado en la posición de meditar**
he was sitting in the position of pondering
**Observó al hombre, que no tenía pelo en la cabeza ni barba**
He observed the man, who had neither hair on his head nor a beard
**No lo había observado por mucho tiempo cuando reconoció a este monje**
he had not observed him for long when he recognised this monk
**era Govinda, el amigo de su juventud**
it was Govinda, the friend of his youth
**Govinda, que se había refugiado con el exaltado Buda**
Govinda, who had taken his refuge with the exalted Buddha
**Al igual que Siddhartha, Govinda también había envejecido**
Like Siddhartha, Govinda had also aged
**pero su rostro seguía teniendo los mismos rasgos**
but his face still bore the same features
**Su rostro aún expresaba celo y fidelidad**
his face still expressed zeal and faithfulness
**Se notaba que seguía buscando, pero tímidamente**
you could see he was still searching, but timidly
**Govinda sintió su mirada, abrió los ojos y lo miró**
Govinda sensed his gaze, opened his eyes, and looked at him
**Siddharta vio que Govinda no lo reconocía**
Siddhartha saw that Govinda did not recognise him
**Govinda se alegró de encontrarlo despierto**
Govinda was happy to find him awake
**Aparentemente, había estado sentado aquí durante mucho tiempo**
apparently, he had been sitting here for a long time
**Había estado esperando a que se despertara**
he had been waiting for him to wake up
**Esperó, aunque no lo conocía**
he waited, although he did not know him

—He estado durmiendo —dijo Siddhartha—
"I have been sleeping" said Siddhartha
—¿Cómo llegaste hasta aquí?
"How did you get here?"
—Has estado durmiendo —respondió Govinda—
"You have been sleeping" answered Govinda
"No es bueno estar durmiendo en lugares así"
"It is not good to be sleeping in such places"
"Las serpientes y los animales del bosque tienen aquí sus caminos"
"snakes and the animals of the forest have their paths here"
"Yo, oh señor, soy un seguidor del exaltado Gotama"
"I, oh sir, am a follower of the exalted Gotama"
"Estuve en peregrinación por este camino"
"I was on a pilgrimage on this path"
"Te vi acostado y durmiendo en un lugar donde es peligroso dormir"
"I saw you lying and sleeping in a place where it is dangerous to sleep"
"Por lo tanto, busqué despertarte"
"Therefore, I sought to wake you up"
"pero vi que tu sueño era muy profundo"
"but I saw that your sleep was very deep"
"Así que me quedé atrás de mi grupo"
"so I stayed behind from my group"
"Y me senté contigo hasta que te despertaste"
"and I sat with you until you woke up"
"Y luego, según parece, yo mismo me he quedado dormido"
"And then, so it seems, I have fallen asleep myself"
"Yo, que quería guardar tu sueño, me quedé dormido"
"I, who wanted to guard your sleep, fell asleep"
"Mal te he servido"
"Badly, I have served you"
"El cansancio me había abrumado"
"tiredness had overwhelmed me"
"Pero ya que estás despierto, déjame ir a alcanzar a mis hermanos"

"But since you're awake, let me go to catch up with my brothers"
—Te agradezco, Samaná, que velas por mi sueño —dijo Siddharta—
"I thank you, Samana, for watching out over my sleep" spoke Siddhartha
**"Sois amistosos, seguidores del exaltado"**
"You're friendly, you followers of the exalted one"
**"Ahora puedes ir a ellos"**
"Now you may go to them"
—Me voy, señor. Que siempre tengas buena salud"
"I'm going, sir. May you always be in good health"
**"Te lo agradezco, Samaná"**
"I thank you, Samana"
**Govinda hizo el gesto de saludar y dijo "Adiós"**
Govinda made the gesture of a salutation and said "Farewell"
—Adiós, Govinda —dijo Siddhartha—
"Farewell, Govinda" said Siddhartha
**El monje se detuvo como si le hubiera caído un rayo**
The monk stopped as if struck by lightning
—Permítame preguntarle, señor, ¿de dónde sabe usted mi nombre?
"Permit me to ask, sir, from where do you know my name?"
**Siddharta sonrió: "Te conozco, oh Govinda, de la cabaña de tu padre"**
Siddhartha smiled, "I know you, oh Govinda, from your father's hut"
**"Y te conozco de la escuela de los brahmanes"**
"and I know you from the school of the Brahmans"
**"Y te conozco por las ofrendas"**
"and I know you from the offerings"
**"Y te conozco de nuestro paseo a las Samanas"**
"and I know you from our walk to the Samanas"
**"Y te conozco desde que te refugiaste con el Exaltado"**
"and I know you from when you took refuge with the exalted one"
—Eres Siddhartha —exclamó Govinda en voz alta—, ahora

**te reconozco.**
"You're Siddhartha," Govinda exclaimed loudly, "Now, I recognise you"
**"No comprendo cómo no pude reconocerte de inmediato"**
"I don't comprehend how I couldn't recognise you right away"
**"Siddharta, es grande mi alegría de volver a verte"**
"Siddhartha, my joy is great to see you again"
**-También me alegra volver a verte -dijo Siddharta-**
"It also gives me joy, to see you again" spoke Siddhartha
**"Has sido el guardián de mi sueño"**
"You've been the guard of my sleep"
**"De nuevo, te doy las gracias por esto"**
"again, I thank you for this"
**"pero no habría necesitado ningún guardia"**
"but I wouldn't have required any guard"
**—¿A dónde vas, oh amigo?**
"Where are you going to, oh friend?"
**—No voy a ninguna parte —respondió Govinda—**
"I'm going nowhere," answered Govinda
**"Los monjes siempre estamos viajando"**
"We monks are always travelling"
**"Cuando no es temporada de lluvias, nos desplazamos de un lugar a otro"**
"whenever it is not the rainy season, we move from one place to another"
**"Vivimos de acuerdo con las reglas de las enseñanzas que nos han sido transmitidas"**
"we live according to the rules of the teachings passed on to us"
**"Aceptamos limosnas y luego seguimos adelante"**
"we accept alms, and then we move on"
**"Siempre es así"**
"It is always like this"
**—Pero tú, Siddharta, ¿adónde vas?**
"But you, Siddhartha, where are you going to?"
**"Para mí es como es contigo"**
"for me it is as it is with you"

"No voy a ninguna parte; Solo estoy viajando"
"I'm going nowhere; I'm just travelling"
**"Yo también estoy en peregrinación"**
"I'm also on a pilgrimage"
**Govinda habló: "Dices que estás en peregrinación, y yo te creo"**
Govinda spoke "You say you're on a pilgrimage, and I believe you"
**"Pero, perdóname, oh Siddharta, no pareces un peregrino"**
"But, forgive me, oh Siddhartha, you do not look like a pilgrim"
**"Llevas vestiduras de hombre rico"**
"You're wearing a rich man's garments"
**"Llevas los zapatos de un caballero distinguido"**
"you're wearing the shoes of a distinguished gentleman"
**"Y tu cabello, con fragancia de perfume, no es cabello de peregrino"**
"and your hair, with the fragrance of perfume, is not a pilgrim's hair"
**"no tienes el pelo de un samaná"**
"you do not have the hair of a Samana"
**"Tienes razón, querida"**
"you are right, my dear"
**"Has observado bien las cosas"**
"you have observed things well"
**"Tus ojos agudos lo ven todo"**
"your keen eyes see everything"
**"Pero yo no te he dicho que yo era samaná"**
"But I haven't said to you that I was a Samana"
**"Dije que estaba en peregrinación"**
"I said I'm on a pilgrimage"
**"Y así es, estoy en peregrinación"**
"And so it is, I'm on a pilgrimage"
—Estás en peregrinación —dijo Govinda—
"You're on a pilgrimage" said Govinda
**"Pero pocos irían en peregrinación con semejante ropa"**
"But few would go on a pilgrimage in such clothes"

"Pocos se meterían en esos zapatos"
"few would pilger in such shoes"
"Y pocos peregrinos tienen tanto pelo"
"and few pilgrims have such hair"
"Nunca he conocido a un peregrino así"
"I have never met such a pilgrim"
"Y yo soy peregrino desde hace muchos años"
"and I have been a pilgrim for many years"
"Te creo, mi querido Govinda"
"I believe you, my dear Govinda"
"Pero ahora, hoy, te has encontrado con un peregrino así"
"But now, today, you've met a pilgrim just like this"
"Un peregrino con este tipo de zapatos y vestimentas"
"a pilgrim wearing these kinds of shoes and garment"
"Recuerda, querida mía, que el mundo de las apariencias no es eterno"
"Remember, my dear, the world of appearances is not eternal"
"Nuestros zapatos y prendas son cualquier cosa menos eternos"
"our shoes and garments are anything but eternal"
"Nuestros cabellos y cuerpos tampoco son eternos"
"our hair and bodies are not eternal either"
Llevo ropa de hombre rico"
I'm wearing a rich man's clothes"
"Lo has visto muy bien"
"you've seen this quite right"
"Los llevo puestos, porque he sido un hombre rico"
"I'm wearing them, because I have been a rich man"
"Y llevo el pelo como la gente mundana y lujuriosa"
"and I'm wearing my hair like the worldly and lustful people"
"porque yo he sido uno de ellos"
"because I have been one of them"
—¿Y ahora qué eres, Siddharta? —preguntó Govinda
"And what are you now, Siddhartha?" Govinda asked
"No lo sé, igual que tú"
"I don't know it, just like you"
"Yo era un hombre rico, y ahora ya no soy un hombre rico"

"I was a rich man, and now I am not a rich man anymore"
**"Y lo que seré mañana, no lo sé"**
"and what I'll be tomorrow, I don't know"
**—¿Has perdido tus riquezas? —preguntó Govinda**
"You've lost your riches?" asked Govinda
**"He perdido mis riquezas, o ellos me han perdido a mí"**
"I've lost my riches, or they have lost me"
**"De alguna manera se me escaparon mis riquezas"**
"My riches somehow happened to slip away from me"
**"La rueda de las manifestaciones físicas está girando rápidamente, Govinda"**
"The wheel of physical manifestations is turning quickly, Govinda"
**—¿Dónde está Siddharta el brahmán?**
"Where is Siddhartha the Brahman?"
**—¿Dónde está Siddharta el samaná?**
"Where is Siddhartha the Samana?"
**—¿Dónde está Siddharta, el hombre rico?**
"Where is Siddhartha the rich man?"
**"Las cosas no eternas cambian rápidamente, Govinda, tú lo sabes"**
"Non-eternal things change quickly, Govinda, you know it"
**Govinda miró al amigo de su juventud durante mucho tiempo**
Govinda looked at the friend of his youth for a long time
**Lo miró con duda en los ojos**
he looked at him with doubt in his eyes
**Después de eso, le hizo el saludo que se usaría en un caballero**
After that, he gave him the salutation which one would use on a gentleman
**Y siguió su camino, y continuó su peregrinación**
and he went on his way, and continued his pilgrimage
**Con una cara sonriente, Siddharta lo vio marcharse**
With a smiling face, Siddhartha watched him leave
**Todavía lo amaba a él, a este hombre fiel y temeroso**
he loved him still, this faithful, fearful man

**¿Cómo podría no haber amado a todos y a todo en este momento?**
how could he not have loved everybody and everything in this moment?
**en la hora gloriosa después de su maravilloso sueño, lleno de Om!**
in the glorious hour after his wonderful sleep, filled with Om!
**El encantamiento, que había sucedido dentro de él mientras dormía**
The enchantment, which had happened inside of him in his sleep
**Este encantamiento era todo lo que amaba**
this enchantment was everything that he loved
**Estaba lleno de gozoso amor por todo lo que veía**
he was full of joyful love for everything he saw
**Exactamente esta había sido su enfermedad antes**
exactly this had been his sickness before
**No había sido capaz de amar a nadie ni a nada**
he had not been able to love anybody or anything
**Con una cara sonriente, Siddhartha observó al monje que se iba**
With a smiling face, Siddhartha watched the leaving monk

**El sueño lo había fortalecido mucho**
The sleep had strengthened him a lot
**pero el hambre le causaba grandes dolores**
but hunger gave him great pain
**Hacía dos días que no comía**
by now he had not eaten for two days
**Hacía tiempo que habían pasado los tiempos en que podía resistir tanta hambre**
the times were long past when he could resist such hunger
**Con tristeza, pero también con una sonrisa, pensó en aquel momento**
With sadness, and yet also with a smile, he thought of that time
**En aquellos días, según recordaba, se había jactado de tres**

**cosas ante Kamala**
In those days, so he remembered, he had boasted of three things to Kamala
**Había sido capaz de realizar tres hazañas nobles e invencibles**
he had been able to do three noble and undefeatable feats
**Era capaz de ayunar, esperar y pensar**
he was able to fast, wait, and think
**Estas habían sido sus posesiones; su poder y fuerza**
These had been his possessions; his power and strength
**En los ajetreados y laboriosos años de su juventud, había aprendido estas tres hazañas**
in the busy, laborious years of his youth, he had learned these three feats
**Y ahora, sus hazañas lo habían abandonado**
And now, his feats had abandoned him
**Ninguna de sus hazañas era ya suya**
none of his feats were his any more
**ni ayunar, ni esperar, ni pensar**
neither fasting, nor waiting, nor thinking
**Los había abandonado por las cosas más miserables**
he had given them up for the most wretched things
**¿Qué es lo que se desvanece más rápidamente?**
what is it that fades most quickly?
**¡La lujuria sensual, la buena vida y las riquezas!**
sensual lust, the good life, and riches!
**Su vida había sido, en efecto, extraña**
His life had indeed been strange
**Y ahora, al parecer, se había convertido en una persona infantil**
And now, so it seemed, he had really become a childlike person
**Siddharta pensó en su situación**
Siddhartha thought about his situation
**Pensar era difícil para él ahora**
Thinking was hard for him now
**Realmente no tenía ganas de pensar**

he did not really feel like thinking
**pero se obligó a pensar**
but he forced himself to think
**"Todas estas cosas que perecen con tanta facilidad se me han escapado"**
"all these most easily perishing things have slipped from me"
**"otra vez, ahora estoy parado aquí bajo el sol"**
"again, now I'm standing here under the sun"
**"Estoy parado aquí como un niño pequeño"**
"I am standing here just like a little child"
**"nada es mío, no tengo habilidades"**
"nothing is mine, I have no abilities"
**"No hay nada que pueda lograr"**
"there is nothing I could bring about"
**"No he aprendido nada de mi vida"**
"I have learned nothing from my life"
**"¡Qué maravilloso es todo esto!"**
"How wondrous all of this is!"
**"Es maravilloso que ya no sea joven"**
"it's wondrous that I'm no longer young"
**"Mi cabello ya está medio gris y mi fuerza se está desvaneciendo"**
"my hair is already half gray and my strength is fading"
**"¡Y ahora estoy empezando de nuevo desde el principio, como un niño!"**
"and now I'm starting again at the beginning, as a child!"
**De nuevo, tuvo que sonreír para sí mismo**
Again, he had to smile to himself
**¡Sí, su destino había sido extraño!**
Yes, his fate had been strange!
**Las cosas iban cuesta abajo con él**
Things were going downhill with him
**Y ahora volvía a enfrentarse al mundo desnudo y estúpido**
and now he was again facing the world naked and stupid
**Pero no podía sentirse triste por esto**
But he could not feel sad about this
**No, incluso sintió una gran necesidad de reír**

no, he even felt a great urge to laugh
**Sintió la necesidad de reírse de sí mismo**
he felt an urge to laugh about himself
**Sintió la necesidad de reírse de este mundo extraño y estúpido**
he felt an urge to laugh about this strange, foolish world
**"¡Las cosas van cuesta abajo contigo!", se dijo a sí mismo**
"Things are going downhill with you!" he said to himself
**Y se rió de su situación**
and he laughed about his situation
**Mientras lo decía, echó un vistazo al río**
as he was saying it he happened to glance at the river
**Y también vio que el río bajaba**
and he also saw the river going downhill
**Era cantar y ser feliz por todo**
it was singing and being happy about everything
**Le gustó esto, y amablemente sonrió al río**
He liked this, and kindly he smiled at the river
**¿No era éste el río en el que había intentado ahogarse?**
Was this not the river in which he had intended to drown himself?
**en tiempos pasados, hace cien años**
in past times, a hundred years ago
**¿O lo había soñado?**
or had he dreamed this?
**"Maravillosa fue mi vida", pensó**
"Wondrous indeed was my life" he thought
**"Mi vida ha tomado desvíos maravillosos"**
"my life has taken wondrous detours"
**"De niño, solo trataba con dioses y ofrendas"**
"As a boy, I only dealt with gods and offerings"
**"De joven, solo me ocupé del ascetismo"**
"As a youth, I only dealt with asceticism"
**"Pasé mi tiempo pensando y meditando"**
"I spent my time in thinking and meditation"
**"Estaba buscando a Brahman**
"I was searching for Brahman

"Y adoré al eterno en el Atman"
"and I worshipped the eternal in the Atman"
"Pero cuando era joven, seguía a los penitentes"
"But as a young man, I followed the penitents"
"Vivía en el bosque y sufría calor y heladas"
"I lived in the forest and suffered heat and frost"
"Allí aprendí a vencer el hambre"
"there I learned how to overcome hunger"
"Y enseñé a mi cuerpo a morir"
"and I taught my body to become dead"
"Maravillosamente, poco después, la perspicacia vino hacia mí"
"Wonderfully, soon afterwards, insight came towards me"
"perspicacia en la forma de las enseñanzas del gran Buda"
"insight in the form of the great Buddha's teachings"
"Sentí el conocimiento de la unidad del mundo"
"I felt the knowledge of the oneness of the world"
"Lo sentí dando vueltas en mí como mi propia sangre"
"I felt it circling in me like my own blood"
"Pero también tuve que dejar a Buda y el gran conocimiento"
"But I also had to leave Buddha and the great knowledge"
"Fui y aprendí el arte del amor con Kamala"
"I went and learned the art of love with Kamala"
"Aprendí trading y negocios con Kamaswami"
"I learned trading and business with Kamaswami"
"Acumulé dinero y lo volví a malgastar"
"I piled up money, and wasted it again"
"Aprendí a amar mi estómago y a complacer mis sentidos"
"I learned to love my stomach and please my senses"
"Tuve que pasar muchos años perdiendo el ánimo"
"I had to spend many years losing my spirit"
"y tuve que desaprender a pensar de nuevo"
"and I had to unlearn thinking again"
"Allí me había olvidado de la unidad"
"there I had forgotten the oneness"
"¿No es como si me hubiera convertido lentamente de un hombre en un niño"?

"Isn't it just as if I had turned slowly from a man into a child"?
**"De pensador a persona infantil"**
"from a thinker into a childlike person"
**"Y, sin embargo, este camino ha sido muy bueno"**
"And yet, this path has been very good"
**"Y, sin embargo, el pájaro en mi pecho no ha muerto"**
"and yet, the bird in my chest has not died"
**"¡Qué camino ha sido este!"**
"what a path has this been!"
**"Tuve que pasar por tanta estupidez"**
"I had to pass through so much stupidity"
**"Tuve que pasar por tanto vicio"**
"I had to pass through so much vice"
**"Tuve que cometer muchos errores"**
"I had to make so many errors"
**"Tuve que sentir mucho asco y decepción"**
"I had to feel so much disgust and disappointment"
**"Tuve que hacer todo esto para volver a ser un niño"**
"I had to do all this to become a child again"
**"Y luego podría empezar de nuevo"**
"and then I could start over again"
**"Pero era la forma correcta de hacerlo"**
"But it was the right way to do it"
**"Mi corazón le dice que sí y mis ojos le sonríen"**
"my heart says yes to it and my eyes smile to it"
**"He tenido que experimentar la desesperación"**
"I've had to experience despair"
**"He tenido que hundirme en el más tonto de todos los pensamientos"**
"I've had to sink down to the most foolish of all thoughts"
**"He tenido que pensar en el suicidio"**
"I've had to think to the thoughts of suicide"
**"sólo entonces sería capaz de experimentar la gracia divina"**
"only then would I be able to experience divine grace"
**"solo entonces pude volver a oír a Om"**
"only then could I hear Om again"
**"solo así podría dormir bien y despertar de nuevo"**

"only then would I be able to sleep properly and awake again"
**"Tuve que convertirme en un tonto, para volver a encontrar Atman en mí"**
"I had to become a fool, to find Atman in me again"
**"Tuve que pecar, para poder volver a vivir"**
"I had to sin, to be able to live again"
**"¿A dónde más podría llevarme mi camino?"**
"Where else might my path lead me to?"
**"Es una tontería, este camino, se mueve en bucles"**
"It is foolish, this path, it moves in loops"
**"Tal vez esté dando vueltas en círculo"**
"perhaps it is going around in a circle"
**"Que este camino vaya a donde quiera"**
"Let this path go where it likes"
**"A donde quiera que vaya este camino, quiero seguirlo"**
"where ever this path goes, I want to follow it"
**Sintió la alegría rodar como olas en su pecho**
he felt joy rolling like waves in his chest
**Le preguntó a su corazón: "¿De dónde sacaste esta felicidad?"**
he asked his heart, "from where did you get this happiness?"
**—¿Es posible que provenga de ese largo y buen sueño?**
"does it perhaps come from that long, good sleep?"
**"El sueño que tanto bien me ha hecho"**
"the sleep which has done me so much good"
**"¿O viene de la palabra Om, que dije?"**
"or does it come from the word Om, which I said?"
**—¿O es por el hecho de que me he escapado?**
"Or does it come from the fact that I have escaped?"
**"¿Esta felicidad viene de estar parado como un niño bajo el cielo?"**
"does this happiness come from standing like a child under the sky?"
**"Oh, qué bueno es haber huido"**
"Oh how good is it to have fled"
**"¡Es genial haber sido libre!"**
"it is great to have become free!"
**"Qué limpio y hermoso es el aire aquí"**

"How clean and beautiful the air here is"
**"El aire es bueno para respirar"**
"the air is good to breath"
**"donde huía de todo olía a ungüentos"**
"where I ran away from everything smelled of ointments"
**"especias, vino, excesos, pereza"**
"spices, wine, excess, sloth"
**"Cómo odiaba este mundo de ricos"**
"How I hated this world of the rich"
**"¡Odiaba a los que se deleitan con la buena comida y a los jugadores!"**
"I hated those who revel in fine food and the gamblers!"
**"¡Me odiaba a mí mismo por permanecer en este mundo terrible durante tanto tiempo!**
"I hated myself for staying in this terrible world for so long!
**"Me he despojado, envenenado y torturado"**
"I have deprived, poisoned, and tortured myself"
**"¡Me he hecho viejo y malvado!"**
"I have made myself old and evil!"
**"No, nunca más volveré a hacer las cosas que tanto me gustaba hacer"**
"No, I will never again do the things I liked doing so much"
**—¡No me engañaré pensando que Siddharta era sabio!**
"I won't delude myself into thinking that Siddhartha was wise!"
**"Pero esta cosa la he hecho bien"**
"But this one thing I have done well"
**"esto me gusta, esto debo alabar"**
"this I like, this I must praise"
**"Me gusta que ahora se acabe ese odio contra mí mismo"**
"I like that there is now an end to that hatred against myself"
**"¡Hay un final para esa vida tonta y triste!"**
"there is an end to that foolish and dreary life!"
**"Te alabo, Siddharta, después de tantos años de tonterías"**
"I praise you, Siddhartha, after so many years of foolishness"
**"Una vez más has tenido una idea"**
"you have once again had an idea"

"**Has oído cantar al pájaro en tu pecho**"
"you have heard the bird in your chest singing"
**—¡Y seguiste el canto del pájaro!**
"and you followed the song of the bird!"
**Con estos pensamientos se alabó a sí mismo**
with these thoughts he praised himself
**Había vuelto a encontrar la alegría en sí mismo**
he had found joy in himself again
**Escuchó con curiosidad cómo su estómago rugía de hambre**
he listened curiously to his stomach rumbling with hunger
**Había probado y escupido un pedazo de sufrimiento y miseria**
he had tasted and spat out a piece of suffering and misery
**En estos últimos tiempos y días, así es como se sintió**
in these recent times and days, this is how he felt
**Lo había devorado hasta la desesperación y la muerte**
he had devoured it up to the point of desperation and death
**La forma en que todo había sucedido era buena**
how everything had happened was good
**podría haberse quedado con Kamaswami mucho más tiempo**
he could have stayed with Kamaswami for much longer
**Podría haber ganado más dinero y luego desperdiciarlo**
he could have made more money, and then wasted it
**Podría haber llenado su estómago y dejar que su alma muriera de sed**
he could have filled his stomach and let his soul die of thirst
**Podría haber vivido en este infierno tapizado y blando mucho más tiempo**
he could have lived in this soft upholstered hell much longer
**Si esto no hubiera sucedido, habría continuado esta vida**
if this had not happened, he would have continued this life
**el momento de completa desesperanza y desesperación**
the moment of complete hopelessness and despair
**el momento más extremo en el que se cernía sobre las aguas impetuosas**
the most extreme moment when he hung over the rushing waters

**en el momento en que estaba listo para destruirse a sí mismo**
the moment he was ready to destroy himself
**en el momento en que había sentido esta desesperación y profunda repugnancia**
the moment he had felt this despair and deep disgust
**no había sucumbido a ella**
he had not succumbed to it
**Al fin y al cabo, el pájaro seguía vivo**
the bird was still alive after all
**Por eso sintió alegría y se rió**
this was why he felt joy and laughed
**Esta era la razón por la que su rostro sonreía brillantemente bajo su cabello**
this was why his face was smiling brightly under his hair
**su cabello, que ahora se había vuelto gris**
his hair which had now turned gray
**"Es bueno", pensó, "probar todo por uno mismo"**
"It is good," he thought, "to get a taste of everything for oneself"
**"Todo lo que hay que saber"**
"everything which one needs to know"
**"La codicia por el mundo y las riquezas no pertenecen a las cosas buenas"**
"lust for the world and riches do not belong to the good things"
**"Esto ya lo aprendí de niño"**
"I have already learned this as a child"
**"Lo sé desde hace mucho tiempo"**
"I have known it for a long time"
**"pero no lo había experimentado hasta ahora"**
"but I hadn't experienced it until now"
**"Y ahora que lo he vivido, lo sé"**
"And now that I I've experienced it I know it"
**"No solo lo sé en mi memoria, sino en mis ojos, corazón y estómago"**
"I don't just know it in my memory, but in my eyes, heart, and stomach"

"**¡Es bueno para mí saber esto!**"
"it is good for me to know this!"

**Durante mucho tiempo, reflexionó sobre su transformación**
For a long time, he pondered his transformation
**Escuchó al pájaro, que cantaba de alegría**
he listened to the bird, as it sang for joy
**¿No había muerto este pájaro en él?**
Had this bird not died in him?
**¿No había sentido la muerte de este pájaro?**
had he not felt this bird's death?
**No, algo más de su interior había muerto**
No, something else from within him had died
**algo que anhelaba morir había muerto**
something which yearned to die had died
**¿No era esto lo que solía intentar matar?**
Was it not this that he used to intend to kill?
**¿No era suyo, pequeño, asustado y orgulloso, el que había muerto?**
Was it not his his small, frightened, and proud self that had died?
**Había luchado consigo mismo durante tantos años**
he had wrestled with his self for so many years
**el yo que lo había derrotado una y otra vez**
the self which had defeated him again and again
**el yo que volvía después de cada matanza**
the self which was back again after every killing
**¿El yo que prohibía la alegría y sentía miedo?**
the self which prohibited joy and felt fear?
**¿No era este yo el que hoy finalmente había llegado a su muerte?**
Was it not this self which today had finally come to its death?
**aquí en el bosque, junto a este hermoso río**
here in the forest, by this lovely river
**¿No fue debido a esta muerte, que ahora era como un niño?**
Was it not due to this death, that he was now like a child?
**tan lleno de confianza y alegría, sin miedo**

so full of trust and joy, without fear
**Ahora bien, Siddharta también tenía una idea de por qué había luchado en vano contra este yo**
Now Siddhartha also got some idea of why he had fought this self in vain
**sabía por qué no podía luchar contra sí mismo como un brahmán**
he knew why he couldn't fight his self as a Brahman
**Demasiado conocimiento lo había frenado**
Too much knowledge had held him back
**Demasiados versículos sagrados, reglas de sacrificio y autocastigo**
too many holy verses, sacrificial rules, and self-castigation
**Todas estas cosas lo detuvieron**
all these things held him back
**¡Tanto hacer y esforzarse por ese objetivo!**
so much doing and striving for that goal!
**Había estado lleno de arrogancia**
he had been full of arrogance
**Siempre fue el más inteligente**
he was always the smartest
**Siempre era el que más trabajaba**
he was always working the most
**Siempre había estado un paso por delante de todos los demás**
he had always been one step ahead of all others
**Él siempre fue el conocedor y espiritual**
he was always the knowing and spiritual one
**Siempre se le consideró el sacerdote o el sabio**
he was always considered the priest or wise one
**Su yo se había retirado a ser sacerdote, arrogancia y espiritualidad**
his self had retreated into being a priest, arrogance, and spirituality
**Allí se asentó firmemente y creció todo este tiempo**
there it sat firmly and grew all this time
**y había creído que podía matarla ayunando**

and he had thought he could kill it by fasting
**Ahora veía su vida tal como se había convertido**
Now he saw his life as it had become
**Vio que la voz secreta había tenido razón**
he saw that the secret voice had been right
**Ningún maestro habría sido capaz de lograr su salvación**
no teacher would ever have been able to bring about his salvation
**Por lo tanto, tenía que salir al mundo**
Therefore, he had to go out into the world
**Tuvo que perderse a sí mismo en la lujuria y el poder**
he had to lose himself to lust and power
**Tuvo que perderse a sí mismo por las mujeres y el dinero**
he had to lose himself to women and money
**Tuvo que convertirse en un comerciante, un jugador de dados, un bebedor**
he had to become a merchant, a dice-gambler, a drinker
**Y tuvo que convertirse en una persona codiciosa**
and he had to become a greedy person
**tuvo que hacer esto hasta que el sacerdote y el samaná en él murieran**
he had to do this until the priest and Samana in him was dead
**Por lo tanto, tuvo que seguir soportando estos años feos**
Therefore, he had to continue bearing these ugly years
**Tuvo que soportar el asco y las enseñanzas**
he had to bear the disgust and the teachings
**Tuvo que soportar la inutilidad de una vida triste y desperdiciada**
he had to bear the pointlessness of a dreary and wasted life
**Tuvo que concluirlo hasta el amargo final**
he had to conclude it up to its bitter end
**tenía que hacer esto hasta que Siddharta el lujurioso también pudiera morir**
he had to do this until Siddhartha the lustful could also die
**Había muerto y un nuevo Siddhartha había despertado del sueño**
He had died and a new Siddhartha had woken up from the

sleep
**este nuevo Siddhartha también envejecería**
this new Siddhartha would also grow old
**También tendría que morir en algún momento**
he would also have to die eventually
**Siddharta seguía siendo mortal, como lo es toda forma física**
Siddhartha was still mortal, as is every physical form
**Pero hoy era joven y un niño y estaba lleno de alegría**
But today he was young and a child and full of joy
**Pensó en estos pensamientos para sí mismo**
He thought these thoughts to himself
**Escuchó con una sonrisa en el estómago**
he listened with a smile to his stomach
**Escuchó agradecido el zumbido de una abeja**
he listened gratefully to a buzzing bee
**Alegremente, miró hacia el río impetuoso**
Cheerfully, he looked into the rushing river
**Nunca antes le había gustado tanto un agua como esta**
he had never before liked a water as much as this one
**Nunca antes había percibido una voz tan fuerte**
he had never before perceived the voice so stronger
**Nunca había entendido la parábola del agua que se mueve con tanta fuerza**
he had never understood the parable of the moving water so strongly
**Nunca antes se había dado cuenta de lo bien que se movía el río**
he had never before noticed how beautifully the river moved
**Le pareció como si el río tuviera algo especial que decirle**
It seemed to him, as if the river had something special to tell him
**algo que aún no sabía, que aún le esperaba**
something he did not know yet, which was still awaiting him
**En este río, Siddharta había tenido la intención de ahogarse**
In this river, Siddhartha had intended to drown himself
**en este río se había ahogado hoy el viejo, cansado y desesperado Siddharta**

in this river the old, tired, desperate Siddhartha had drowned today

**Pero el nuevo Siddhartha sentía un profundo amor por el agua que corría**

But the new Siddhartha felt a deep love for this rushing water

**Y decidió por sí mismo, no dejarlo muy pronto**

and he decided for himself, not to leave it very soon

# El Barquero
## The Ferryman

**«Quiero quedarme junto a este río», pensó Siddharta**
"By this river I want to stay," thought Siddhartha
**"es el mismo río que he cruzado hace mucho tiempo"**
"it is the same river which I have crossed a long time ago"
**"Me dirigía a la gente infantil"**
"I was on my way to the childlike people"
**"Un amable barquero me había guiado a través del río"**
"a friendly ferryman had guided me across the river"
**"él es a quien quiero ir"**
"he is the one I want to go to"
**"Partiendo de su choza, mi camino me llevó a una nueva vida"**
"starting out from his hut, my path led me to a new life"
**"Un camino que había envejecido y ahora está muerto"**
"a path which had grown old and is now dead"
**"¡Mi camino actual también tendrá su comienzo allí!"**
"my present path shall also take its start there!"
**Con ternura, miró el agua que corría**
Tenderly, he looked into the rushing water
**Miró las líneas verdes transparentes que dibujaba el agua**
he looked into the transparent green lines the water drew
**Las líneas cristalinas del agua eran ricas en secretos**
the crystal lines of water were rich in secrets
**Vio perlas brillantes que se elevaban desde las profundidades**
he saw bright pearls rising from the deep
**silenciosas burbujas de aire flotando en la superficie reflectante**
quiet bubbles of air floating on the reflecting surface
**el azul del cielo representado en las burbujas**
the blue of the sky depicted in the bubbles
**El río lo miraba con mil ojos**
the river looked at him with a thousand eyes
**El río tenía ojos verdes y ojos blancos**

the river had green eyes and white eyes
**El río tenía ojos de cristal y ojos azul cielo**
the river had crystal eyes and sky-blue eyes
**Le gustaba mucho esta agua, le encantaba**
he loved this water very much, it delighted him
**Estaba agradecido con el agua**
he was grateful to the water
**En su corazón oyó la voz que hablaba**
In his heart he heard the voice talking
**"¡Me encanta esta agua! ¡Quédate cerca de él!"**
"Love this water! Stay near it!"
**"¡Aprende del agua!", le ordenó su voz**
"Learn from the water!" hiw voice commanded him
**Oh, sí, quería aprender de eso**
Oh yes, he wanted to learn from it
**Quería escuchar el agua**
he wanted to listen to the water
**¡Aquel que entienda los secretos de esta agua**
He who would understand this water's secrets
**También entendería muchas otras cosas**
he would also understand many other things
**Así le pareció**
this is how it seemed to him
**Pero de todos los secretos del río, hoy solo vio uno**
But out of all secrets of the river, today he only saw one
**Este secreto tocó su alma**
this secret touched his soul
**Esta agua corría y corría, incesantemente**
this water ran and ran, incessantly
**El agua corría, pero sin embargo siempre estaba ahí**
the water ran, but nevertheless it was always there
**El agua siempre, en todo momento, era la misma**
the water always, at all times, was the same
**y al mismo tiempo era nuevo en cada momento**
and at the same time it was new in every moment
**El que pudiera comprender esto sería grande**
he who could grasp this would be great

**pero él no lo entendió ni lo comprendió**
but he didn't understand or grasp it
**Sólo sintió que se agitaba alguna idea de ello**
he only felt some idea of it stirring
**Era como un recuerdo lejano, una voz divina**
it was like a distant memory, a divine voices

**Siddharta se levantó cuando el hambre en su cuerpo se hizo insoportable**
Siddhartha rose as the workings of hunger in his body became unbearable
**Aturdido, se alejó de la ciudad**
In a daze he walked further away from the city
**Caminó río arriba por el sendero junto a la orilla**
he walked up the river along the path by the bank
**Escuchó la corriente del agua**
he listened to the current of the water
**Escuchó el estruendo del hambre en su cuerpo**
he listened to the rumbling hunger in his body
**Cuando llegó al ferry, el barco acababa de llegar**
When he reached the ferry, the boat was just arriving
**el mismo barquero que una vez había transportado al joven Samaná al otro lado del río**
the same ferryman who had once transported the young Samana across the river
**estaba en la barca y Siddharta lo reconoció**
he stood in the boat and Siddhartha recognised him
**También había envejecido mucho**
he had also aged very much
**El barquero se asombró al ver a un hombre tan elegante caminando a pie**
the ferryman was astonished to see such an elegant man walking on foot
**"¿Te gustaría llevarme?", preguntó**
"Would you like to ferry me over?" he asked
**Lo llevó a su bote y lo empujó fuera de la orilla**
he took him into his boat and pushed it off the bank

"Es una vida hermosa que has elegido para ti", dijo el pasajero
"It's a beautiful life you have chosen for yourself" the passenger spoke
"Debe ser hermoso vivir junto a esta agua todos los días"
"It must be beautiful to live by this water every day"
"Y debe ser hermoso navegar en él por el río"
"and it must be beautiful to cruise on it on the river"
Con una sonrisa, el hombre del remo se movió de un lado a otro
With a smile, the man at the oar moved from side to side
"Es tan hermoso como usted dice, señor"
"It is as beautiful as you say, sir"
—¿Pero no es hermosa toda vida y todo trabajo?
"But isn't every life and all work beautiful?"
-Puede que sea verdad -replicó Siddharta-
"This may be true" replied Siddhartha
"Pero te envidio por tu vida"
"But I envy you for your life"
"Ah, pronto dejarías de disfrutarlo"
"Ah, you would soon stop enjoying it"
"Esto no es un trabajo para gente que usa ropa fina"
"This is no work for people wearing fine clothes"
Siddharta se echó a reír ante la observación
Siddhartha laughed at the observation
"Una vez, hoy me han mirado por mi ropa"
"Once before, I have been looked upon today because of my clothes"
"Me han mirado con desconfianza"
"I have been looked upon with distrust"
"Son una molestia para mí"
"they are a nuisance to me"
—¿No te gustaría, barquero, aceptar esta ropa?
"Wouldn't you, ferryman, like to accept these clothes"
"porque debes saber que no tengo dinero para pagar tu pasaje"
"because you must know, I have no money to pay your fare"

—Está bromeando, señor —rió el barquero—
"You're joking, sir," the ferryman laughed
**"No estoy bromeando, amigo"**
"I'm not joking, friend"
**"Una vez me has transportado a través de estas aguas en tu barca"**
"once before you have ferried me across this water in your boat"
**"Lo hiciste por la recompensa inmaterial de una buena acción"**
"you did it for the immaterial reward of a good deed"
**"Llévame al otro lado del río y acepta mi ropa para ello"**
"ferry me across the river and accept my clothes for it"
—¿Y tiene usted, señor, la intención de seguir viajando sin ropa?
"And do you, sir, intent to continue travelling without clothes?"
**"Ah, sobre todo no me gustaría seguir viajando en absoluto"**
"Ah, most of all I wouldn't want to continue travelling at all"
**"Preferiría que me dieras un taparrabos viejo"**
"I would rather you gave me an old loincloth"
**"Me gustaría que me mantuvieras contigo como tu asistente"**
"I would like it if you kept me with you as your assistant"
**"o mejor dicho, me gustaría que me aceptaras como tu aprendiz"**
"or rather, I would like if you accepted me as your trainee"
**"porque primero tendré que aprender a manejar el barco"**
"because first I'll have to learn how to handle the boat"
**Durante mucho tiempo, el barquero miró al extraño**
For a long time, the ferryman looked at the stranger
**Buscaba en su memoria a este hombre extraño**
he was searching in his memory for this strange man
—Ahora te reconozco —dijo finalmente—
"Now I recognise you," he finally said
**"Hubo un tiempo en que dormías en mi choza"**
"At one time, you've slept in my hut"
**"Esto fue hace mucho tiempo, posiblemente más de veinte**

años"
"this was a long time ago, possibly more than twenty years"
**"Y yo te he llevado al otro lado del río"**
"and you've been ferried across the river by me"
**"Ese día nos separamos como buenos amigos"**
"that day we parted like good friends"
**—¿No has sido samaná?**
"Haven't you been a Samana?"
**"Ya no puedo pensar en tu nombre"**
"I can't think of your name any more"
**"Me llamo Siddharta y era samaná"**
"My name is Siddhartha, and I was a Samana"
**"Todavía era samaná la última vez que me viste"**
"I had still been a Samana when you last saw me"
**—Bienvenido, Siddharta. Mi nombre es Vasudeva"**
"So be welcome, Siddhartha. My name is Vasudeva"
**"Así que espero que también seas mi invitado hoy"**
"You will, so I hope, be my guest today as well"
**"Y puedes dormir en mi choza"**
"and you may sleep in my hut"
**"Y puedes decirme, de dónde vienes"**
"and you may tell me, where you're coming from"
**"Y puedes decirme por qué estas hermosas ropas son tan molestas para ti"**
"and you may tell me why these beautiful clothes are such a nuisance to you"
**Habían llegado a la mitad del río**
They had reached the middle of the river
**Vasudeva empujó el remo con más fuerza**
Vasudeva pushed the oar with more strength
**Con el fin de superar la corriente**
in order to overcome the current
**Trabajaba con calma, con brazos musculosos**
He worked calmly, with brawny arms
**Sus ojos estaban fijos en la proa del bote**
his eyes were fixed in on the front of the boat
**Siddharta se sentó y lo observó**

Siddhartha sat and watched him
**recordaba su época de samaná**
he remembered his time as a Samana
**Recordó cómo el amor por este hombre se había agitado en su corazón**
he remembered how love for this man had stirred in his heart
**Agradecido, aceptó la invitación de Vasudeva**
Gratefully, he accepted Vasudeva's invitation
**Cuando llegaron a la orilla, le ayudó a atar la barca a las estacas**
When they had reached the bank, he helped him to tie the boat to the stakes
**Después de esto, el barquero le pidió que entrara en la cabaña**
after this, the ferryman asked him to enter the hut
**le ofreció pan y agua, y Siddharta comió con gran placer**
he offered him bread and water, and Siddhartha ate with eager pleasure
**y también comió con gran placer de los frutos de mango que Vasudeva le ofrecía**
and he also ate with eager pleasure of the mango fruits Vasudeva offered him

**Después, era casi la hora de la puesta de sol**
Afterwards, it was almost the time of the sunset
**Se sentaron en un tronco junto al banco**
they sat on a log by the bank
**Siddhartha le contó al barquero de dónde venía**
Siddhartha told the ferryman about where he originally came from
**Le habló de su vida tal como la había visto hoy**
he told him about his life as he had seen it today
**de la manera en que lo había visto en aquella hora de desesperación**
the way he had seen it in that hour of despair
**El relato de su vida duró hasta altas horas de la noche**
the tale of his life lasted late into the night

**Vasudeva escuchó con gran atención**
Vasudeva listened with great attention
**Escuchando atentamente, dejó que todo entrara en su mente**
Listening carefully, he let everything enter his mind
**lugar de nacimiento e infancia, todo ese aprendizaje**
birthplace and childhood, all that learning
**toda esa búsqueda, toda alegría, toda angustia**
all that searching, all joy, all distress
**Esta era una de las mayores virtudes del barquero**
This was one of the greatest virtues of the ferryman
**Como pocos, supo escuchar**
like only a few, he knew how to listen
**No tuvo que decir una palabra**
he did not have to speak a word
**pero el orador percibió cómo Vasudeva dejaba que sus palabras entraran en su mente**
but the speaker sensed how Vasudeva let his words enter his mind
**Su mente estaba tranquila, abierta y esperando**
his mind was quiet, open, and waiting
**No perdió ni una sola palabra**
he did not lose a single word
**No esperó una sola palabra con impaciencia**
he did not await a single word with impatience
**No añadió su alabanza ni su reprendia**
he did not add his praise or rebuke
**Solo estaba escuchando, y nada más**
he was just listening, and nothing else
**Siddharta sintió la feliz fortuna de confesarse a semejante oyente**
Siddhartha felt what a happy fortune it is to confess to such a listener
**Se sintió afortunado de enterrar en su corazón su propia vida**
he felt fortunate to bury in his heart his own life
**Enterró su propia búsqueda y sufrimiento**
he buried his own search and suffering
**contó la historia de la vida de Siddhartha**

he told the tale of Siddhartha's life
**cuando habló del árbol junto al río**
when he spoke of the tree by the river
**cuando habló de su profunda caída**
when he spoke of his deep fall
**cuando habló del santo Om**
when he spoke of the holy Om
**cuando habló de cómo había sentido tanto amor por el río**
when he spoke of how he had felt such a love for the river
**El barquero escuchaba estas cosas con el doble de atención**
the ferryman listened to these things with twice as much attention
**estaba total y completamente absorbido por ella**
he was entirely and completely absorbed by it
**Escuchaba con los ojos cerrados**
he was listening with his eyes closed
**cuando Siddharta calló, se produjo un largo silencio**
when Siddhartha fell silent a long silence occurred
**entonces Vasudeva habló: "Es como yo pensaba"**
then Vasudeva spoke "It is as I thought"
**"El río te ha hablado"**
"The river has spoken to you"
**"El río también es tu amigo"**
"the river is your friend as well"
**"El río también te habla"**
"the river speaks to you as well"
**"Eso es bueno, eso es muy bueno"**
"That is good, that is very good"
**—Quédate conmigo, Siddharta, amigo mío.**
"Stay with me, Siddhartha, my friend"
**"Solía tener una esposa"**
"I used to have a wife"
**"Su cama estaba al lado de la mía"**
"her bed was next to mine"
**"Pero ella murió hace mucho tiempo"**
"but she has died a long time ago"
**"Durante mucho tiempo he vivido solo"**

"for a long time, I have lived alone"
**"Ahora, vivirás conmigo"**
"Now, you shall live with me"
**"Hay suficiente espacio y comida para los dos"**
"there is enough space and food for both of us"
—**Le doy las gracias** —**dijo Siddharta**—
"I thank you," said Siddhartha
**"Les agradezco y acepto"**
"I thank you and accept"
**"Y también te doy las gracias por esto, Vasudeva"**
"And I also thank you for this, Vasudeva"
**"Les agradezco que me hayan escuchado tan bien"**
"I thank you for listening to me so well"
**"Las personas que saben escuchar son raras"**
"people who know how to listen are rare"
**"No he conocido a una sola persona que lo supiera tan bien como tú"**
"I have not met a single person who knew it as well as you do"
**"Yo también aprenderé de ti en este sentido"**
"I will also learn in this respect from you"
—**Lo aprenderás** —**dijo Vasudeva**—
"You will learn it," spoke Vasudeva
**"Pero no lo aprenderás de mí"**
"but you will not learn it from me"
**"El río me ha enseñado a escuchar"**
"The river has taught me to listen"
**"Aprenderás a escuchar también desde el río"**
"you will learn to listen from the river as well"
**"Lo sabe todo, el río"**
"It knows everything, the river"
**"Todo se aprende del río"**
"everything can be learned from the river"
**"Mira, esto también lo has aprendido del agua"**
"See, you've already learned this from the water too"
**"Has aprendido que es bueno esforzarse hacia abajo"**
"you have learned that it is good to strive downwards"
**"Has aprendido a hundirte y a buscar profundidad"**

"you have learned to sink and to seek depth"
**"El rico y elegante Siddharta se está convirtiendo en el sirviente de un remero"**
"The rich and elegant Siddhartha is becoming an oarsman's servant"
**"el sabio brahmán Siddhartha se convierte en barquero"**
"the learned Brahman Siddhartha becomes a ferryman"
**"Esto también te lo ha dicho el río"**
"this has also been told to you by the river"
**"Aprenderás lo otro también"**
"You'll learn the other thing from it as well"
**Siddharta habló después de una larga pausa**
Siddhartha spoke after a long pause
**—¿Qué otras cosas voy a aprender, Vasudeva?**
"What other things will I learn, Vasudeva?"
**Vasudeva se levantó. "Es tarde", dijo**
Vasudeva rose. "It is late," he said
**y Vasudeva propuso irse a dormir**
and Vasudeva proposed going to sleep
**"No puedo decirte esa otra cosa, oh amigo"**
"I can't tell you that other thing, oh friend"
**"Aprenderás la otra cosa, o tal vez ya la sabes"**
"You'll learn the other thing, or perhaps you know it already"
**"Mira, no soy un hombre instruido"**
"See, I'm no learned man"
**"No tengo ninguna habilidad especial para hablar"**
"I have no special skill in speaking"
**"Tampoco tengo ninguna habilidad especial para pensar"**
"I also have no special skill in thinking"
**"Todo lo que puedo hacer es escuchar y ser piadoso"**
"All I'm able to do is to listen and to be godly"
**"No he aprendido nada más"**
"I have learned nothing else"
**"Si fuera capaz de decirlo y enseñarlo, podría ser un hombre sabio"**
"If I was able to say and teach it, I might be a wise man"
**"pero así no soy más que un barquero"**

"but like this I am only a ferryman"
**"Y mi tarea es transportar a la gente a través del río"**
"and it is my task to ferry people across the river"
**"He transportado a muchos miles de personas"**
"I have transported many thousands of people"
**"Y para todos ellos, mi río no ha sido más que un obstáculo"**
"and to all of them, my river has been nothing but an obstacle"
**"Era algo que se interponía en sus viajes"**
"it was something that got in the way of their travels"
**"Viajaban en busca de dinero y negocios"**
"they travelled to seek money and business"
**"Viajaban para bodas y peregrinaciones"**
"they travelled for weddings and pilgrimages"
**"Y el río les obstruía el paso"**
"and the river was obstructing their path"
**"El trabajo del barquero era llevarlos rápidamente a través de ese obstáculo"**
"the ferryman's job was to get them quickly across that obstacle"
**"Pero para unos entre miles, unos pocos, el río ha dejado de ser un obstáculo"**
"But for some among thousands, a few, the river has stopped being an obstacle"
**"Han oído su voz y la han escuchado"**
"they have heard its voice and they have listened to it"
**"Y el río se ha convertido en sagrado para ellos"**
"and the river has become sacred to them"
**"Se ha convertido en algo sagrado para ellos como se ha convertido en sagrado para mí"**
"it become sacred to them as it has become sacred to me"
**—Por ahora, descansemos, Siddharta.**
"for now, let us rest, Siddhartha"

## Siddhartha se quedó con el barquero y aprendió a manejar el barco
Siddhartha stayed with the ferryman and learned to operate the boat

**cuando no había nada que hacer en el transbordador,**
**trabajaba con Vasudeva en el arrozal**
when there was nothing to do at the ferry, he worked with Vasudeva in the rice-field
**Recogía leña y arrancaba el fruto de los plátanos**
he gathered wood and plucked the fruit off the banana-trees
**Aprendió a construir un remo y a remendar el bote**
He learned to build an oar and how to mend the boat
**Aprendió a tejer cestas y pagó la choza**
he learned how to weave baskets and repaid the hut
**Y estaba alegre por todo lo que aprendió**
and he was joyful because of everything he learned
**Los días y los meses pasaron rápido**
the days and months passed quickly
**Pero más de lo que Vasudeva podía enseñarle, le enseñaba el río**
But more than Vasudeva could teach him, he was taught by the river
**Incesantemente, aprendió del río**
Incessantly, he learned from the river
**Sobre todo, aprendió a escuchar**
Most of all, he learned to listen
**Aprendió a prestar mucha atención con un corazón tranquilo**
he learned to pay close attention with a quiet heart
**Aprendió a mantener un alma abierta y expectante**
he learned to keep a waiting, open soul
**Aprendió a escuchar sin pasión**
he learned to listen without passion
**Aprendió a escuchar sin un deseo**
he learned to listen without a wish
**Aprendió a escuchar sin juzgar**
he learned to listen without judgement
**Aprendió a escuchar sin opinar**
he learned to listen without an opinion

**De manera amistosa, vivió al lado de Vasudeva**
In a friendly manner, he lived side by side with Vasudeva

**De vez en cuando intercambiaban algunas palabras**
occasionally they exchanged some words
**Entonces, por fin, pensaron en las palabras**
then, at length, they thought about the words
**Vasudeva no era amiga de las palabras**
Vasudeva was no friend of words
**Siddharta rara vez logró persuadirlo para que hablara**
Siddhartha rarely succeeded in persuading him to speak
**—¿Tú también aprendiste ese secreto del río?**
"did you too learn that secret from the river?"
**—¿El secreto de que no hay tiempo?**
"the secret that there is no time?"
**El rostro de Vasudeva estaba lleno de una brillante sonrisa**
Vasudeva's face was filled with a bright smile
**—Sí, Siddharta —dijo—**
"Yes, Siddhartha," he spoke
**"Aprendí que el río está en todas partes a la vez"**
"I learned that the river is everywhere at once"
**"Está en el nacimiento y en la desembocadura del río"**
"it is at the source and at the mouth of the river"
**"Está en la cascada y en el ferry"**
"it is at the waterfall and at the ferry"
**"Está en los rápidos y en el mar"**
"it is at the rapids and in the sea"
**"Está en las montañas y en todas partes a la vez"**
"it is in the mountains and everywhere at once"
**"Y aprendí que solo existe el tiempo presente para el río"**
"and I learned that there is only the present time for the river"
**"No tiene la sombra del pasado"**
"it does not have the shadow of the past"
**"Y no tiene la sombra del futuro"**
"and it does not have the shadow of the future"
**"¿Es esto lo que quieres decir?", preguntó**
"is this what you mean?" he asked
**—Esto es lo que quería decir —dijo Siddhartha—**
"This is what I meant," said Siddhartha
**"Y cuando lo aprendí, miré mi vida"**

"And when I had learned it, I looked at my life"
**"Y mi vida también era un río"**
"and my life was also a river"
**"el niño Siddharta sólo estaba separado del hombre Siddhartha por una sombra"**
"the boy Siddhartha was only separated from the man Siddhartha by a shadow"
**"y una sombra separó al hombre Siddharta del anciano Siddharta"**
"and a shadow separated the man Siddhartha from the old man Siddhartha"
**"Las cosas están separadas por una sombra, no por algo real"**
"things are separated by a shadow, not by something real"
**"Además, los nacimientos anteriores de Siddhartha no fueron en el pasado"**
"Also, Siddhartha's previous births were not in the past"
**"y su muerte y su regreso a Brahma no es en el futuro"**
"and his death and his return to Brahma is not in the future"
**"Nada fue, nada será, pero todo es"**
"nothing was, nothing will be, but everything is"
**"Todo tiene existencia y está presente"**
"everything has existence and is present"
**Siddharta hablaba con éxtasis**
Siddhartha spoke with ecstasy
**Esta iluminación le había deleitado profundamente**
this enlightenment had delighted him deeply
**—¿No era todo tiempo de sufrimiento?**
"was not all suffering time?"
**"¿No eran todas las formas de atormentarse a sí mismo una forma de tiempo?"**
"were not all forms of tormenting oneself a form of time?"
**"¿No fue todo duro y hostil debido al tiempo?"**
"was not everything hard and hostile because of time?"
**"¿No se vence todo lo malo cuando se vence al tiempo?"**
"is not everything evil overcome when one overcomes time?"
**"Tan pronto como el tiempo abandona la mente, ¿el sufrimiento también se va?"**

"as soon as time leaves the mind, does suffering leave too?"
**Siddharta había hablado con extático deleite**
Siddhartha had spoken in ecstatic delight
**pero Vasudeva le sonrió alegremente y asintió con la cabeza en señal de confirmación**
but Vasudeva smiled at him brightly and nodded in confirmation
**En silencio, asintió con la cabeza y pasó la mano por el hombro de Siddhartha**
silently he nodded and brushed his hand over Siddhartha's shoulder
**Y luego volvió a su trabajo**
and then he turned back to his work

**Y Siddharta volvió a preguntar a Vasudeva en otra ocasión**
And Siddhartha asked Vasudeva again another time
**El río acababa de aumentar su caudal en la estación lluviosa**
the river had just increased its flow in the rainy season
**e hizo un ruido poderoso**
and it made a powerful noise
**—¿No es así, oh amigo, que el río tiene muchas voces?**
"Isn't it so, oh friend, the river has many voices?"
**—¿No tiene la voz de un rey y de un guerrero?**
"Hasn't it the voice of a king and of a warrior?"
**—¿No tiene la voz de un toro y de un pájaro de la noche?**
"Hasn't it the voice of of a bull and of a bird of the night?"
**"¿No tiene la voz de una mujer que da a luz y de un hombre que suspira?"**
"Hasn't it the voice of a woman giving birth and of a sighing man?"
**—¿Y no tiene también otras mil voces?**
"and does it not also have a thousand other voices?"
**—Es como tú dices que es —asintió Vasudeva—**
"it is as you say it is," Vasudeva nodded
**"Todas las voces de las criaturas están en su voz"**
"all voices of the creatures are in its voice"
**—¿Y sabes...? Siddhartha continuó**

"And do you know..." Siddhartha continued
"¿Qué palabra dice cuando logras escuchar todas las voces a la vez?"
"what word does it speak when you succeed in hearing all of voices at once?"
**Felizmente, el rostro de Vasudeva sonreía**
Happily, Vasudeva's face was smiling
**se inclinó hacia Siddharta y le dijo al oído el santo Om**
he bent over to Siddhartha and spoke the holy Om into his ear
**Y esto era precisamente lo que Siddharta también había estado oyendo**
And this had been the very thing which Siddhartha had also been hearing

**Una y otra vez, su sonrisa se volvió más parecida a la del barquero**
time after time, his smile became more similar to the ferryman's
**Su sonrisa se volvió casi tan brillante como la del barquero**
his smile became almost just as bright as the ferryman's
**Estaba casi igual de radiante de felicidad**
it was almost just as thoroughly glowing with bliss
**brillando en miles de pequeñas arrugas**
shining out of thousand small wrinkles
**como la sonrisa de un niño**
just like the smile of a child
**como la sonrisa de un anciano**
just like the smile of an old man
**Muchos viajeros, al ver a los dos barqueros, pensaron que eran hermanos**
Many travellers, seeing the two ferrymen, thought they were brothers
**A menudo, se sentaban juntos por la noche junto al banco**
Often, they sat in the evening together by the bank
**No dijeron nada y ambos escucharon el agua**
they said nothing and both listened to the water
**el agua, que no era agua para ellos**

the water, which was not water to them
**No era agua, sino la voz de la vida**
it wasn't water, but the voice of life
**la voz de lo que existe y de lo que está eternamente tomando forma**
the voice of what exists and what is eternally taking shape
**De vez en cuando ocurría que ambos pensaban en lo mismo**
it happened from time to time that both thought of the same thing
**Pensaron en una conversación del día anterior**
they thought of a conversation from the day before
**Pensaron en uno de sus viajeros**
they thought of one of their travellers
**Pensaban en la muerte y en su infancia**
they thought of death and their childhood
**Oyeron que el río les decía lo mismo**
they heard the river tell them the same thing
**Ambos encantados con la misma respuesta a la misma pregunta**
both delighted about the same answer to the same question
**Había algo en los dos barqueros que se transmitía a los demás**
There was something about the two ferrymen which was transmitted to others
**Era algo que muchos de los viajeros sentían**
it was something which many of the travellers felt
**Los viajeros miraban de vez en cuando los rostros de los barqueros**
travellers would occasionally look at the faces of the ferrymen
**Y luego contaron la historia de su vida**
and then they told the story of their life
**Confesaron toda clase de cosas malas**
they confessed all sorts of evil things
**y pidieron consuelo y consejo**
and they asked for comfort and advice
**De vez en cuando alguien pedía permiso para quedarse una noche**

occasionally someone asked for permission to stay for a night
**También querían escuchar el río**
they also wanted to listen to the river
**También sucedió que vinieron curiosos**
It also happened that curious people came
**Les habían dicho que había dos reyes magos**
they had been told that there were two wise men
**o les habían dicho que había dos brujos**
or they had been told there were two sorcerers
**Los curiosos hicieron muchas preguntas**
The curious people asked many questions
**Pero no obtuvieron respuestas a sus preguntas**
but they got no answers to their questions
**No encontraron ni hechiceros ni sabios**
they found neither sorcerers nor wise men
**Sólo encontraron a dos viejecitos simpáticos, que parecían mudos**
they only found two friendly little old men, who seemed to be mute
**Parecían haberse vuelto un poco extraños en el bosque solos**
they seemed to have become a bit strange in the forest by themselves
**Y los curiosos se rieron de lo que habían oído**
And the curious people laughed about what they had heard
**Dijeron que la gente común estaba difundiendo tontamente rumores vacíos**
they said common people were foolishly spreading empty rumours

**Pasaron los años y nadie los contó**
The years passed by, and nobody counted them
**Entonces, en una ocasión, los monjes se acercaron en peregrinación**
Then, at one time, monks came by on a pilgrimage
**eran seguidores de Gotama, el Buda**
they were followers of Gotama, the Buddha
**Pidieron ser transportados al otro lado del río**

they asked to be ferried across the river
**Les dijeron que tenían prisa por volver con su sabio maestro**
they told them they were in a hurry to get back to their wise teacher
**Se había difundido la noticia de que el Exaltado estaba mortalmente enfermo**
news had spread the exalted one was deadly sick
**Pronto moriría su última muerte humana**
he would soon die his last human death
**para llegar a ser uno con la salvación**
in order to become one with the salvation
**No pasó mucho tiempo hasta que llegó un nuevo rebaño de monjes**
It was not long until a new flock of monks came
**También estaban en peregrinación**
they were also on their pilgrimage
**la mayoría de los viajeros no hablaban de otra cosa que de Gotama**
most of the travellers spoke of nothing other than Gotama
**Su muerte inminente era lo único en lo que pensaban**
his impending death was all they thought about
**Si hubiera habido guerra, la misma cantidad viajaría**
if there had been war, just as many would travel
**De la misma manera que muchos vendrían a la coronación de un rey**
just as many would come to the coronation of a king
**Se reunían como hormigas en tropel**
they gathered like ants in droves
**Acudían en tropel, como si fueran atraídos por un hechizo mágico**
they flocked, like being drawn onwards by a magic spell
**fueron a donde el gran Buda esperaba su muerte**
they went to where the great Buddha was awaiting his death
**El perfeccionado de una era iba a convertirse en uno con la gloria**
the perfected one of an era was to become one with the glory
**A menudo, Siddharta pensaba en aquellos días en el sabio**

**moribundo**
Often, Siddhartha thought in those days of the dying wise man
**el gran maestro cuya voz había amonestado a las naciones**
the great teacher whose voice had admonished nations
**el que había despertado a cientos de miles**
the one who had awoken hundreds of thousands
**Un hombre cuya voz también había oído una vez**
a man whose voice he had also once heard
**un maestro cuyo santo rostro también había visto una vez con respeto**
a teacher whose holy face he had also once seen with respect
**Amablemente, pensó en él**
Kindly, he thought of him
**Vio su camino hacia la perfección ante sus ojos**
he saw his path to perfection before his eyes
**Y recordó con una sonrisa aquellas palabras que le había dicho**
and he remembered with a smile those words he had said to him
**cuando era joven y habló al Exaltado**
when he was a young man and spoke to the exalted one
**Habían sido, según le pareció, palabras orgullosas y preciosas**
They had been, so it seemed to him, proud and precious words
**Con una sonrisa, recordó las palabras**
with a smile, he remembered the the words
**sabía que ya no había nada que se interpusiera entre Gotama y él**
he knew that there was nothing standing between Gotama and him any more
**Lo sabía desde hacía mucho tiempo**
he had known this for a long time already
**aunque todavía era incapaz de aceptar sus enseñanzas**
though he was still unable to accept his teachings
**No había forma de enseñar a una persona verdaderamente**

**inquisitiva**
there was no teaching a truly searching person
**alguien que realmente quisiera encontrar, podría aceptar**
someone who truly wanted to find, could accept
**Pero el que había encontrado la respuesta podía aprobar cualquier enseñanza**
But he who had found the answer could approve of any teaching
**Todos los caminos, todas las metas, todos eran iguales**
every path, every goal, they were all the same
**Ya no había nada que se interpusiera entre él y todos los demás miles**
there was nothing standing between him and all the other thousands any more
**los miles que vivieron en ese lo que es eterno**
the thousands who lived in that what is eternal
**los miles que respiraron lo que es divino**
the thousands who breathed what is divine

**En uno de estos días, Kamala también fue a verlo**
On one of these days, Kamala also went to him
**Solía ser la más bella de las cortesanas**
she used to be the most beautiful of the courtesans
**Hacía mucho tiempo, se había retirado de su vida anterior**
A long time ago, she had retired from her previous life
**había regalado su jardín a los monjes de Gotama**
she had given her garden to the monks of Gotama as a gift
**Se había refugiado en las enseñanzas**
she had taken her refuge in the teachings
**Ella era una de las amigas y benefactoras de los peregrinos**
she was among the friends and benefactors of the pilgrims
**estaba junto a Siddharta, el muchacho**
she was together with Siddhartha, the boy
**Siddharta, el niño, era su hijo**
Siddhartha the boy was her son
**había seguido su camino debido a la noticia de la casi muerte de Gotama**

she had gone on her way due to the news of the near death of Gotama
**Vestía ropa sencilla y caminaba**
she was in simple clothes and on foot
**y ella estaba con su hijito**
and she was With her little son
**Viajaba por el río**
she was travelling by the river
**Pero el muchacho no tardó en cansarse**
but the boy had soon grown tired
**Deseaba volver a casa**
he desired to go back home
**Deseaba descansar y comer**
he desired to rest and eat
**Se volvió desobediente y comenzó a lloriquear**
he became disobedient and started whining
**Kamala a menudo tenía que descansar con él**
Kamala often had to take a rest with him
**Estaba acostumbrado a conseguir lo que quería**
he was accustomed to getting what he wanted
**Tenía que alimentarlo y consolarlo**
she had to feed him and comfort him
**Tuvo que regañarlo por su comportamiento**
she had to scold him for his behaviour
**No comprendía por qué tenía que emprender esta agotadora peregrinación**
He did not comprehend why he had to go on this exhausting pilgrimage
**No sabía por qué tenía que ir a un lugar desconocido**
he did not know why he had to go to an unknown place
**Lo que sí sabía era por qué tenía que ver a un santo extraño moribundo**
he did know why he had to see a holy dying stranger
**"¿Y si muere?", se quejó**
"So what if he died?" he complained
**¿Por qué debería preocuparle esto?**
why should this concern him?

**Los peregrinos se acercaban a la barca de Vasudeva**
The pilgrims were getting close to Vasudeva's ferry
**El pequeño Siddharta obligó una vez más a su madre a descansar**
little Siddhartha once again forced his mother to rest
**Kamala también se había cansado**
Kamala had also become tired
**Mientras el niño masticaba un plátano, ella se agachó en el suelo**
while the boy was chewing a banana, she crouched down on the ground
**Cerró un poco los ojos y descansó**
she closed her eyes a bit and rested
**Pero de repente, lanzó un grito de lamento**
But suddenly, she uttered a wailing scream
**El chico la miró con miedo**
the boy looked at her in fear
**Vio que su rostro se había puesto pálido por el horror**
he saw her face had grown pale from horror
**y de debajo de su vestido, una pequeña serpiente negra huyó**
and from under her dress, a small, black snake fled
**una serpiente que había mordido a Kamala**
a snake by which Kamala had been bitten
**Apresuradamente, ambos corrieron por el camino para llegar a la gente**
Hurriedly, they both ran along the path, to reach people
**se acercaron al ferry y Kamala se desplomó**
they got near to the ferry and Kamala collapsed
**No pudo ir más allá**
she was not able to go any further
**El niño comenzó a llorar miserablemente**
the boy started crying miserably
**Sus gritos solo fueron interrumpidos cuando besó a su madre**
his cries were only interrupted when he kissed his mother
**Ella también se unió a sus fuertes gritos de auxilio**

she also joined his loud screams for help
**grito hasta que el sonido llegó a los oídos de Vasudeva**
she screamed until the sound reached Vasudeva's ears
**Vasudeva se acercó rápidamente y tomó a la mujer en sus brazos**
Vasudeva quickly came and took the woman on his arms
**La subió a la barca y el chico corrió**
he carried her into the boat and the boy ran along
**Pronto llegaron a la choza, donde Siddharta estaba de pie junto a la estufa**
soon they reached the hut, where Siddhartha stood by the stove
**solo estaba encendiendo el fuego**
he was just lighting the fire
**Levantó la vista y vio por primera vez la cara del chico**
He looked up and first saw the boy's face
**Le recordaba maravillosamente algo**
it wondrously reminded him of something
**como una advertencia para recordar algo que había olvidado**
like a warning to remember something he had forgotten
**Entonces vio a Kamala, a quien reconoció al instante**
Then he saw Kamala, whom he instantly recognised
**Yacía inconsciente en los brazos del barquero**
she lay unconscious in the ferryman's arms
**Ahora sabía que era su propio hijo**
now he knew that it was his own son
**su hijo, cuyo rostro había sido un recordatorio de advertencia para él**
his son whose face had been such a warning reminder to him
**y el corazón se agitó en su pecho**
and the heart stirred in his chest
**La herida de Kamala estaba lavada, pero ya se había vuelto negra**
Kamala's wound was washed, but had already turned black
**y su cuerpo estaba hinchado**
and her body was swollen
**La obligaron a beber una poción curativa**

she was made to drink a healing potion
**Recuperó el conocimiento y se acostó en la cama de Siddhartha**
Her consciousness returned and she lay on Siddhartha's bed
**Siddharta estaba de pie junto a Kamala, a quien tanto amaba**
Siddhartha stood over Kamala, who he used to love so much
**Le parecía un sueño**
It seemed like a dream to her
**Con una sonrisa, miró el rostro de su amiga**
with a smile, she looked at her friend's face
**Poco a poco se dio cuenta de su situación**
slowly she realized her situation
**Recordó que la habían mordido**
she remembered she had been bitten
**y tímidamente llamó a su hijo**
and she timidly called for her son
**—Está contigo, no te preocupes —dijo Siddhartha—**
"He's with you, don't worry," said Siddhartha
**Kamala lo miró a los ojos**
Kamala looked into his eyes
**Hablaba con una lengua pesada, paralizada por el veneno**
She spoke with a heavy tongue, paralysed by the poison
**—Te has hecho vieja, querida —dijo—**
"You've become old, my dear," she said
**"Te has vuelto gris", agregó**
"you've become gray," she added
**"Pero tú eres como el joven samaná, que vino sin ropa"**
"But you are like the young Samana, who came without clothes"
**"Eres como el samaná que entró en mi jardín con los pies polvorientos"**
"you're like the Samana who came into my garden with dusty feet"
**"Te pareces mucho más a él de lo que eras cuando me dejaste"**
"You are much more like him than you were when you left me"

—A los ojos, eres como él, Siddhartha.
"In the eyes, you're like him, Siddhartha"
"Ay, yo también he envejecido"
"Alas, I have also grown old"
—¿Todavía me reconoces?
"could you still recognise me?"
Siddhartha sonrió: "Al instante, te reconocí, querida Kamala"
Siddhartha smiled, "Instantly, I recognised you, Kamala, my dear"
Kamala señaló a su chico
Kamala pointed to her boy
—¿Lo reconociste también?
"Did you recognise him as well?"
"Es tu hijo", confirmó
"He is your son," she confirmed
Sus ojos se confundieron y se cerraron
Her eyes became confused and fell shut
El muchacho lloró y Siddharta lo tomó de rodillas
The boy wept and Siddhartha took him on his knees
Lo dejó llorar y le acarició el pelo
he let him weep and petted his hair
al ver el rostro del niño, una plegaria de Brahman vino a su mente
at the sight of the child's face, a Brahman prayer came to his mind
una oración que había aprendido hacía mucho tiempo
a prayer which he had learned a long time ago
una época en la que él mismo había sido un niño pequeño
a time when he had been a little boy himself
Lentamente, con voz cantarina, comenzó a hablar
Slowly, with a singing voice, he started to speak
De su pasado y de su infancia, las palabras le llegaban fluyendo
from his past and childhood, the words came flowing to him
Y con esa canción, el niño se calmó
And with that song, the boy became calm
De vez en cuando sollozaba

he was only now and then uttering a sob
**y finalmente se durmió**
and finally he fell asleep
**Siddharta lo colocó en la cama de Vasudeva**
Siddhartha placed him on Vasudeva's bed
**Vasudeva se paró junto a la estufa y cocinó arroz**
Vasudeva stood by the stove and cooked rice
**Siddharta le dirigió una mirada, que él le devolvió con una sonrisa**
Siddhartha gave him a look, which he returned with a smile
**—Morirá —dijo Siddhartha en voz baja—**
"She'll die," Siddhartha said quietly
**Vasudeva supo que era verdad, y asintió**
Vasudeva knew it was true, and nodded
**Sobre su rostro amistoso corría la luz del fuego de la estufa**
over his friendly face ran the light of the stove's fire
**una vez más, Kamala volvió a la consciencia**
once again, Kamala returned to consciousness
**El dolor del veneno distorsionó su rostro**
the pain of the poison distorted her face
**Los ojos de Siddharta leyeron el sufrimiento en su boca**
Siddhartha's eyes read the suffering on her mouth
**Por sus pálidas mejillas pudo ver que estaba sufriendo**
from her pale cheeks he could see that she was suffering
**En silencio, leyó el dolor en sus ojos**
Quietly, he read the pain in her eyes
**Atentamente, esperando, su mente se vuelve una con su sufrimiento**
attentively, waiting, his mind become one with her suffering
**Kamala lo sintió y su mirada buscó sus ojos**
Kamala felt it and her gaze sought his eyes
**Mirándolo, ella habló**
Looking at him, she spoke
**"Ahora veo que tus ojos también han cambiado"**
"Now I see that your eyes have changed as well"
**"Se han vuelto completamente diferentes"**
"They've become completely different"

**¿Qué es lo que todavía reconozco en ti que sea Siddharta?**
"what do I still recognise in you that is Siddhartha?
**"Eres tú, y no eres tú"**
"It's you, and it's not you"
**Siddharta no dijo nada, sus ojos miraron en silencio los de ella**
Siddhartha said nothing, quietly his eyes looked at hers
**"¿Lo has logrado?", preguntó**
"You have achieved it?" she asked
**—¿Has encontrado la paz?**
"You have found peace?"
**Él sonrió y puso su mano sobre la de ella**
He smiled and placed his hand on hers
**"Lo estoy viendo", dijo**
"I'm seeing it" she said
**"Yo también encontraré la paz"**
"I too will find peace"
**—Lo has encontrado —dijo Siddharta en un susurro—**
"You have found it," Siddhartha spoke in a whisper
**Kamala nunca dejó de mirarlo a los ojos**
Kamala never stopped looking into his eyes
**Pensó en su peregrinación a Gotama**
She thought about her pilgrimage to Gotama
**la peregrinación que quería hacer**
the pilgrimage which she wanted to take
**para ver el rostro del Perfecto**
in order to see the face of the perfected one
**para respirar su paz**
in order to breathe his peace
**pero ahora lo había encontrado en otro lugar**
but she had now found it in another place
**Y esto también le pareció bueno**
and this she thought that was good too
**Era tan bueno como si hubiera visto el otro**
it was just as good as if she had seen the other one
**Quería decírselo**
She wanted to tell this to him

**pero su lengua ya no obedecía a su voluntad**
but her tongue no longer obeyed her will
**Sin hablar, ella lo miró**
Without speaking, she looked at him
**Vio que la vida se desvanecía de sus ojos**
he saw the life fading from her eyes
**El dolor final llenó sus ojos y los hizo oscurecerse**
the final pain filled her eyes and made them grow dim
**El escalofrío final recorrió sus extremidades**
the final shiver ran through her limbs
**Le cerró los párpados con el dedo.**
his finger closed her eyelids

**Durante mucho tiempo, se sentó y miró su rostro pacíficamente muerto**
For a long time, he sat and looked at her peacefully dead face
**Durante mucho tiempo, observó su boca**
For a long time, he observed her mouth
**su boca vieja y cansada, con aquellos labios que se habían adelgazado**
her old, tired mouth, with those lips, which had become thin
**Recordó que solía comparar esta boca con un higo recién partido**
he remembered he used to compare this mouth with a freshly cracked fig
**Esto fue en la primavera de sus años**
this was in the spring of his years
**Durante mucho tiempo, se sentó y leyó el rostro pálido**
For a long time, he sat and read the pale face
**Leyó las arrugas cansadas**
he read the tired wrinkles
**Se llenó de este espectáculo**
he filled himself with this sight
**Vio su propio rostro de la misma manera**
he saw his own face in the same manner
**Vio que su rostro estaba igual de blanco**
he saw his face was just as white

**Vio que su rostro estaba igual de apagado**
he saw his face was just as quenched out
**Al mismo tiempo, vio su rostro y el de ella siendo joven**
at the same time he saw his face and hers being young
**sus rostros con labios rojos y ojos ardientes**
their faces with red lips and fiery eyes
**la sensación de que ambos son reales al mismo tiempo**
the feeling of both being real at the same time
**La sensación de eternidad llenó por completo todos los aspectos de su ser**
the feeling of eternity completely filled every aspect of his being
**En esta hora sintió más profundamente de lo que nunca antes había sentido**
in this hour he felt more deeply than than he had ever felt before
**Sentía la indestructibilidad de toda vida**
he felt the indestructibility of every life
**Sentía la eternidad de cada momento**
he felt the eternity of every moment
**Cuando se levantó, Vasudeva le había preparado arroz**
When he rose, Vasudeva had prepared rice for him
**Pero Siddharta no comió esa noche**
But Siddhartha did not eat that night
**En el establo estaba su cabra**
In the stable their goat stood
**Los dos ancianos prepararon camas de paja para ellos**
the two old men prepared beds of straw for themselves
**Vasudeva se acostó a dormir**
Vasudeva laid himself down to sleep
**Pero Siddharta salió y se sentó delante de la cabaña**
But Siddhartha went outside and sat before the hut
**Escuchó el río, rodeado del pasado**
he listened to the river, surrounded by the past
**Fue tocado y rodeado por todos los momentos de su vida al mismo tiempo**
he was touched and encircled by all times of his life at the

same time
**De vez en cuando se levantaba y se acercaba a la puerta de la choza**
occasionally he rose and he stepped to the door of the hut
**Escuchó si el niño estaba durmiendo**
he listened whether the boy was sleeping

**antes de que se viera el sol, Vasudeva salió del establo**
before the sun could be seen, Vasudeva came out of the stable
**Se acercó a su amigo**
he walked over to his friend
**—No has dormido —dijo—**
"You haven't slept," he said
**—No, Vasudeva. Me senté aquí"**
"No, Vasudeva. I sat here"
**"Estaba escuchando el río"**
"I was listening to the river"
**"El río me ha dicho mucho"**
"the river has told me a lot"
**"Me ha llenado profundamente con el pensamiento sanador de la unidad"**
"it has deeply filled me with the healing thought of oneness"
**—Has experimentado el sufrimiento, Siddharta.**
"You've experienced suffering, Siddhartha"
**"pero veo que no ha entrado tristeza en tu corazón"**
"but I see no sadness has entered your heart"
**—No, querida, ¿cómo voy a estar triste?**
"No, my dear, how should I be sad?"
**"Yo, que he sido rico y feliz"**
"I, who have been rich and happy"
**"Ahora me he vuelto aún más rico y feliz"**
"I have become even richer and happier now"
**"Mi hijo me ha sido entregado"**
"My son has been given to me"
**"Tu hijo también será bienvenido para mí"**
"Your son shall be welcome to me as well"
**—Pero ahora, Siddharta, pongámonos manos a la obra.**

"But now, Siddhartha, let's get to work"
**"Hay mucho por hacer"**
"there is much to be done"
**"Kamala ha muerto en la misma cama en la que había muerto mi mujer"**
"Kamala has died on the same bed on which my wife had died"
**"Construyamos la pila funeraria de Kamala en la colina"**
"Let us build Kamala's funeral pile on the hill"
**"la colina en la que está la pila funeraria de mi esposa"**
"the hill on which I my wife's funeral pile is"
**Mientras el niño aún dormía, construyeron la pila funeraria**
While the boy was still asleep, they built the funeral pile

## El Hijo
## The Son

**Tímido y lloroso, el niño había asistido al funeral de su madre**
Timid and weeping, the boy had attended his mother's funeral
**sombrío y tímido, había escuchado a Siddharta**
gloomy and shy, he had listened to Siddhartha
**Siddharta lo saludó como a su hijo**
Siddhartha greeted him as his son
**lo recibió en su casa en la cabaña de Vasudeva**
he welcomed him at his place in Vasudeva's hut
**Pálido, permaneció sentado durante muchos días junto a la colina de los muertos**
Pale, he sat for many days by the hill of the dead
**no quería comer**
he did not want to eat
**No miró a nadie**
he did not look at anyone
**no abrió su corazón**
he did not open his heart
**Enfrentó su destino con resistencia y negación**
he met his fate with resistance and denial
**Siddharta se ahorró darle lecciones**
Siddhartha spared giving him lessons
**y le dejó hacer lo que quisiese**
and he let him do as he pleased
**Siddharta honró el luto de su hijo**
Siddhartha honoured his son's mourning
**Comprendió que su hijo no lo conocía**
he understood that his son did not know him
**Comprendió que no podía amarlo como a un padre**
he understood that he could not love him like a father
**Poco a poco, también comprendió que el niño de once años era un niño mimado**
Slowly, he also understood that the eleven-year-old was a pampered boy

**Vio que era hijo de madre**
he saw that he was a mother's boy
**Vio que había crecido en los hábitos de los ricos**
he saw that he had grown up in the habits of rich people
**Estaba acostumbrado a una comida más fina y a una cama blanda**
he was accustomed to finer food and a soft bed
**Estaba acostumbrado a dar órdenes a los sirvientes**
he was accustomed to giving orders to servants
**El niño afligido no podía contentarse de repente con una vida entre extraños**
the mourning child could not suddenly be content with a life among strangers
**Siddharta comprendió que el niño mimado no estaría voluntariamente en la pobreza**
Siddhartha understood the pampered child would not willingly be in poverty
**Él no lo obligó a hacer estas cosas**
He did not force him to do these these things
**Siddhartha hizo muchas tareas para el niño**
Siddhartha did many chores for the boy
**Siempre guardaba el mejor pedazo de la comida para él**
he always saved the best piece of the meal for him
**Poco a poco, esperaba conquistarlo, con una paciencia amistosa**
Slowly, he hoped to win him over, by friendly patience
**Rico y feliz, se había llamado a sí mismo, cuando el muchacho se acercó a él**
Rich and happy, he had called himself, when the boy had come to him
**Desde entonces había pasado algún tiempo**
Since then some time had passed
**Pero el muchacho seguía siendo un extraño y de carácter sombrío**
but the boy remained a stranger and in a gloomy disposition
**Mostraba un corazón orgulloso y obstinadamente desobediente**

he displayed a proud and stubbornly disobedient heart
**No quería hacer ningún trabajo**
he did not want to do any work
**No presentó sus respetos a los ancianos**
he did not pay his respect to the old men
**robó de los árboles frutales de Vasudeva**
he stole from Vasudeva's fruit-trees
**Su hijo no le había traído felicidad y paz**
his son had not brought him happiness and peace
**El muchacho le había traído sufrimiento y preocupación**
the boy had brought him suffering and worry
**Poco a poco, Siddharta empezó a comprenderlo**
slowly Siddhartha began to understand this
**Pero lo amaba a pesar del sufrimiento que le traía**
But he loved him regardless of the suffering he brought him
**Prefería el sufrimiento y las preocupaciones del amor a la felicidad y la alegría sin el niño**
he preferred the suffering and worries of love over happiness and joy without the boy
**desde que el joven Siddharta estaba en la choza, los ancianos se habían repartido el trabajo**
from when young Siddhartha was in the hut the old men had split the work
**Vasudeva había asumido de nuevo el trabajo de barquero**
Vasudeva had again taken on the job of the ferryman
**y Siddharta, para estar con su hijo, hacía el trabajo en la choza y en el campo**
and Siddhartha, in order to be with his son, did the work in the hut and the field

**Durante largos meses, Siddharta esperó a que su hijo lo comprendiera**
for long months Siddhartha waited for his son to understand him
**Esperó a que aceptara su amor**
he waited for him to accept his love
**Y esperó a que su hijo tal vez correspondiera a su amor**

and he waited for his son to perhaps reciprocate his love
**Durante largos meses, Vasudeva esperó, observando**
For long months Vasudeva waited, watching
**Esperó y no dijo nada**
he waited and said nothing
**Un día, el joven Siddharta atormentó mucho a su padre**
One day, young Siddhartha tormented his father very much
**Había roto sus dos cuencos de arroz**
he had broken both of his rice-bowls
**Vasudeva llevó a su amigo aparte y habló con él**
Vasudeva took his friend aside and talked to him
**—Perdóneme —dijo a Siddharta—**
"Pardon me," he said to Siddhartha
**"Desde un corazón amistoso, te hablo"**
"from a friendly heart, I'm talking to you"
**"Estoy viendo que te estás atormentando a ti mismo"**
"I'm seeing that you are tormenting yourself"
**"Estoy viendo que estás afligido"**
"I'm seeing that you're in grief"
**"Tu hijo, querida, te está preocupando"**
"Your son, my dear, is worrying you"
**"Y también me preocupa a mí"**
"and he is also worrying me"
**"Ese pajarito está acostumbrado a una vida diferente"**
"That young bird is accustomed to a different life"
**"Está acostumbrado a vivir en un nido diferente"**
"he is used to living in a different nest"
**"No ha huido, como tú, de las riquezas y de la ciudad"**
"he has not, like you, run away from riches and the city"
**"no estaba disgustado y harto de la vida en Sansara"**
"he was not disgusted and fed up with the life in Sansara"
**"Tuvo que hacer todas estas cosas en contra de su voluntad"**
"he had to do all these things against his will"
**"Tenía que dejar todo esto atrás"**
"he had to leave all this behind"
**"Le pregunté al río, oh amigo"**
"I asked the river, oh friend"

"Muchas veces le he preguntado al río"
"many times I have asked the river"
**"Pero el río se ríe de todo esto"**
"But the river laughs at all of this"
**"Se ríe de mí y se ríe de ti"**
"it laughs at me and it laughs at you"
**"El río tiembla de risa ante nuestra insensatez"**
"the river is shaking with laughter at our foolishness"
**"El agua quiere unirse al agua como la juventud quiere unirse a la juventud"**
"Water wants to join water as youth wants to join youth"
**"Tu hijo no está en el lugar donde pueda prosperar"**
"your son is not in the place where he can prosper"
**"Tú también deberías preguntarle al río"**
"you too should ask the river"
**"¡Tú también deberías escucharlo!"**
"you too should listen to it!"
**Preocupado, Siddharta miró su rostro amistoso**
Troubled, Siddhartha looked into his friendly face
**Miró las muchas arrugas en las que había una alegría incesante**
he looked at the many wrinkles in which there was incessant cheerfulness
**—¿Cómo podría separarme de él? —dijo en voz baja, avergonzado**
"How could I part with him?" he said quietly, ashamed
**"Dame un poco más de tiempo, querida"**
"Give me some more time, my dear"
**"Mira, estoy luchando por él"**
"See, I'm fighting for him"
**"Estoy tratando de ganarme su corazón"**
"I'm seeking to win his heart"
**"con amor y con paciencia amistosa pretendo capturarlo"**
"with love and with friendly patience I intend to capture it"
**"Un día, el río también le hablará"**
"One day, the river shall also talk to him"
**"A él también se le llama"**

"he also is called upon"
**La sonrisa de Vasudeva floreció con más calidez**
Vasudeva's smile flourished more warmly
**"Oh, sí, a él también se le llama"**
"Oh yes, he too is called upon"
**"Él también es de la vida eterna"**
"he too is of the eternal life"
**"Pero nosotros, tú y yo, ¿sabemos lo que está llamado a hacer?"**
"But do we, you and me, know what he is called upon to do?"
**"Sabemos qué camino tomar y qué acciones realizar"**
"we know what path to take and what actions to perform"
**"Sabemos el dolor que tenemos que soportar"**
"we know what pain we have to endure"
**—¿Pero sabe él estas cosas?**
"but does he know these things?"
**"No es pequeño, su dolor será"**
"Not a small one, his pain will be"
**"Después de todo, su corazón es orgulloso y duro"**
"after all, his heart is proud and hard"
**"La gente así tiene que sufrir y pecar mucho"**
"people like this have to suffer and err a lot"
**"Tienen que hacer mucha injusticia"**
"they have to do much injustice"
**"Y se cargan a sí mismos con mucho pecado"**
"and they have burden themselves with much sin"
**—Dímelo, querida —preguntó a Siddharta—**
"Tell me, my dear," he asked of Siddhartha
**"¿No estás tomando el control de la crianza de tu hijo?"**
"you're not taking control of your son's upbringing?"
**—¿No lo obligas, no lo golpeas ni lo castigas?**
"You don't force him, beat him, or punish him?"
**"No, Vasudeva, yo no hago ninguna de estas cosas"**
"No, Vasudeva, I don't do any of these things"
**"Lo sabía. No lo obligas"**
"I knew it. You don't force him"
**"No le pegas y no le das órdenes"**

"you don't beat him and you don't give him orders"
**"Porque sabes que la suavidad es más fuerte que la dureza"**
"because you know softness is stronger than hard"
**"Sabes que el agua es más fuerte que las rocas"**
"you know water is stronger than rocks"
**"Y sabes que el amor es más fuerte que la fuerza"**
"and you know love is stronger than force"
**"Muy bien, te alabo por esto"**
"Very good, I praise you for this"
—¿Pero no te equivocas de alguna manera?
"But aren't you mistaken in some way?"
—¿No crees que lo estás obligando?
"don't you think that you are forcing him?"
—¿No lo castigas de otra manera?
"don't you perhaps punish him a different way?"
—¿No lo encadenas con tu amor?
"Don't you shackle him with your love?"
**"¿No lo haces sentir inferior todos los días?"**
"Don't you make him feel inferior every day?"
**"¿Tu amabilidad y paciencia no lo hacen aún más difícil para él?"**
"doesn't your kindness and patience make it even harder for him?"
—¿No lo estás obligando a vivir en una choza con dos viejos comedores de plátanos?
"aren't you forcing him to live in a hut with two old banana-eaters?"
**"Ancianos para quienes hasta el arroz es un manjar"**
"old men to whom even rice is a delicacy"
**"Ancianos cuyos pensamientos no pueden ser suyos"**
"old men whose thoughts can't be his"
**"Ancianos cuyos corazones son viejos y tranquilos"**
"old men whose hearts are old and quiet"
**"Ancianos cuyos corazones laten a un ritmo diferente al suyo"**
"old men whose hearts beat in a different pace than his"
**"¿No está obligado y castigado por todo esto?"**

"Isn't he forced and punished by all this?""
**Preocupado, Siddharta miró al suelo**
Troubled, Siddhartha looked to the ground
**En voz baja, preguntó: "¿Qué crees que debo hacer?"**
Quietly, he asked, "What do you think should I do?"
**Vasudeva habló: "Tráiganlo a la ciudad"**
Vasudeva spoke, "Bring him into the city"
**"Llévalo a la casa de su madre"**
"bring him into his mother's house"
**"Todavía habrá sirvientes alrededor, dáselo a ellos"**
"there'll still be servants around, give him to them"
**"Y si no hay sirvientes, llévalo a un maestro"**
"And if there aren't any servants, bring him to a teacher"
**"Pero no lo lleves a un maestro por causa de las enseñanzas"**
"but don't bring him to a teacher for teachings' sake"
**"Llévalo a un maestro para que esté entre los demás niños"**
"bring him to a teacher so that he is among other children"
**"y traerlo al mundo que es suyo"**
"and bring him to the world which is his own"
—**¿Nunca has pensado en esto?**
"have you never thought of this?"
—**Estás viendo dentro de mi corazón —dijo Siddhartha con tristeza—**
"you're seeing into my heart," Siddhartha spoke sadly
**"A menudo, he pensado en esto"**
"Often, I have thought of this"
**"Pero, ¿cómo puedo ponerlo en este mundo?"**
"but how can I put him into this world?"
—**¿No se volverá exuberante?**
"Won't he become exuberant?"
—**¿No se perderá en el placer y el poder?**
"won't he lose himself to pleasure and power?"
—**¿No repetirá todos los errores de su padre?**
"won't he repeat all of his father's mistakes?"
—**¿No se perderá por completo en Sansara?**
"won't he perhaps get entirely lost in Sansara?"
**Brillantemente, la sonrisa del barquero se iluminó**

Brightly, the ferryman's smile lit up
**Tocó suavemente el brazo de Siddhartha**
softly, he touched Siddhartha's arm
—**¡Pregúntale al río, amigo mío!**
"Ask the river about it, my friend!"
"**¡Oye al río reírse de eso!**"
"Hear the river laugh about it!"
"**¿Realmente creerías que has cometido tus actos tontos?**
"Would you actually believe that you had committed your foolish acts?
"**Para evitar que tu hijo también los cometa**"
"in order to spare your son from committing them too"
—**¿Y podrías proteger de alguna manera a tu hijo de Sansara?**
"And could you in any way protect your son from Sansara?"
"**¿Cómo pudiste protegerlo de Sansara?**"
"How could you protect him from Sansara?"
—**¿Por medio de las enseñanzas, la oración, la amonestación?**
"By means of teachings, prayer, admonition?"
—**Querida, ¿has olvidado por completo esa historia?**
"My dear, have you entirely forgotten that story?"
"**La historia que contiene tantas lecciones**"
"the story containing so many lessons"
"**la historia de Siddharta, el hijo de un brahmán**"
"the story about Siddhartha, a Brahman's son"
—**¿La historia que una vez me contaste aquí, en este mismo lugar?**
"the story which you once told me here on this very spot?"
"**¿Quién ha mantenido al Samana Siddhartha a salvo de Sansara?**"
"Who has kept the Samana Siddhartha safe from Sansara?"
"**¿Quién lo ha guardado del pecado, de la avaricia y de la necedad?**"
"who has kept him from sin, greed, and foolishness?"
"**¿Pudo la devoción religiosa de su padre mantenerlo a salvo?**"
"Were his father's religious devotion able to keep him safe?"
"**¿Pudieron las advertencias de su maestro mantenerlo a**

salvo?"
"were his teacher's warnings able to keep him safe?"
—¿Podría su propio conocimiento mantenerlo a salvo?
"could his own knowledge keep him safe?"
– ¿Su propia búsqueda fue capaz de mantenerlo a salvo?
"was his own search able to keep him safe?"
"¿Qué padre ha sido capaz de proteger a su hijo?"
"What father has been able to protect his son?"
"¿Qué padre podría impedir que su hijo viviera su vida por sí mismo?"
"what father could keep his son from living his life for himself?"
"¿Qué profesor ha sido capaz de proteger a su alumno?"
"what teacher has been able to protect his student?"
"¿Qué maestro puede impedir que su alumno se ensucie con la vida?"
"what teacher can stop his student from soiling himself with life?"
"¿Quién podría evitar que se cargara de culpa?"
"who could stop him from burdening himself with guilt?"
"¿Quién podría impedirle beber la bebida amarga para sí mismo?"
"who could stop him from drinking the bitter drink for himself?"
"¿Quién podría impedirle encontrar su camino por sí mismo?"
"who could stop him from finding his path for himself?"
—¿Pensabas que alguien podría salvarse de tomar este camino?
"did you think anybody could be spared from taking this path?"
—¿Pensabas que tal vez tu hijito se salvaría?
"did you think that perhaps your little son would be spared?"
—¿Pensabas que tu amor podía hacer todo eso?
"did you think your love could do all that?"
"¿Pensabas que tu amor podría evitar que sufriera?"
"did you think your love could keep him from suffering"

"**¿Pensabas que tu amor podría protegerlo del dolor y la decepción?**
"did you think your love could protect him from pain and disappointment?
"**Podrías morir diez veces por él**"
"you could die ten times for him"
"**Pero no podías tomar parte en su destino**"
"but you could take no part of his destiny upon yourself"
**Nunca antes Vasudeva había pronunciado tantas palabras**
Never before, Vasudeva had spoken so many words
**Siddharta le dio las gracias amablemente**
Kindly, Siddhartha thanked him
**Entró turbado en la choza**
he went troubled into the hut

**No pudo dormir durante mucho tiempo**
he could not sleep for a long time
**Vasudeva no le había dicho nada que no hubiera pensado y sabido ya**
Vasudeva had told him nothing he had not already thought and known
**Pero este era un conocimiento sobre el que no podía actuar**
But this was a knowledge he could not act upon
**Más fuerte que el conocimiento era su amor por el muchacho**
stronger than knowledge was his love for the boy
**Más fuerte que el conocimiento era su ternura**
stronger than knowledge was his tenderness
**Más fuerte que el conocimiento era su miedo a perderlo**
stronger than knowledge was his fear to lose him
**¿Había perdido alguna vez tanto su corazón por algo?**
had he ever lost his heart so much to something?
**¿Había amado alguna vez a una persona tan ciegamente?**
had he ever loved any person so blindly?
**¿Había sufrido alguna vez por alguien tan infructuosamente?**
had he ever suffered for someone so unsuccessfully?
**¿Había hecho alguna vez tales sacrificios por alguien y, sin**

embargo, había sido tan infeliz?
had he ever made such sacrifices for anyone and yet been so unhappy?
**Siddharta no pudo seguir el consejo de su amigo**
Siddhartha could not heed his friend's advice
**No podía renunciar al muchacho**
he could not give up the boy
**Dejó que el muchacho le diera órdenes**
He let the boy give him orders
**Dejó que lo ignorara**
he let him disregard him
**No dijo nada y esperó**
He said nothing and waited
**Diariamente intentaba la lucha de la amistad**
daily, he attempted the struggle of friendliness
**Inició la guerra silenciosa de la paciencia**
he initiated the silent war of patience
**Vasudeva tampoco dijo nada y esperó**
Vasudeva also said nothing and waited
**Ambos eran maestros de la paciencia**
They were both masters of patience

**una vez la cara del chico le recordaba mucho a Kamala**
one time the boy's face reminded him very much of Kamala
**De repente, Siddhartha tuvo que pensar en algo que Kamala le había dicho una vez**
Siddhartha suddenly had to think of something Kamala had once said
**"No puedes amar", le había dicho ella.**
"You cannot love" she had said to him
**Y él había estado de acuerdo con ella**
and he had agreed with her
**y se había comparado a sí mismo con una estrella**
and he had compared himself with a star
**y había comparado a las personas infantiles con hojas que caen**
and he had compared the childlike people with falling leaves

**pero, sin embargo, también había percibido una acusación en esa línea**
but nevertheless, he had also sensed an accusation in that line
**De hecho, nunca había sido capaz de amar**
Indeed, he had never been able to love
**Nunca había sido capaz de dedicarse por completo a otra persona**
he had never been able to devote himself completely to another person
**Nunca había sido capaz de olvidarse de sí mismo**
he had never been able to to forget himself
**Nunca había sido capaz de cometer actos insensatos por amor a otra persona**
he had never been able to commit foolish acts for the love of another person
**En ese momento parecía separarlo de la gente infantil**
at that time it seemed to set him apart from the childlike people
**Pero desde que su hijo estuvo aquí, Siddhartha también se convirtió en una persona infantil**
But ever since his son was here, Siddhartha also become a childlike person
**estaba sufriendo por el bien de otra persona**
he was suffering for the sake of another person
**estaba amando a otra persona**
he was loving another person
**Se perdió por el amor a otra persona**
he was lost to a love for someone else
**Se había vuelto un tonto a causa del amor**
he had become a fool on account of love
**Ahora él también sentía la más fuerte y extraña de todas las pasiones**
Now he too felt the strongest and strangest of all passions
**Sufrió miserablemente de esta pasión**
he suffered from this passion miserably
**y, sin embargo, estaba en la bienaventuranza**
and he was nevertheless in bliss

**Sin embargo, fue renovado en un aspecto**
he was nevertheless renewed in one respect
**Se enriqueció con esta única cosa**
he was enriched by this one thing
**Percibía muy bien que este amor ciego por su hijo era una pasión**
He sensed very well that this blind love for his son was a passion
**Sabía que era algo muy humano**
he knew that it was something very human
**sabía que era Sansara**
he knew that it was Sansara
**Sabía que era una fuente turbia, aguas oscuras**
he knew that it was a murky source, dark waters
**pero sentía que no era inútil, sino necesario**
but he felt it was not worthless, but necessary
**Provenía de la esencia de su propio ser**
it came from the essence of his own being
**Este placer también tenía que ser expiado**
This pleasure also had to be atoned for
**Este dolor también tuvo que ser soportado**
this pain also had to be endured
**Estos actos insensatos también tuvieron que ser cometidos**
these foolish acts also had to be committed
**A través de todo esto, el hijo le permitió cometer sus actos insensatos**
Through all this, the son let him commit his foolish acts
**Le permitió cortejar su afecto**
he let him court for his affection
**Dejó que se humillara a sí mismo todos los días**
he let him humiliate himself every day
**Se rindió a los estados de ánimo de su hijo**
he gave in to the moods of his son
**Su padre no tenía nada que pudiera haberle encantado**
his father had nothing which could have delighted him
**y no tenía nada que el muchacho temiera**
and he nothing that the boy feared

**Era un buen hombre, este padre**
He was a good man, this father
**Era un hombre bueno, amable y suave**
he was a good, kind, soft man
**Tal vez era un hombre muy devoto**
perhaps he was a very devout man
**Tal vez era un santo, pensó el niño**
perhaps he was a saint, the boy thought
**Pero todos estos atributos no pudieron convencer al muchacho**
but all these attributes could not win the boy over
**Estaba aburrido de este padre, que lo mantenía preso**
He was bored by this father, who kept him imprisoned
**prisionero en esta miserable choza suya**
a prisoner in this miserable hut of his
**Estaba aburrido de que respondiera a cada travesura con una sonrisa**
he was bored of him answering every naughtiness with a smile
**No le gustaba que los insultos fueran respondidos con amabilidad**
he didn't appreciate insults being responded to by friendliness
**No le gustaba la crueldad devuelta con amabilidad**
he didn't like viciousness returned in kindness
**Esto mismo era el odiado truco de este viejo furtivo**
this very thing was the hated trick of this old sneak
**Mucho más le hubiera gustado al muchacho que lo hubiera amenazado**
Much more the boy would have liked it if he had been threatened by him
**Quería ser abusado por él**
he wanted to be abused by him

**Llegó un día en que el joven Siddharta se hartó**
A day came when young Siddhartha had had enough
**Lo que estaba en su mente estalló**
what was on his mind came bursting forth

**y se volvió abiertamente contra su padre**
and he openly turned against his father
**Siddharta le había encomendado una tarea**
Siddhartha had given him a task
**Le había dicho que recogiera maleza**
he had told him to gather brushwood
**Pero el muchacho no salió de la choza**
But the boy did not leave the hut
**Con obstinada desobediencia y rabia, se quedó donde estaba**
in stubborn disobedience and rage, he stayed where he was
**Golpeó el suelo con los pies**
he thumped on the ground with his feet
**Apretó los puños y gritó en un poderoso arrebato**
he clenched his fists and screamed in a powerful outburst
**Gritó su odio y desprecio en la cara de su padre**
he screamed his hatred and contempt into his father's face
**—¡Coge la maleza para ti! —gritó, echando espuma por la boca—**
"Get the brushwood for yourself!" he shouted, foaming at the mouth
**"No soy tu sirviente"**
"I'm not your servant"
**"Sé que no me vas a pegar, no te atreverías"**
"I know that you won't hit me, you wouldn't dare"
**"Sé que constantemente quieres castigarme"**
"I know that you constantly want to punish me"
**"Queréis menospreciarme con vuestra devoción religiosa y vuestra indulgencia"**
"you want to put me down with your religious devotion and your indulgence"
**"Quieres que sea como tú"**
"You want me to become like you"
**"Quieres que sea tan devoto, suave y sabio como tú"**
"you want me to be just as devout, soft, and wise as you"
**"pero no lo haré, solo para hacerte sufrir"**
"but I won't do it, just to make you suffer"
**"Prefiero convertirme en un salteador de caminos que ser tan**

**blando como tú"**
"I would rather become a highway-robber than be as soft as you"
**"Prefiero ser un asesino que ser tan sabio como tú"**
"I would rather be a murderer than be as wise as you"
**"¡Preferiría ir al infierno que llegar a ser como tú!"**
"I would rather go to hell, than to become like you!"
**"Te odio, no eres mi padre**
"I hate you, you're not my father
**"¡Incluso si te has acostado con mi madre diez veces, no eres mi padre!"**
"even if you've slept with my mother ten times, you are not my father!"
**La rabia y el dolor se desbordaron en él**
Rage and grief boiled over in him
**Echó espuma a su padre con cien palabras salvajes y malvadas**
he foamed at his father in a hundred savage and evil words
**Entonces el muchacho huyó hacia el bosque**
Then the boy ran away into the forest
**Era tarde en la noche cuando el niño regresó**
it was late at night when the boy returned
**Pero a la mañana siguiente, había desaparecido**
But the next morning, he had disappeared
**Lo que también había desaparecido era una pequeña canasta**
What had also disappeared was a small basket
**la cesta en la que los barqueros guardaban aquellas monedas de cobre y plata**
the basket in which the ferrymen kept those copper and silver coins
**las monedas que recibían como pasaje**
the coins which they received as a fare
**El barco también había desaparecido**
The boat had also disappeared
**Siddharta vio la barca que yacía en la orilla opuesta**
Siddhartha saw the boat lying by the opposite bank
**Siddharta había estado temblando de dolor**

Siddhartha had been shivering with grief
**Los discursos despotricantes que el muchacho había pronunciado lo conmovieron**
the ranting speeches the boy had made touched him
—Tengo que seguirle —dijo Siddharta—
"I must follow him," said Siddhartha
"Un niño no puede atravesar el bosque solo, perecerá"
"A child can't go through the forest all alone, he'll perish"
"Tenemos que construir una balsa, Vasudeva, para pasar por encima del agua"
"We must build a raft, Vasudeva, to get over the water"
"Construiremos una balsa", dijo Vasudeva
"We will build a raft" said Vasudeva
"Lo construiremos para recuperar nuestro barco"
"we will build it to get our boat back"
"Pero no correrás detrás de tu hijo, amigo mío"
"But you shall not run after your child, my friend"
"Ya no es un niño"
"he is no child any more"
"Sabe cómo moverse"
"he knows how to get around"
"Está buscando el camino a la ciudad"
"He's looking for the path to the city"
"Y tiene razón, no lo olvides"
"and he is right, don't forget that"
"Está haciendo lo que tú mismo no has hecho"
"he's doing what you've failed to do yourself"
"Se está cuidando"
"he's taking care of himself"
"Está tomando su curso por sí mismo"
"he's taking his course for himself"
—¡Ay, Siddharta, te veo sufrir!
"Alas, Siddhartha, I see you suffering"
"Pero estás sufriendo un dolor del que a uno le gustaría reírse"
"but you're suffering a pain at which one would like to laugh"
"Estás sufriendo un dolor del que pronto te reirás"

"you're suffering a pain at which you'll soon laugh yourself"
**Siddharta no contestó a su amigo**
Siddhartha did not answer his friend
**Ya tenía el hacha en sus manos**
He already held the axe in his hands
**y comenzó a hacer una balsa de bambú**
and he began to make a raft of bamboo
**Vasudeva le ayudó a atar las cañas con cuerdas de hierba**
Vasudeva helped him to tie the canes together with ropes of grass
**Cuando cruzaron el río, se desviaron mucho de su curso**
When they crossed the river they drifted far off their course
**Tiraron de la balsa río arriba por la orilla opuesta**
they pulled the raft upriver on the opposite bank
**—¿Por qué te llevaste el hacha? —preguntó Siddharta**
"Why did you take the axe along?" asked Siddhartha
**"Es posible que el remo de nuestro barco se haya perdido"**
"It might have been possible that the oar of our boat got lost"
**Pero Siddharta sabía lo que su amigo estaba pensando**
But Siddhartha knew what his friend was thinking
**Pensó que el chico habría tirado el remo**
He thought, the boy would have thrown away the oar
**con el fin de obtener algún tipo de venganza**
in order to get some kind of revenge
**y para evitar que lo siguieran**
and in order to keep them from following him
**Y, de hecho, no quedaba remo en el bote**
And in fact, there was no oar left in the boat
**Vasudeva señaló el fondo de la barca**
Vasudeva pointed to the bottom of the boat
**Y miró a su amigo con una sonrisa**
and he looked at his friend with a smile
**Sonrió como si quisiera decir algo**
he smiled as if he wanted to say something
**"¿No ves lo que tu hijo está tratando de decirte?"**
"Don't you see what your son is trying to tell you?"
**—¿No ves que no quiere que lo sigan?**

"Don't you see that he doesn't want to be followed?"
**Pero no lo dijo con palabras**
But he did not say this in words
**Empezó a hacer un nuevo remo**
He started making a new oar
**Pero Siddharta se despidió para buscar al fugitivo**
But Siddhartha bid his farewell, to look for the run-away
**Vasudeva no le impidió buscar a su hijo**
Vasudeva did not stop him from looking for his child
**Siddhartha había estado caminando por el bosque durante mucho tiempo**
Siddhartha had been walking through the forest for a long time
**Se le ocurrió la idea de que su búsqueda era inútil**
the thought occurred to him that his search was useless
**O el muchacho estaba muy adelantado y ya había llegado a la ciudad**
Either the boy was far ahead and had already reached the city
**o se ocultaba de él**
or he would conceal himself from him
**Siguió pensando en su hijo**
he continued thinking about his son
**Descubrió que no estaba preocupado por su hijo**
he found that he was not worried for his son
**Sabía en el fondo que no había perecido**
he knew deep inside that he had not perished
**Tampoco corría peligro alguno en el bosque**
nor was he in any danger in the forest
**Sin embargo, corrió sin detenerse**
Nevertheless, he ran without stopping
**No corría para salvarlo**
he was not running to save him
**Corría para satisfacer su deseo**
he was running to satisfy his desire
**Quería verlo una vez más**
he wanted to perhaps see him one more time
**Y corrió hasta las afueras de la ciudad**

And he ran up to just outside of the city
**Cuando, cerca de la ciudad, llegó a un camino ancho**
When, near the city, he reached a wide road
**Se detuvo, a la entrada del hermoso jardín de recreo**
he stopped, by the entrance of the beautiful pleasure-garden
**el jardín que perteneció a Kamala**
the garden which used to belong to Kamala
**el jardín donde la había visto por primera vez**
the garden where he had seen her for the first time
**cuando estaba sentada en su silla de manos**
when she was sitting in her sedan-chair
**El pasado se alzó en su alma**
The past rose up in his soul
**De nuevo, se vio a sí mismo parado allí**
again, he saw himself standing there
**una samaná joven, barbuda y desnuda**
a young, bearded, naked Samana
**su cabello, el cabello estaba lleno de polvo**
his hair hair was full of dust
**Durante mucho tiempo, Siddharta permaneció allí**
For a long time, Siddhartha stood there
**Miró a través de la puerta abierta hacia el jardín**
he looked through the open gate into the garden
**Vio monjes con túnicas amarillas caminando entre los hermosos árboles**
he saw monks in yellow robes walking among the beautiful trees
**Durante mucho tiempo, se quedó allí, reflexionando**
For a long time, he stood there, pondering
**Vio imágenes y escuchó la historia de su vida**
he saw images and listened to the story of his life
**Durante mucho tiempo, se quedó allí mirando a los monjes**
For a long time, he stood there looking at the monks
**vio al joven Siddharta en su lugar**
he saw young Siddhartha in their place
**vio a la joven Kamala caminando entre los altos árboles**
he saw young Kamala walking among the high trees

**Claramente, se vio a sí mismo siendo servido de comida y bebida por Kamala**
Clearly, he saw himself being served food and drink by Kamala
**Se vio a sí mismo recibiendo su primer beso de ella**
he saw himself receiving his first kiss from her
**se vio a sí mismo mirando hacia atrás con orgullo y desdén en su vida como brahmán**
he saw himself looking proudly and disdainfully back on his life as a Brahman
**Se vio a sí mismo comenzando su vida mundana, orgulloso y lleno de deseos**
he saw himself beginning his worldly life, proudly and full of desire
**Vio Kamaswami, los sirvientes, las orgías**
He saw Kamaswami, the servants, the orgies
**Vio a los jugadores con los dados**
he saw the gamblers with the dice
**vio el pájaro cantor de Kamala en la jaula**
he saw Kamala's song-bird in the cage
**Volvió a vivir todo esto**
he lived through all this again
**respiró Sansara y volvió a estar viejo y cansado**
he breathed Sansara and was once again old and tired
**Sintió la repugnancia y el deseo de aniquilarse de nuevo**
he felt the disgust and the wish to annihilate himself again
**y fue sanado de nuevo por el santo Om**
and he was healed again by the holy Om
**Siddharta había permanecido largo rato junto a la puerta**
for a long time Siddhartha had stood by the gate
**Se dio cuenta de que su deseo era insensato**
he realised his desire was foolish
**Se dio cuenta de que era una tontería lo que le había hecho subir a este lugar**
he realized it was foolishness which had made him go up to this place
**Se dio cuenta de que no podía ayudar a su hijo**

he realized he could not help his son
**Y se dio cuenta de que no se le permitía aferrarse a él**
and he realized that he was not allowed to cling to him
**Sintió el amor por el fugitivo profundamente en su corazón**
he felt the love for the run-away deeply in his heart
**El amor por su hijo se sentía como una herida**
the love for his son felt like a wound
**pero esta herida no le había sido dada para volver el cuchillo en ella**
but this wound had not been given to him in order to turn the knife in it
**La herida tenía que convertirse en una flor**
the wound had to become a blossom
**y su herida tenía que brillar**
and his wound had to shine
**El hecho de que esta herida no floreciera ni brillara todavía lo entristecía**
That this wound did not blossom or shine yet made him sad
**En lugar de la meta deseada, había vacío**
Instead of the desired goal, there was emptiness
**El vacío lo había atraído hasta allí, y tristemente se sentó**
emptiness had drawn him here, and sadly he sat down
**Sintió que algo moría en su corazón**
he felt something dying in his heart
**Experimentó el vacío y ya no vio alegría**
he experienced emptiness and saw no joy any more
**No había un objetivo al que aspirar**
there was no goal for which to aim for
**Se sentó absorto en sus pensamientos y esperó**
He sat lost in thought and waited
**Esto lo había aprendido junto al río**
This he had learned by the river
**Esperar, tener paciencia, escuchar atentamente**
waiting, having patience, listening attentively
**Y se sentó y escuchó, en el polvo del camino**
And he sat and listened, in the dust of the road
**Escuchó a su corazón, latiendo cansado y triste**

he listened to his heart, beating tiredly and sadly
**y esperó una voz**
and he waited for a voice
**Pasó muchas horas agazapado, escuchando**
Many an hour he crouched, listening
**Ya no vio imágenes**
he saw no images any more
**Cayó en el vacío y se dejó caer**
he fell into emptiness and let himself fall
**No podía ver ningún camino frente a él**
he could see no path in front of him
**Y cuando sintió que la herida le ardía, pronunció en silencio el Om**
And when he felt the wound burning, he silently spoke the Om
**se llenó de Om**
he filled himself with Om
**Los monjes en el jardín lo vieron**
The monks in the garden saw him
**El polvo se acumulaba en sus canas**
dust was gathering on his gray hair
**Como estuvo agachado durante muchas horas, uno de los monjes colocó dos plátanos frente a él**
since he crouched for many hours, one of monks placed two bananas in front of him
**El anciano no lo vio**
The old man did not see him

**De este estado petrificado, fue despertado por una mano que le tocó el hombro**
From this petrified state, he was awoken by a hand touching his shoulder
**Al instante, reconoció este toque tierno y tímido**
Instantly, he recognised this tender bashful touch
**Vasudeva lo había seguido y esperado**
Vasudeva had followed him and waited
**recobró el sentido y se levantó para saludar a Vasudeva**

he regained his senses and rose to greet Vasudeva
**miró el rostro amistoso de Vasudeva**
he looked into Vasudeva's friendly face
**Miró las pequeñas arrugas**
he looked into the small wrinkles
**Sus arrugas eran como si estuvieran llenas de nada más que su sonrisa**
his wrinkles were as if they were filled with nothing but his smile
**Miró a los ojos felices, y luego sonrió también**
he looked into the happy eyes, and then he smiled too
**Ahora vio los plátanos tirados frente a él**
Now he saw the bananas lying in front of him
**Recogió los plátanos y le dio uno al barquero**
he picked the bananas up and gave one to the ferryman
**Después de comer los plátanos, regresaron silenciosamente al bosque**
After eating the bananas, they silently went back into the forest
**Regresaron a casa en el ferry**
they returned home to the ferry
**Ninguno de los dos habló de lo que había sucedido ese día**
Neither one talked about what had happened that day
**Ninguno de los dos mencionó el nombre del niño**
neither one mentioned the boy's name
**Ninguno de los dos habló de que se había escapado**
neither one spoke about him running away
**Ninguno de los dos habló de la herida**
neither one spoke about the wound
**En la choza, Siddharta se acostó en su cama**
In the hut, Siddhartha lay down on his bed
**Al cabo de un rato Vasudeva se acercó a él**
after a while Vasudeva came to him
**Le ofreció un cuenco de leche de coco**
he offered him a bowl of coconut-milk
**pero ya estaba dormido**
but he was already asleep

## Om

**Durante mucho tiempo la herida siguió ardiendo**
For a long time the wound continued to burn
**Siddhartha tuvo que transportar a muchos viajeros a través del río**
Siddhartha had to ferry many travellers across the river
**Muchos de los viajeros iban acompañados por un hijo o una hija**
many of the travellers were accompanied by a son or a daughter
**y no vio a ninguno de ellos sin envidiarlos**
and he saw none of them without envying them
**No podía verlos sin pensar en su hijo perdido**
he couldn't see them without thinking about his lost son
**"Tantos miles poseen la más dulce de las buenas fortunas"**
"So many thousands possess the sweetest of good fortunes"
**"¿Por qué no poseo yo también esta buena fortuna?"**
"why don't I also possess this good fortune?"
**"Hasta los ladrones y salteadores tienen hijos y los aman"**
"even thieves and robbers have children and love them"
**"Y están siendo amados por sus hijos"**
"and they are being loved by their children"
**"Todos son amados por sus hijos menos yo"**
"all are loved by their children except for me"
**Ahora pensaba como la gente infantil, sin razón**
he now thought like the childlike people, without reason
**Se había convertido en una de las personas infantiles**
he had become one of the childlike people
**Veía a la gente de manera diferente a como lo hacía antes**
he looked upon people differently than before
**Era menos inteligente y menos orgulloso de sí mismo**
he was less smart and less proud of himself
**pero en cambio, era más cálido y curioso**
but instead, he was warmer and more curious
**Cuando transportaba viajeros, estaba más involucrado que antes**

when he ferried travellers, he was more involved than before
**Gente infantil, hombres de negocios, guerreros, mujeres**
childlike people, businessmen, warriors, women
**Estas personas no le parecían ajenas, como solían hacerlo**
these people did not seem alien to him, as they used to
**Los comprendió y compartió su vida**
he understood them and shared their life
**una vida que no fue guiada por pensamientos y perspicacia**
a life which was not guided by thoughts and insight
**sino una vida guiada únicamente por impulsos y deseos**
but a life guided solely by urges and wishes
**Se sentía como la gente infantil**
he felt like the the childlike people
**Llevaba su última herida**
he was bearing his final wound
**Se acercaba a la perfección**
he was nearing perfection
**pero la gente infantil todavía parecía sus hermanos**
but the childlike people still seemed like his brothers
**Sus vanidades, sus deseos de posesión ya no le resultaban ridículos**
their vanities, desires for possession were no longer ridiculous to him
**Se volvieron comprensibles y adorables**
they became understandable and lovable
**incluso llegaron a ser dignos de veneración para él**
they even became worthy of veneration to him
**El amor ciego de una madre por su hijo**
The blind love of a mother for her child
**el orgullo estúpido y ciego de un padre engreído por su único hijo**
the stupid, blind pride of a conceited father for his only son
**el deseo ciego y salvaje de una mujer joven y vanidosa por las joyas**
the blind, wild desire of a young, vain woman for jewellery
**su deseo de miradas de admiración de los hombres**
her wish for admiring glances from men

**Todos estos simples impulsos no eran nociones infantiles**
all of these simple urges were not childish notions
**pero eran impulsos inmensamente fuertes, vivos y prevalecientes**
but they were immensely strong, living, and prevailing urges
**Vio a la gente vivir por el bien de sus impulsos**
he saw people living for the sake of their urges
**Vio a personas que lograban cosas raras para sus impulsos**
he saw people achieving rare things for their urges
**viajar, hacer guerras, sufrir**
travelling, conducting wars, suffering
**Soportaron una cantidad infinita de sufrimiento**
they bore an infinite amount of suffering
**Y podía amarlos por ello, porque veía la vida**
and he could love them for it, because he saw life
**que lo vivo estaba en cada una de sus pasiones**
that what is alive was in each of their passions
**que lo que es indestructible estaba en sus impulsos, el Brahman**
that what is is indestructible was in their urges, the Brahman
**Estas personas eran dignas de amor y admiración**
these people were worthy of love and admiration
**Lo merecían por su lealtad ciega y su fuerza ciega**
they deserved it for their blind loyalty and blind strength
**No había nada que les faltara**
there was nothing that they lacked
**Siddharta no tenía nada que lo pusiera por encima de los demás, excepto una cosa**
Siddhartha had nothing which would put him above the rest, except one thing
**Todavía había una cosita que él tenía y que ellos no tenían**
there still was a small thing he had which they didn't
**Tenía el pensamiento consciente de la unidad de toda la vida**
he had the conscious thought of the oneness of all life
**pero Siddharta dudaba incluso de que este conocimiento debiera ser tan apreciado**
but Siddhartha even doubted whether this knowledge should

be valued so highly
**También puede ser una idea infantil de la gente pensante**
it might also be a childish idea of the thinking people
**La gente mundana era de igual rango que los sabios**
the worldly people were of equal rank to the wise men
**Los animales también pueden parecer en algunos momentos superiores a los humanos**
animals too can in some moments seem to be superior to humans
**Son superiores en su ejecución dura e implacable de lo que es necesario**
they are superior in their tough, unrelenting performance of what is necessary
**una idea floreció lentamente en Siddhartha**
an idea slowly blossomed in Siddhartha
**y la idea maduró lentamente en él**
and the idea slowly ripened in him
**Empezó a ver lo que realmente era la sabiduría**
he began to see what wisdom actually was
**Vio cuál era el objetivo de su larga búsqueda**
he saw what the goal of his long search was
**Su búsqueda no era más que una disposición del alma**
his search was nothing but a readiness of the soul
**Un arte secreto para pensar en cada momento, mientras vive su vida**
a secret art to think every moment, while living his life
**Era el pensamiento de la unidad**
it was the thought of oneness
**para poder sentir e inhalar la unidad**
to be able to feel and inhale the oneness
**Poco a poco, esta conciencia floreció en él**
Slowly this awareness blossomed in him
**le devolvía el brillo desde el viejo e infantil rostro de Vasudeva**
it was shining back at him from Vasudeva's old, childlike face
**armonía y conocimiento de la perfección eterna del mundo**
harmony and knowledge of the eternal perfection of the world

**sonreír y ser parte de la unidad**
smiling and to be part of the oneness
**Pero la herida seguía ardiendo**
But the wound still burned
**Siddharta pensó con nostalgia y amargura en su hijo**
longingly and bitterly Siddhartha thought of his son
**Alimentó su amor y ternura en su corazón**
he nurtured his love and tenderness in his heart
**Dejó que el dolor lo carcomiera**
he allowed the pain to gnaw at him
**Cometió todos los actos insensatos de amor**
he committed all foolish acts of love
**Esta llama no se apagaría por sí sola**
this flame would not go out by itself

**Un día la herida ardía violentamente**
one day the wound burned violently
**Impulsado por un anhelo, Siddhartha cruzó el río**
driven by a yearning, Siddhartha crossed the river
**Se bajó del barco y estaba dispuesto a ir a la ciudad**
he got off the boat and was willing to go to the city
**Quería volver a buscar a su hijo**
he wanted to look for his son again
**El río fluía suave y silenciosamente**
The river flowed softly and quietly
**Era la estación seca, pero su voz sonaba extraña**
it was the dry season, but its voice sounded strange
**Era evidente que el río se reía**
it was clear to hear that the river laughed
**Se rió alegre y claramente del viejo barquero**
it laughed brightly and clearly at the old ferryman
**Se inclinó sobre el agua, para oír aún mejor**
he bent over the water, in order to hear even better
**y vio su rostro reflejado en las tranquilas aguas que se movían**
and he saw his face reflected in the quietly moving waters
**En este rostro reflejado había algo**

in this reflected face there was something
**algo que le recordaba, pero que había olvidado**
something which reminded him, but he had forgotten
**Mientras pensaba en ello, lo encontró**
as he thought about it, he found it
**Este rostro se parecía a otro rostro que solía conocer y amar**
this face resembled another face which he used to know and love
**Pero también solía temer a esta cara**
but he also used to fear this face
**Se parecía a la cara de su padre, el Brahman**
It resembled his father's face, the Brahman
**Recordó cómo había obligado a su padre a dejarlo ir**
he remembered how he had forced his father to let him go
**Recordó cómo se había despedido de él**
he remembered how he had bid his farewell to him
**Recordó cómo se había ido y nunca había regresado**
he remembered how he had gone and had never come back
**¿Acaso su padre no había sufrido también el mismo dolor por él?**
Had his father not also suffered the same pain for him?
**¿No era el dolor de su padre el dolor que Siddharta sufre ahora?**
was his father's pain not the pain Siddhartha is suffering now?
**¿Acaso no había muerto su padre hacía mucho tiempo?**
Had his father not long since died?
**¿Había muerto sin haber vuelto a ver a su hijo?**
had he died without having seen his son again?
**¿No tenía que esperar el mismo destino para sí mismo?**
Did he not have to expect the same fate for himself?
**¿No era una comedia en un círculo fatídico?**
Was it not a comedy in a fateful circle?
**El río se rió de todo esto**
The river laughed about all of this
**Volvió todo lo que no se había sufrido**
everything came back which had not been suffered
**Volvió todo lo que no se había resuelto**

everything came back which had not been solved
**El mismo dolor se sufría una y otra vez**
the same pain was suffered over and over again
**Siddharta volvió a subir a la barca**
Siddhartha went back into the boat
**Y volvió a la choza**
and he returned back to the hut
**Pensaba en su padre y en su hijo**
he was thinking of his father and of his son
**Pensó que el río se había reído de él**
he thought of having been laughed at by the river
**Estaba en desacuerdo consigo mismo y tendía a la desesperación**
he was at odds with himself and tending towards despair
**pero también sintió la tentación de reírse**
but he was also tempted to laugh
**Podía reírse de sí mismo y del mundo entero**
he could laugh at himself and the entire world
**Por desgracia, la herida aún no estaba floreciendo**
Alas, the wound was not blossoming yet
**Su corazón seguía luchando contra su destino**
his heart was still fighting his fate
**La alegría y la victoria aún no brillaban por su sufrimiento**
cheerfulness and victory were not yet shining from his suffering
**Sin embargo, sintió esperanza junto con la desesperación**
Nevertheless, he felt hope along with the despair
**una vez que regresó a la cabaña, sintió un deseo invencible de abrirse a Vasudeva**
once he returned to the hut he felt an undefeatable desire to open up to Vasudeva
**Quería mostrarle todo**
he wanted to show him everything
**Quería decírselo todo al maestro de la escucha**
he wanted to say everything to the master of listening

**Vasudeva estaba sentada en la choza, tejiendo una cesta**
Vasudeva was sitting in the hut, weaving a basket
**Ya no usaba el transbordador**
He no longer used the ferry-boat
**Sus ojos empezaban a debilitarse**
his eyes were starting to get weak
**Sus brazos y manos también se estaban debilitando**
his arms and hands were getting weak as well
**sólo la alegría y la alegre benevolencia de su rostro eran inmutables**
only the joy and cheerful benevolence of his face was unchanging
**Siddharta se sentó al lado del anciano**
Siddhartha sat down next to the old man
**Poco a poco, empezó a hablar de lo que nunca habían hablado**
slowly, he started talking about what they had never spoke about
**Le contó de su paseo a la ciudad**
he told him of his walk to the city
**Le habló de la herida ardiente**
he told at him of the burning wound
**Le habló de la envidia de ver padres felices**
he told him about the envy of seeing happy fathers
**su conocimiento de la insensatez de tales deseos**
his knowledge of the foolishness of such wishes
**su inútil lucha contra sus deseos**
his futile fight against his wishes
**Era capaz de decirlo todo, incluso las partes más vergonzosas**
he was able to say everything, even the most embarrassing parts
**Le dijo todo lo que pudo decirle**
he told him everything he could tell him
**Le mostró todo lo que podía mostrarle**
he showed him everything he could show him
**Le presentó su herida**
He presented his wound to him

**También le contó cómo había huido hoy**
he also told him how he had fled today
**Le contó cómo cruzaba el agua en transporte**
he told him how he ferried across the water
**un fugitivo infantil, dispuesto a caminar hasta la ciudad**
a childish run-away, willing to walk to the city
**y le contó cómo se había reído el río**
and he told him how the river had laughed
**Habló largo rato**
he spoke for a long time
**Vasudeva escuchaba con cara tranquila**
Vasudeva was listening with a quiet face
**La escucha de Vasudeva le dio a Siddhartha una sensación más fuerte que nunca**
Vasudeva's listening gave Siddhartha a stronger sensation than ever before
**Sintió cómo su dolor y sus miedos fluían hacia él**
he sensed how his pain and fears flowed over to him
**Sintió cómo su secreta esperanza fluía sobre él**
he sensed how his secret hope flowed over him
**Mostrar su herida a este oyente era lo mismo que bañarla en el río**
To show his wound to this listener was the same as bathing it in the river
**el río habría enfriado la herida de Siddhartha**
the river would have cooled Siddhartha's wound
**la escucha silenciosa enfrió la herida de Siddharta**
the quiet listening cooled Siddhartha's wound
**Lo refrescó hasta que se hizo uno con el río**
it cooled him until he become one with the river
**Mientras él todavía hablaba, todavía admitía y confesaba**
While he was still speaking, still admitting and confessing
**Siddharta sentía cada vez más que aquello ya no era Vasudeva**
Siddhartha felt more and more that this was no longer Vasudeva
**Ya no era un ser humano el que lo escuchaba**

it was no longer a human being who was listening to him
**Este oyente inmóvil estaba absorbiendo su confesión en sí mismo**
this motionless listener was absorbing his confession into himself
**Este oyente inmóvil era como un árbol, la lluvia**
this motionless listener was like a tree the rain
**Este hombre inmóvil era el río mismo**
this motionless man was the river itself
**este hombre inmóvil era Dios mismo**
this motionless man was God himself
**El hombre inmóvil era el Eterno mismo**
the motionless man was the eternal itself
**Siddharta dejó de pensar en sí mismo y en su herida**
Siddhartha stopped thinking of himself and his wound
**esta comprensión del carácter cambiado de Vasudeva se apoderó de él**
this realisation of Vasudeva's changed character took possession of him
**y cuanto más entraba en ella, menos maravillosa se volvía**
and the more he entered into it, the less wondrous it became
**más se daba cuenta de que todo estaba en orden y era natural**
the more he realised that everything was in order and natural
**se dio cuenta de que Vasudeva ya había estado así durante mucho tiempo**
he realised that Vasudeva had already been like this for a long time
**Lo que pasa es que todavía no lo había reconocido del todo**
he had just not quite recognised it yet
**Sí, él mismo casi había llegado al mismo estado**
yes, he himself had almost reached the same state
**Sintió que ahora estaba viendo al viejo Vasudeva como la gente ve a los dioses**
He felt, that he was now seeing old Vasudeva as the people see the gods
**Y sentía que esto no podía durar**
and he felt that this could not last

**en su corazón, comenzó a despedirse de Vasudeva**
in his heart, he started bidding his farewell to Vasudeva
**A lo largo de todo esto, hablaba incesantemente**
Throughout all this, he talked incessantly
**Cuando terminó de hablar, Vasudeva volvió sus ojos amistosos hacia él**
When he had finished talking, Vasudeva turned his friendly eyes at him
**los ojos que se habían debilitado un poco**
the eyes which had grown slightly weak
**No dijo nada, pero dejó que su amor silencioso y su alegría brillaran**
he said nothing, but let his silent love and cheerfulness shine
**Su entendimiento y conocimiento brillaban en él**
his understanding and knowledge shone from him
**Tomó la mano de Siddharta y lo condujo hasta el asiento junto al banco**
He took Siddhartha's hand and led him to the seat by the bank
**Se sentó con él y sonrió al río**
he sat down with him and smiled at the river
**—Lo has oído reír —dijo—**
"You've heard it laugh," he said
**"Pero no lo has escuchado todo"**
"But you haven't heard everything"
**"Escuchemos, escucharás más"**
"Let's listen, you'll hear more"
**Suavemente sonaba el río, cantando a muchas voces**
Softly sounded the river, singing in many voices
**Siddharta miró dentro del agua**
Siddhartha looked into the water
**Las imágenes se le aparecieron en el agua en movimiento**
images appeared to him in the moving water
**Su padre apareció, solo y llorando a su hijo**
his father appeared, lonely and mourning for his son
**Él mismo apareció en el agua en movimiento**
he himself appeared in the moving water
**También estaba atado con la esclavitud de la añoranza de su**

**hijo lejano**
he was also being tied with the bondage of yearning to his distant son
**Su hijo apareció, solitario también**
his son appeared, lonely as well
**El muchacho, corriendo con avidez por el ardiente curso de sus jóvenes deseos**
the boy, greedily rushing along the burning course of his young wishes
**Cada uno se dirigía a su objetivo**
each one was heading for his goal
**Cada uno estaba obsesionado por la meta**
each one was obsessed by the goal
**cada uno sufría por la persecución**
each one was suffering from the pursuit
**El río cantaba con voz de sufrimiento**
The river sang with a voice of suffering
**Con anhelo cantó y fluyó hacia su meta**
longingly it sang and flowed towards its goal
**—¿Oyes? —preguntó Vasudeva con una mirada muda**
"Do you hear?" Vasudeva asked with a mute gaze
**Siddhartha asintió en respuesta**
Siddhartha nodded in reply
**"¡Escucha mejor!" —susurró Vasudeva—**
"Listen better!" Vasudeva whispered
**Siddharta se esforzó por escuchar mejor**
Siddhartha made an effort to listen better
**Apareció la imagen de su padre**
The image of his father appeared
**Su propia imagen se fusionó con la de su padre**
his own image merged with his father's
**La imagen de su hijo se fusionó con su imagen**
the image of his son merged with his image
**La imagen de Kamala también apareció y se dispersó**
Kamala's image also appeared and was dispersed
**y la imagen de Govinda, y otras imágenes**
and the image of Govinda, and other images

**y todas las imágenes se fusionaron entre sí**
and all the imaged merged with each other
**todas las imágenes se convirtieron en el río**
all the imaged turned into the river
**Siendo el río, todos se dirigieron a la meta**
being the river, they all headed for the goal
**El anhelo, el deseo, el sufrimiento fluían juntos**
longing, desiring, suffering flowed together
**y la voz del río sonaba llena de anhelo**
and the river's voice sounded full of yearning
**La voz del río estaba llena de ardiente aflicción**
the river's voice was full of burning woe
**La voz del río estaba llena de un deseo insatisfecho**
the river's voice was full of unsatisfiable desire
**Hacia la portería, el río se dirigía**
For the goal, the river was heading
**Siddharta vio que el río se precipitaba hacia su meta**
Siddhartha saw the river hurrying towards its goal
**el río de él y de sus seres queridos y de todas las personas que había visto en su vida**
the river of him and his loved ones and of all people he had ever seen
**Todas estas olas y aguas se apresuraban**
all of these waves and waters were hurrying
**Todos sufrían por muchos objetivos**
they were all suffering towards many goals
**la cascada, el lago, los rápidos, el mar**
the waterfall, the lake, the rapids, the sea
**y todos los objetivos se alcanzaron**
and all goals were reached
**y a cada gol le seguía uno nuevo**
and every goal was followed by a new one
**y el agua se convirtió en vapor y se elevó hacia el cielo**
and the water turned into vapour and rose to the sky
**El agua se convirtió en lluvia y cayó del cielo**
the water turned into rain and poured down from the sky
**el agua convertida en fuente**

the water turned into a source
**Entonces la fuente se convirtió en un arroyo**
then the source turned into a stream
**el arroyo se convirtió en un río**
the stream turned into a river
**y el río volvió a avanzar**
and the river headed forwards again
**Pero la voz anhelante había cambiado**
But the longing voice had changed
**Todavía resonaba, lleno de sufrimiento, buscando**
It still resounded, full of suffering, searching
**pero otras voces se unieron al río**
but other voices joined the river
**Hubo voces de alegría y de sufrimiento**
there were voices of joy and of suffering
**Voces buenas y malas, risueñas y tristes**
good and bad voices, laughing and sad ones
**cien voces, mil voces**
a hundred voices, a thousand voices
**Siddharta escuchó todas estas voces**
Siddhartha listened to all these voices
**Ahora no era más que un oyente**
He was now nothing but a listener
**Estaba completamente concentrado en escuchar**
he was completely concentrated on listening
**Ahora estaba completamente vacío**
he was completely empty now
**Sintió que ya había terminado de aprender a escuchar**
he felt that he had now finished learning to listen
**A menudo, antes, había oído todo esto**
Often before, he had heard all this
**Había oído muchas voces en el río**
he had heard these many voices in the river
**Hoy las voces en el río sonaban nuevas**
today the voices in the river sounded new
**Ya no podía distinguir las muchas voces**
Already, he could no longer tell the many voices apart

**No había diferencia entre las voces alegres y las llorosas**
there was no difference between the happy voices and the weeping ones
**Las voces de los niños y las voces de los hombres eran una sola**
the voices of children and the voices of men were one
**Todas estas voces pertenecían juntas**
all these voices belonged together
**el lamento del anhelo y la risa del sabio**
the lamentation of yearning and the laughter of the knowledgeable one
**el grito de rabia y el gemido de los moribundos**
the scream of rage and the moaning of the dying ones
**Todo era uno y todo estaba entrelazado**
everything was one and everything was intertwined
**Todo estaba conectado y enredado mil veces**
everything was connected and entangled a thousand times
**Todo junto, todas las voces, todos los objetivos**
everything together, all voices, all goals
**todo anhelo, todo sufrimiento, todo placer**
all yearning, all suffering, all pleasure
**todo lo que era bueno y malo**
all that was good and evil
**Todo esto junto era el mundo**
all of this together was the world
**Todo ello junto fue el flujo de los acontecimientos**
All of it together was the flow of events
**todo era la música de la vida**
all of it was the music of life
**cuando Siddharta escuchaba atentamente este río**
when Siddhartha was listening attentively to this river
**El canto de las mil voces**
the song of a thousand voices
**cuando no escuchaba ni el sufrimiento ni la risa**
when he neither listened to the suffering nor the laughter
**cuando no ataba su alma a ninguna voz en particular**
when he did not tie his soul to any particular voice

**cuando se sumergió en el río**
when he submerged his self into the river
**pero cuando las oyó todas, percibió el todo, la unidad**
but when he heard them all he perceived the whole, the oneness
**Entonces el gran canto de las mil voces consistía en una sola palabra**
then the great song of the thousand voices consisted of a single word
**esta palabra era Om; La perfección**
this word was Om; the perfection

**"¿Oyes?" preguntó de nuevo la mirada de Vasudeva**
"Do you hear" Vasudeva's gaze asked again
**Brillantemente, la sonrisa de Vasudeva brillaba**
Brightly, Vasudeva's smile was shining
**Flotaba radiante sobre todas las arrugas de su viejo rostro**
it was floating radiantly over all the wrinkles of his old face
**de la misma manera que el Om flotaba en el aire sobre todas las voces del río**
the same way the Om was floating in the air over all the voices of the river
**Su sonrisa brillaba intensamente cuando miró a su amigo**
Brightly his smile was shining, when he looked at his friend
**y la misma sonrisa empezaba a brillar en el rostro de Siddharta**
and brightly the same smile was now starting to shine on Siddhartha's face
**Su herida había florecido y su sufrimiento brillaba**
His wound had blossomed and his suffering was shining
**Su yo había volado hacia la unidad**
his self had flown into the oneness
**En ese momento, Siddharta dejó de luchar contra su destino**
In this hour, Siddhartha stopped fighting his fate
**Al mismo tiempo, dejó de sufrir**
at the same time he stopped suffering
**En su rostro florecía la alegría de un conocimiento**

On his face flourished the cheerfulness of a knowledge
**un conocimiento al que ya no se oponía ninguna voluntad**
a knowledge which was no longer opposed by any will
**Un conocimiento que conoce la perfección**
a knowledge which knows perfection
**un conocimiento que está de acuerdo con el flujo de los acontecimientos**
a knowledge which is in agreement with the flow of events
**un conocimiento que está con la corriente de la vida**
a knowledge which is with the current of life
**lleno de simpatía por el dolor ajeno**
full of sympathy for the pain of others
**lleno de simpatía por el placer de los demás**
full of sympathy for the pleasure of others
**dedicado al flujo, perteneciendo a la unidad**
devoted to the flow, belonging to the oneness
**Vasudeva se levantó del asiento junto al banco**
Vasudeva rose from the seat by the bank
**miró a Siddharta a los ojos**
he looked into Siddhartha's eyes
**y vio la alegría del conocimiento brillando en sus ojos**
and he saw the cheerfulness of the knowledge shining in his eyes
**Suavemente se tocó el hombro con la mano**
he softly touched his shoulder with his hand
**"He estado esperando esta hora, querida"**
"I've been waiting for this hour, my dear"
**"Ahora que ha llegado, déjame irte"**
"Now that it has come, let me leave"
**"Llevo mucho tiempo esperando esta hora"**
"For a long time, I've been waiting for this hour"
**"Durante mucho tiempo, he sido Vasudeva el barquero"**
"for a long time, I've been Vasudeva the ferryman"
**"Ya es suficiente. Adiós"**
"Now it's enough. Farewell"
**—¡Adiós río, adiós Siddharta!**
"farewell river, farewell Siddhartha!"

**Siddharta hizo una profunda reverencia ante el que se despidió**
Siddhartha made a deep bow before him who bid his farewell
—Lo he sabido —dijo en voz baja—
"I've known it," he said quietly
—¿Irás a los bosques?
"You'll go into the forests?"
**"Me voy a los bosques"**
"I'm going into the forests"
**"Voy a entrar en la unidad", dijo Vasudeva con una sonrisa brillante**
"I'm going into the oneness" spoke Vasudeva with a bright smile
**Con una sonrisa brillante, se fue**
With a bright smile, he left
**Siddharta lo vio marcharse**
Siddhartha watched him leaving
**Con profunda alegría, con profunda solemnidad, lo vio partir**
With deep joy, with deep solemnity he watched him leave
**Vio que sus pasos estaban llenos de paz**
he saw his steps were full of peace
**Vio que su cabeza estaba llena de brillo**
he saw his head was full of lustre
**Vio que su cuerpo estaba lleno de luz**
he saw his body was full of light

## Govinda

**Govinda había estado con los monjes durante mucho tiempo**
Govinda had been with the monks for a long time
**Cuando no estaba en peregrinaciones, pasaba su tiempo en el jardín de recreo**
when not on pilgrimages, he spent his time in the pleasure-garden
**el jardín que la cortesana Kamala había regalado a los seguidores de Gotama**
the garden which the courtesan Kamala had given the followers of Gotama
**Oyó hablar de un viejo barquero que vivía a un día de viaje**
he heard talk of an old ferryman, who lived a day's journey away
**Escuchó que muchos lo consideraban un hombre sabio**
he heard many regarded him as a wise man
**Cuando Govinda regresó, eligió el camino hacia el ferry**
When Govinda went back, he chose the path to the ferry
**Estaba ansioso por ver al barquero**
he was eager to see the ferryman
**Había vivido toda su vida según las reglas**
he had lived his entire life by the rules
**Era mirado con veneración por los monjes más jóvenes**
he was looked upon with veneration by the younger monks
**respetaban su edad y su modestia**
they respected his age and modesty
**pero su inquietud no había desaparecido de su corazón**
but his restlessness had not perished from his heart
**Buscaba lo que no había encontrado**
he was searching for what he had not found
**Se acercó al río y le pidió al anciano que lo llevara**
He came to the river and asked the old man to ferry him over
**Cuando bajaron del barco por el otro lado, habló con el anciano**
when they got off the boat on the other side, he spoke with the old man

"Eres muy bueno con nosotros, monjes y peregrinos"
"You're very good to us monks and pilgrims"
"Nos has llevado a muchos de nosotros al otro lado del río"
"you have ferried many of us across the river"
—¿No eres tú también, barquero, un buscador del camino correcto?
"Aren't you too, ferryman, a searcher for the right path?"
Sonriendo con sus viejos ojos, Siddharta habló
smiling from his old eyes, Siddhartha spoke
"Oh venerable, ¿te llamas a ti mismo un buscador?"
"oh venerable one, do you call yourself a searcher?"
—¿Sigues buscando, aunque ya tienes años?
"are you still a searcher, although already well in years?"
"¿Buscas mientras llevas la túnica de los monjes de Gotama?"
"do you search while wearing the robe of Gotama's monks?"
—Es verdad, soy viejo —dijo Govinda—
"It's true, I'm old," spoke Govinda
"pero no he dejado de buscar"
"but I haven't stopped searching"
"Nunca dejaré de buscar"
"I will never stop searching"
"Este parece ser mi destino"
"this seems to be my destiny"
"Tú también, según me parece, has estado buscando"
"You too, so it seems to me, have been searching"
—¿Quiere decirme algo, oh honorable?
"Would you like to tell me something, oh honourable one?"
—¿Qué podría decirte, oh venerable?
"What might I have that I could tell you, oh venerable one?"
—¿Quizás podría decirte que estás buscando demasiado?
"Perhaps I could tell you that you're searching far too much?"
—¿Podría decirte que no sacas tiempo para encontrar?
"Could I tell you that you don't make time for finding?"
"¿Cómo es eso?", preguntó Govinda
"How come?" asked Govinda

**"Cuando alguien está buscando, es posible que solo vea lo que busca"**
"When someone is searching they might only see what they search for"
**"Es posible que no pueda dejar que nada más entre en su mente"**
"he might not be able to let anything else enter his mind"
**"No ve lo que no busca"**
"he doesn't see what he is not searching for"
**"porque siempre piensa en nada más que en el objeto de su búsqueda"**
"because he always thinks of nothing but the object of his search"
**"Tiene un objetivo, con el que está obsesionado"**
"he has a goal, which he is obsessed with"
**"Buscar es tener un objetivo"**
"Searching means having a goal"
**"Pero encontrar significa ser libre, abierto y no tener meta"**
"But finding means being free, open, and having no goal"
**"Tú, oh venerable, tal vez seas un buscador"**
"You, oh venerable one, are perhaps indeed a searcher"
**"Porque, cuando te esfuerzas por conseguir tu objetivo, hay muchas cosas que no ves"**
"because, when striving for your goal, there are many things you don't see"
**"Es posible que no veas las cosas que están directamente frente a tus ojos"**
"you might not see things which are directly in front of your eyes"
**—Todavía no entiendo muy bien —dijo Govinda—, ¿qué quieres decir con esto?**
"I don't quite understand yet," said Govinda, "what do you mean by this?"
**"Oh Venerable, has estado en este río antes, hace mucho tiempo"**
"oh venerable one, you've been at this river before, a long time ago"

"Y has encontrado a un hombre dormido junto al río"
"and you have found a sleeping man by the river"
"Te has sentado con él para guardar su sueño"
"you have sat down with him to guard his sleep"
"pero, oh Govinda, no reconociste al hombre dormido"
"but, oh Govinda, you did not recognise the sleeping man"
Govinda estaba asombrado, como si hubiera sido objeto de un hechizo mágico
Govinda was astonished, as if he had been the object of a magic spell
El monje miró a los ojos del barquero
the monk looked into the ferryman's eyes
—¿Es usted Siddharta? —preguntó con voz tímida
"Are you Siddhartha?" he asked with a timid voice
"¡Yo tampoco te habría reconocido esta vez!"
"I wouldn't have recognised you this time either!"
"De corazón, te saludo, Siddharta"
"from my heart, I'm greeting you, Siddhartha"
"¡De corazón, estoy feliz de verte una vez más!"
"from my heart, I'm happy to see you once again!"
"Has cambiado mucho, amigo mío"
"You've changed a lot, my friend"
—¿Y ahora te has convertido en barquero?
"and you've now become a ferryman?"
De manera amistosa, Siddharta se echó a reír
In a friendly manner, Siddhartha laughed
"Sí, soy barquero"
"yes, I am a ferryman"
"Mucha gente, Govinda, tiene que cambiar mucho"
"Many people, Govinda, have to change a lot"
"Tienen que llevar muchas túnicas"
"they have to wear many robes"
"Soy de los que tuvo que cambiar mucho"
"I am one of those who had to change a lot"
"Sé bienvenido, Govinda, y pasa la noche en mi choza"
"Be welcome, Govinda, and spend the night in my hut"
Govinda pasó la noche en la cabaña

Govinda stayed the night in the hut
**dormía en la cama que solía ser la cama de Vasudeva**
he slept on the bed which used to be Vasudeva's bed
**Planteó muchas preguntas al amigo de su juventud**
he posed many questions to the friend of his youth
**Siddharta tuvo que contarle muchas cosas de su vida**
Siddhartha had to tell him many things from his life

**Llegó la mañana siguiente**
then the next morning came
**Había llegado el momento de iniciar el viaje del día**
the time had come to start the day's journey
**Sin dudarlo, Govinda hizo una pregunta más**
without hesitation, Govinda asked one more question
**—Antes de continuar mi camino, Siddharta, permítame hacerle una pregunta más.**
"Before I continue on my path, Siddhartha, permit me to ask one more question"
**"¿Tienes una enseñanza que te guíe?"**
"Do you have a teaching that guides you?"
**"¿Tienes una fe o un conocimiento que sigues?"**
"Do you have a faith or a knowledge you follow"
**"¿Hay algún conocimiento que te ayude a vivir y a hacer el bien?"**
"is there a knowledge which helps you to live and do right?"
**"Sabes bien, querida, que siempre he desconfiado de los maestros"**
"You know well, my dear, I have always been distrustful of teachers"
**"De joven ya empecé a dudar de los maestros"**
"as a young man I already started to doubt teachers"
**"cuando vivíamos con los penitentes en el bosque, desconfiaba de sus enseñanzas"**
"when we lived with the penitents in the forest, I distrusted their teachings"
**"Y les di la espalda"**
"and I turned my back to them"

**"He mantenido la desconfianza de los maestros"**
"I have remained distrustful of teachers"
**"Sin embargo, he tenido muchos profesores desde entonces"**
"Nevertheless, I have had many teachers since then"
**"Una hermosa cortesana ha sido mi maestra durante mucho tiempo"**
"A beautiful courtesan has been my teacher for a long time"
**"Un rico mercader fue mi maestro"**
"a rich merchant was my teacher"
**"Y unos jugadores con dados me enseñaron"**
"and some gamblers with dice taught me"
**"Una vez, incluso un seguidor de Buda ha sido mi maestro"**
"Once, even a follower of Buddha has been my teacher"
**"Viajaba a pie, robando"**
"he was travelling on foot, pilgering"
**"Y se sentó conmigo cuando me quedé dormido en el bosque"**
"and he sat with me when I had fallen asleep in the forest"
**"También he aprendido de él, por lo que estoy muy agradecido"**
"I've also learned from him, for which I'm very grateful"
**"Pero, sobre todo, he aprendido de este río"**
"But most of all, I have learned from this river"
**"y lo que más he aprendido es de mi predecesor, el barquero Vasudeva"**
"and I have learned most from my predecessor, the ferryman Vasudeva"
**"Era una persona muy sencilla, Vasudeva, no era un pensador"**
"He was a very simple person, Vasudeva, he was no thinker"
**"pero él sabía lo que es necesario tan bien como Gotama"**
"but he knew what is necessary just as well as Gotama"
**"Era un hombre perfecto, un santo"**
"he was a perfect man, a saint"
**"A Siddhartha todavía le encanta burlarse de la gente, me parece"**
"Siddhartha still loves to mock people, it seems to me"

"Creo en ti y sé que no has seguido a un maestro"
"I believe in you and I know that you haven't followed a teacher"
—¿Pero no has encontrado algo por ti mismo?
"But haven't you found something by yourself?"
"Aunque no has encontrado enseñanzas, todavía has encontrado ciertos pensamientos"
"though you've found no teachings, you still found certain thoughts"
"Ciertas percepciones, que son las tuyas"
"certain insights, which are your own"
"Ideas que te ayudan a vivir"
"insights which help you to live"
"¿No has encontrado algo como esto?"
"Haven't you found something like this?"
"Si quisieras decírmelo, deleitarías mi corazón"
"If you would like to tell me, you would delight my heart"
"tienes razón, he tenido pensamientos y he obtenido muchas ideas"
"you are right, I have had thoughts and gained many insights"
"A veces he sentido conocimiento en mí durante una hora"
"Sometimes I have felt knowledge in me for an hour"
"en otras ocasiones he sentido el conocimiento en mí durante todo un día"
"at other times I have felt knowledge in me for an entire day"
"El mismo conocimiento que se siente cuando se siente la vida en el corazón"
"the same knowledge one feels when one feels life in one's heart"
"Ha habido muchas reflexiones"
"There have been many thoughts"
"Pero sería difícil para mí transmitirte estos pensamientos"
"but it would be hard for me to convey these thoughts to you"
"Mi querido Govinda, este es uno de mis pensamientos que he encontrado"
"my dear Govinda, this is one of my thoughts which I have found"

"**La sabiduría no se puede transmitir**"
"wisdom cannot be passed on"
"**La sabiduría que un hombre sabio trata de transmitir siempre suena a tontería**"
"Wisdom which a wise man tries to pass on always sounds like foolishness"
"**¿Estás bromeando?**, preguntó Govinda"
"Are you kidding?" asked Govinda
"**No estoy bromeando, te estoy contando lo que he encontrado**"
"I'm not kidding, I'm telling you what I have found"
"**El conocimiento se puede transmitir, pero la sabiduría no**"
"Knowledge can be conveyed, but wisdom can't"
"**La sabiduría se puede encontrar, se puede vivir**"
"wisdom can be found, it can be lived"
"**Es posible dejarse llevar por la sabiduría**"
"it is possible to be carried by wisdom"
"**Los milagros se pueden hacer con sabiduría**"
"miracles can be performed with wisdom"
"**Pero la sabiduría no se puede expresar con palabras ni enseñar**"
"but wisdom cannot be expressed in words or taught"
"**Esto era lo que a veces sospechaba, incluso cuando era joven**"
"This was what I sometimes suspected, even as a young man"
"**Esto es lo que me ha alejado de los profesores**"
"this is what has driven me away from the teachers"
"**He encontrado un pensamiento que considerarás una tontería**"
"I have found a thought which you'll regard as foolishness"
"**Pero este pensamiento ha sido el mejor**"
"but this thought has been my best"
"**¡Lo opuesto a toda verdad es igual de cierto!**"
"The opposite of every truth is just as true!"
"**Cualquier verdad sólo puede expresarse cuando es unilateral**"
"any truth can only be expressed when it is one-sided"

**"Solo las cosas unilaterales se pueden poner en palabras"**
"only one sided things can be put into words"
**"Todo lo que se puede pensar es unilateral"**
"Everything which can be thought is one-sided"
**"Es todo unilateral, así que es solo la mitad"**
"it's all one-sided, so it's just one half"
**"Todo carece de completitud, redondez y unidad"**
"it all lacks completeness, roundness, and oneness"
**"el exaltado Gotama habló en sus enseñanzas del mundo"**
"the exalted Gotama spoke in his teachings of the world"
**"pero tuvo que dividir el mundo en Sansara y Nirvana"**
"but he had to divide the world into Sansara and Nirvana"
**"Había dividido el mundo en engaño y verdad"**
"he had divided the world into deception and truth"
**"Había dividido el mundo en sufrimiento y salvación"**
"he had divided the world into suffering and salvation"
**"El mundo no se puede explicar de otra manera"**
"the world cannot be explained any other way"
**"No hay otra forma de explicarlo, para los que quieren enseñar"**
"there is no other way to explain it, for those who want to teach"
**"Pero el mundo en sí nunca es unilateral"**
"But the world itself is never one-sided"
**"El mundo existe a nuestro alrededor y dentro de nosotros"**
"the world exists around us and inside of us"
**"Una persona o un acto nunca es enteramente Sansara o enteramente Nirvana"**
"A person or an act is never entirely Sansara or entirely Nirvana"
**"Una persona nunca es enteramente santa o enteramente pecadora"**
"a person is never entirely holy or entirely sinful"
**"Parece que el mundo se puede dividir en estos opuestos"**
"It seems like the world can be divided into these opposites"
**"Pero eso es porque estamos sujetos al engaño"**
"but that's because we are subject to deception"

**"Es como si el engaño fuera algo real"**
"it's as if the deception was something real"
**"El tiempo no es real, Govinda"**
"Time is not real, Govinda"
**"He experimentado esto a menudo y a menudo de nuevo"**
"I have experienced this often and often again"
**"Cuando el tiempo no es real, la brecha entre el mundo y la eternidad es también un engaño"**
"when time is not real, the gap between the world and the eternity is also a deception"
**"La brecha entre el sufrimiento y la felicidad no es real"**
"the gap between suffering and blissfulness is not real"
**"No hay brecha entre el mal y el bien"**
"there is no gap between evil and good"
**"Todas estas brechas son engaños"**
"all of these gaps are deceptions"
**"Pero estas lagunas se nos aparecen de todos modos"**
"but these gaps appear to us nonetheless"
**—¿Cómo es eso? —preguntó Govinda tímidamente**
"How come?" asked Govinda timidly
**-Escúchame bien, querida -respondió Siddharta-**
"Listen well, my dear," answered Siddhartha
**"El pecador, que soy yo y que tú eres, es un pecador"**
"The sinner, which I am and which you are, is a sinner"
**"pero en los tiempos venideros el pecador volverá a ser Brahma"**
"but in times to come the sinner will be Brahma again"
**"alcanzará el Nirvana y será Buda"**
"he will reach the Nirvana and be Buddha"
**"Los tiempos venideros son un engaño"**
"the times to come are a deception"
**"¡Los tiempos venideros son solo una parábola!"**
"the times to come are only a parable!"
**"El pecador no está en camino de convertirse en un buda"**
"The sinner is not on his way to become a Buddha"
**"No está en proceso de desarrollo"**
"he is not in the process of developing"

"**Nuestra capacidad de pensar no sabe cómo imaginar estas cosas de otra manera**"
"our capacity for thinking does not know how else to picture these things"
"**No, dentro del pecador ya está el futuro Buda**"
"No, within the sinner there already is the future Buddha"
"**Su futuro ya está ahí**"
"his future is already all there"
"**tienes que adorar al Buda en el pecador**"
"you have to worship the Buddha in the sinner"
"**hay que adorar al Buda escondido en todos**"
"you have to worship the Buddha hidden in everyone"
"**el Buda oculto que está llegando a existir, lo posible**"
"the hidden Buddha which is coming into being the possible"
"**El mundo, amigo Govinda, no es imperfecto**"
"The world, my friend Govinda, is not imperfect"
"**El mundo no está en un camino lento hacia la perfección**"
"the world is on no slow path towards perfection"
"**No, el mundo es perfecto en cada momento**"
"no, the world is perfect in every moment"
"**Todo pecado lleva ya en sí mismo el perdón divino**"
"all sin already carries the divine forgiveness in itself"
"**Todos los niños pequeños ya tienen al anciano en sí mismos**"
"all small children already have the old person in themselves"
"**Todos los infantes ya tienen la muerte en ellos**"
"all infants already have death in them"
"**Todos los moribundos tienen la vida eterna**"
"all dying people have the eternal life"
"**No podemos ver hasta qué punto otro ha progresado ya en su camino**"
"we can't see how far another one has already progressed on his path"
"**en el ladrón y el jugador de dados, el Buda está esperando**"
"in the robber and dice-gambler, the Buddha is waiting"
"**en el Brahman, el ladrón está esperando**"
"in the Brahman, the robber is waiting"

**"En la meditación profunda, existe la posibilidad de dejar de existir el tiempo"**
"in deep meditation, there is the possibility to put time out of existence"

**"Existe la posibilidad de ver toda la vida simultáneamente"**
"there is the possibility to see all life simultaneously"

**"Es posible ver toda la vida que fue, es y será"**
"it is possible to see all life which was, is, and will be"

**"y allí todo es bueno, perfecto y Brahman"**
"and there everything is good, perfect, and Brahman"

**"Por lo tanto, veo todo lo que existe como bueno"**
"Therefore, I see whatever exists as good"

**"La muerte es para mí como la vida"**
"death is to me like life"

**"Para mí el pecado es como la santidad"**
"to me sin is like holiness"

**"La sabiduría puede ser como la necedad"**
"wisdom can be like foolishness"

**"Todo tiene que ser como es"**
"everything has to be as it is"

**"Todo solo requiere de mi consentimiento y voluntad"**
"everything only requires my consent and willingness"

**"Todo lo que mi punto de vista requiere es mi acuerdo amoroso para ser bueno para mí"**
"all that my view requires is my loving agreement to be good for me"

**"Mi punto de vista no tiene que hacer otra cosa que trabajar para mi beneficio"**
"my view has to do nothing but work for my benefit"

**"Y entonces mi percepción es incapaz de hacerme daño"**
"and then my perception is unable to ever harm me"

**"He experimentado que necesitaba mucho el pecado"**
"I have experienced that I needed sin very much"

**"Lo he vivido en mi cuerpo y en mi alma"**
"I have experienced this in my body and in my soul"

**"Necesitaba lujuria, el deseo de posesiones y vanidad"**
"I needed lust, the desire for possessions, and vanity"

"Y necesitaba la desesperación más vergonzosa"
"and I needed the most shameful despair"
"Para aprender a renunciar a toda resistencia"
"in order to learn how to give up all resistance"
"Para aprender a amar al mundo"
"in order to learn how to love the world"
"para dejar de comparar las cosas con un mundo que deseaba"
"in order to stop comparing things to some world I wished for"
"Imaginé algún tipo de perfección que me había inventado"
"I imagined some kind of perfection I had made up"
"pero he aprendido a dejar el mundo como es"
"but I have learned to leave the world as it is"
"He aprendido a amar el mundo tal y como es"
"I have learned to love the world as it is"
"Y aprendí a disfrutar de ser parte de ello"
"and I learned to enjoy being a part of it"
"Estos, oh Govinda, son algunos de los pensamientos que me han venido a la mente"
"These, oh Govinda, are some of the thoughts which have come into my mind"

**Siddharta se agachó y recogió una piedra del suelo**
Siddhartha bent down and picked up a stone from the ground
**Pesó la piedra que tenía en la mano**
he weighed the stone in his hand
**"Esto de aquí", dijo jugando con la roca, "es una piedra"**
"This here," he said playing with the rock, "is a stone"
**"Esta piedra, después de cierto tiempo, tal vez se convierta en tierra"**
"this stone will, after a certain time, perhaps turn into soil"
**"Pasará de ser tierra a ser una planta, un animal o un ser humano"**
"it will turn from soil into a plant or animal or human being"
**"En el pasado, habría dicho que esta piedra es solo una piedra"**

"In the past, I would have said this stone is just a stone"
**"Podría haber dicho que no vale nada"**
"I might have said it is worthless"
**"Te hubiera dicho que esta piedra pertenece al mundo de los mayas"**
"I would have told you this stone belongs to the world of the Maya"
**"pero no hubiera visto que tiene importancia"**
"but I wouldn't have seen that it has importance"
**"Podría convertirse en un espíritu en el ciclo de transformaciones"**
"it might be able to become a spirit in the cycle of transformations"
**"por lo tanto, también le doy importancia"**
"therefore I also grant it importance"
**"Por lo tanto, tal vez habría pensado en el pasado"**
"Thus, I would perhaps have thought in the past"
**"Pero hoy pienso diferente sobre la piedra"**
"But today I think differently about the stone"
**"esta piedra es una piedra, y también es animal, dios y Buda"**
"this stone is a stone, and it is also animal, god, and Buddha"
**"No lo venero ni lo amo porque podría convertirse en esto o aquello"**
"I do not venerate and love it because it could turn into this or that"
**"Me encanta porque son esas cosas"**
"I love it because it is those things"
**"Esta piedra ya lo es todo"**
"this stone is already everything"
**"Ahora y hoy se me aparece como una piedra"**
"it appears to me now and today as a stone"
**"por eso me encanta esto"**
"that is why I love this"
**"por eso veo valor y propósito en cada una de sus venas y cavidades"**
"that is why I see worth and purpose in each of its veins and cavities"

"Veo valor en su amarillo, gris y dureza"
"I see value in its yellow, gray, and hardness"
"Aprecié el sonido que hace cuando lo golpeo"
"I appreciated the sound it makes when I knock at it"
"Me encanta la sequedad o la humedad de su superficie"
"I love the dryness or wetness of its surface"
"Hay piedras que se sienten como aceite o jabón"
"There are stones which feel like oil or soap"
"Y otras piedras se sienten como hojas o arena"
"and other stones feel like leaves or sand"
"y cada piedra es especial y reza el Om a su manera"
"and every stone is special and prays the Om in its own way"
"cada piedra es Brahman"
"each stone is Brahman"
"Pero al mismo tiempo, y por la misma parte, es una piedra"
"but simultaneously, and just as much, it is a stone"
"Es un colocón independientemente de si es aceitoso o jugoso"
"it is a stone regardless of whether it's oily or juicy"
"y por eso me gusta y considero esta piedra"
"and this why I like and regard this stone"
"Es maravilloso y digno de adoración"
"it is wonderful and worthy of worship"
"Pero no hablemos más de esto"
"But let me speak no more of this"
"Las palabras no sirven para transmitir el significado secreto"
"words are not good for transmitting the secret meaning"
"Todo siempre se vuelve un poco diferente, tan pronto como se pone en palabras"
"everything always becomes a bit different, as soon as it is put into words"
"Todo se distorsiona un poco con las palabras"
"everything gets distorted a little by words"
"Y luego la explicación se vuelve un poco tonta"
"and then the explanation becomes a bit silly"
"Sí, y esto también es muy bueno, y me gusta mucho"

"yes, and this is also very good, and I like it a lot"
**"Yo también estoy muy de acuerdo con esto"**
"I also very much agree with this"
**"El tesoro y la sabiduría de un hombre siempre suenan como tonterías para otra persona"**
"one man's treasure and wisdom always sounds like foolishness to another person"
**Govinda escuchó en silencio lo que decía Siddharta**
Govinda listened silently to what Siddhartha was saying
**hubo una pausa y Govinda hizo una pregunta vacilante**
there was a pause and Govinda hesitantly asked a question
**—¿Por qué me has dicho esto de la piedra?**
"Why have you told me this about the stone?"
**"Lo hice sin ninguna intención específica"**
"I did it without any specific intention"
**"tal vez lo que quise decir fue que amo esta piedra y el río"**
"perhaps what I meant was, that I love this stone and the river"
**"Y me encantan todas estas cosas que estamos viendo"**
"and I love all these things we are looking at"
**"Y podemos aprender de todas estas cosas"**
"and we can learn from all these things"
**"Puedo amar una piedra, Govinda"**
"I can love a stone, Govinda"
**"Y también puedo amar un árbol o un pedazo de corteza"**
"and I can also love a tree or a piece of bark"
**"Son cosas, y las cosas se pueden amar"**
"These are things, and things can be loved"
**"pero no puedo amar las palabras"**
"but I cannot love words"
**"Por lo tanto, las enseñanzas no son buenas para mí"**
"therefore, teachings are no good for me"
**"Las enseñanzas no tienen dureza, suavidad, colores, bordes, olor o sabor"**
"teachings have no hardness, softness, colours, edges, smell, or taste"
**"Las enseñanzas no tienen más que palabras"**

"teachings have nothing but words"
**"Tal vez sean las palabras las que te impidan encontrar la paz"**
"perhaps it is words which keep you from finding peace"
**"Porque la salvación y la virtud son meras palabras"**
"because salvation and virtue are mere words"
**"Sansara y Nirvana también son meras palabras, Govinda"**
"Sansara and Nirvana are also just mere words, Govinda"
**"no hay nada que sea Nirvana"**
"there is no thing which would be Nirvana"
**"Por lo tanto, Nirvana es solo la palabra"**
"therefor Nirvana is just the word"
**Govinda objetó: "Nirvana no es solo una palabra, amigo mío"**
Govinda objected, "Nirvana is not just a word, my friend"
**"Nirvana es una palabra, pero también es un pensamiento"**
"Nirvana is a word, but also it is a thought"
**Siddhartha continuó: "Podría ser un pensamiento"**
Siddhartha continued, "it might be a thought"
**"Debo confesar que no diferencio mucho entre pensamientos y palabras"**
"I must confess, I don't differentiate much between thoughts and words"
**"Para ser honesto, tampoco tengo una alta opinión de los pensamientos"**
"to be honest, I also have no high opinion of thoughts"
**"Tengo mejor opinión de las cosas que de los pensamientos"**
"I have a better opinion of things than thoughts"
**"Aquí, en este transbordador, por ejemplo, un hombre ha sido mi predecesor"**
"Here on this ferry-boat, for instance, a man has been my predecessor"
**"También fue uno de mis maestros"**
"he was also one of my teachers"
**"Un hombre santo, que durante muchos años simplemente ha creído en el río"**
"a holy man, who has for many years simply believed in the

river"
**"Y no creía en otra cosa"**
"and he believed in nothing else"
**"Se había dado cuenta de que el río le hablaba"**
"He had noticed that the river spoke to him"
**"Aprendió del río"**
"he learned from the river"
**"El río lo educó y le enseñó"**
"the river educated and taught him"
**"El río le parecía un dios"**
"the river seemed to be a god to him"
**"Durante muchos años no supo que todo era tan divino como el río"**
"for many years he did not know that everything was as divine as the river"
**"El viento, cada nube, cada pájaro, cada escarabajo"**
"the wind, every cloud, every bird, every beetle"
**"Pueden enseñar tanto como el río"**
"they can teach just as much as the river"
**"Pero cuando este santo varón se internó en los bosques, lo supo todo"**
"But when this holy man went into the forests, he knew everything"
**"Sabía más que tú y que yo, sin maestros ni libros"**
"he knew more than you and me, without teachers or books"
**"Sabía más que nosotros solo porque había creído en el río"**
"he knew more than us only because he had believed in the river"

**Govinda todavía tenía dudas y preguntas**
Govinda still had doubts and questions
**—¿Pero es eso lo que llamas a las cosas en realidad algo real?**
"But is that what you call things actually something real?"
**"¿Tienen existencia estas cosas?"**
"do these things have existence?"
**"¿No es solo un engaño a los mayas?"**
"Isn't it just a deception of the Maya"

"¿No son todas estas cosas una imagen y una ilusión?"
"aren't all these things an image and illusion?"
**"Tu piedra, tu árbol, tu río"**
"Your stone, your tree, your river"
**—¿Son realmente una realidad?**
"are they actually a reality?"
**-Esto también -dijo Siddharta-, no me importa mucho.**
"This too," spoke Siddhartha, "I do not care very much about"
**"Que las cosas sean ilusiones o no"**
"Let the things be illusions or not"
**"Al fin y al cabo, yo también sería una ilusión"**
"after all, I would then also be an illusion"
**"Y si estas cosas son ilusiones, entonces son como yo"**
"and if these things are illusions then they are like me"
**"Esto es lo que los hace tan queridos y dignos de veneración para mí"**
"This is what makes them so dear and worthy of veneration for me"
**"estas cosas son como yo y así es como puedo amarlas"**
"these things are like me and that is how I can love them"
**"Esta es una enseñanza de la que te reirás"**
"this is a teaching you will laugh about"
**"El amor, oh Govinda, me parece que es lo más importante de todo"**
"love, oh Govinda, seems to me to be the most important thing of all"
**"Comprender a fondo el mundo puede ser lo que hacen los grandes pensadores"**
"to thoroughly understand the world may be what great thinkers do"
**"Explican el mundo y lo desprecian"**
"they explain the world and despise it"
**"Pero solo me interesa poder amar al mundo"**
"But I'm only interested in being able to love the world"
**"No me interesa despreciar el mundo"**
"I am not interested in despising the world"
**"No quiero odiar al mundo"**

"I don't want to hate the world"
**"Y no quiero que el mundo me odie"**
"and I don't want the world to hate me"
**"Quiero ser capaz de mirar al mundo y a mí mismo con amor"**
"I want to be able to look upon the world and myself with love"
**"Quiero mirar a todos los seres con admiración"**
"I want to look upon all beings with admiration"
**"Quiero tener un gran respeto por todo"**
"I want to have a great respect for everything"
**—Esto lo entiendo —dijo Govinda—**
"This I understand," spoke Govinda
**"Pero esto mismo fue descubierto por el exaltado como un engaño"**
"But this very thing was discovered by the exalted one to be a deception"
**"Ordena benevolencia, clemencia, simpatía, tolerancia"**
"He commands benevolence, clemency, sympathy, tolerance"
**"Pero no manda amor"**
"but he does not command love"
**"Nos prohibió atar nuestro corazón con amor a las cosas terrenales"**
"he forbade us to tie our heart in love to earthly things"
**—Lo sé, Govinda —dijo Siddhartha, y su sonrisa resplandeció de oro—**
"I know it, Govinda," said Siddhartha, and his smile shone golden
**"Y he aquí, con esto estamos en medio de la espesura de las opiniones"**
"And behold, with this we are right in the thicket of opinions"
**"Ahora estamos en la disputa de las palabras"**
"now we are in the dispute about words"
**"Porque no puedo negar que mis palabras de amor son una contradicción"**
"For I cannot deny, my words of love are a contradiction"
"parecen estar en contradicción con las palabras de Gotama"

"they seem to be in contradiction with Gotama's words"
**"Por eso mismo, desconfío tanto de las palabras"**
"For this very reason, I distrust words so much"
**"porque sé que esta contradicción es un engaño"**
"because I know this contradiction is a deception"
**"Sé que estoy de acuerdo con Gotama"**
"I know that I am in agreement with Gotama"
**"¿Cómo no va a conocer el amor cuando ha descubierto todos los elementos de la existencia humana?"**
"How could he not know love when he has discovered all elements of human existence"
**"Ha descubierto su transitoriedad y su falta de sentido"**
"he has discovered their transitoriness and their meaninglessness"
**"Y, sin embargo, amaba mucho a la gente"**
"and yet he loved people very much"
**"¡Usó una vida larga y laboriosa solo para ayudarlos y enseñarles!"**
"he used a long, laborious life only to help and teach them!"
**"Incluso con tu gran maestro, prefiero las cosas a las palabras"**
"Even with your great teacher, I prefer things over the words"
**"Le doy más importancia a sus actos y a su vida que a sus discursos"**
"I place more importance on his acts and life than on his speeches"
**"Valoro más los gestos de su mano que sus opiniones"**
"I value the gestures of his hand more than his opinions"
**"Para mí no había nada en su discurso y pensamientos"**
"for me there was nothing in his speech and thoughts"
**"Veo su grandeza solo en sus acciones y en su vida"**
"I see his greatness only in his actions and in his life"

**Durante mucho tiempo, los dos ancianos no dijeron nada**
For a long time, the two old men said nothing
**Entonces Govinda habló, mientras se inclinaba para despedirse**

Then Govinda spoke, while bowing for a farewell

**—Te agradezco, Siddharta, que me hayas contado algunas de tus reflexiones.**

"I thank you, Siddhartha, for telling me some of your thoughts"

**"Estos pensamientos son parcialmente extraños para mí"**

"These thoughts are partially strange to me"

**"No todos estos pensamientos han sido comprensibles al instante para mí"**

"not all of these thoughts have been instantly understandable to me"

**"Sea como fuere, te lo agradezco"**

"This being as it may, I thank you"

**"Y te deseo que tengas días tranquilos"**

"and I wish you to have calm days"

**Pero en secreto pensó otra cosa para sí mismo**

But secretly he thought something else to himself

**"Este Siddharta es una persona extraña"**

"This Siddhartha is a bizarre person"

**"Expresa pensamientos extraños"**

"he expresses bizarre thoughts"

**"Sus enseñanzas suenan tontas"**

"his teachings sound foolish"

**"Las enseñanzas puras del exaltado suenan muy diferentes"**

"the exalted one's pure teachings sound very different"

**"Esas enseñanzas son más claras, más puras, más comprensibles"**

"those teachings are clearer, purer, more comprehensible"

**"No hay nada extraño, tonto o tonto en esas enseñanzas"**

"there is nothing strange, foolish, or silly in those teachings"

**Pero las manos de Siddharta parecían diferentes de sus pensamientos.**

"But Siddhartha's hands seemed different from his thoughts"

**"Sus pies, sus ojos, su frente, su aliento"**

"his feet, his eyes, his forehead, his breath"

**"Su sonrisa, su saludo, su andar"**

"his smile, his greeting, his walk"

"No he conocido a otro hombre como él desde que Gotama se convirtió en uno con el Nirvana"
"I haven't met another man like him since Gotama became one with the Nirvana"
"Desde entonces no he sentido la presencia de un hombre santo"
"since then I haven't felt the presence of a holy man"
"Sólo he encontrado a Siddharta, que es así"
"I have only found Siddhartha, who is like this"
"Sus enseñanzas pueden ser extrañas y sus palabras pueden sonar tontas"
"his teachings may be strange and his words may sound foolish"
"Pero la pureza brilla en su mirada y en su mano"
"but purity shines out of his gaze and hand"
"Su piel y su cabello irradian pureza"
"his skin and his hair radiates purity"
"La pureza brilla en cada parte de Él"
"purity shines out of every part of him"
"De él resplandece la calma, la alegría, la mansedumbre y la santidad"
"a calmness, cheerfulness, mildness and holiness shines from him"
"algo que no he visto en ninguna otra persona"
"something which I have seen in no other person"
"No lo he visto desde la muerte final de nuestro excelso maestro"
"I have not seen it since the final death of our exalted teacher"
**Mientras Govinda pensaba así, había un conflicto en su corazón**
While Govinda thought like this, there was a conflict in his heart
**una vez más se inclinó ante Siddharta**
he once again bowed to Siddhartha
**Sintió que el amor lo atraía hacia adelante**
he felt he was drawn forward by love
**Se inclinó profundamente ante el que estaba sentado**

tranquilamente
he bowed deeply to him who was calmly sitting
**—Siddharta —dijo—, nos hemos convertido en viejos.**
"Siddhartha," he spoke, "we have become old men"
**"Es poco probable que uno de nosotros vuelva a ver al otro en esta encarnación"**
"It is unlikely for one of us to see the other again in this incarnation"
**"Ya veo, amados, que habéis encontrado la paz"**
"I see, beloved, that you have found peace"
**"Confieso que no lo he encontrado"**
"I confess that I haven't found it"
**"Dime, oh honorable, una palabra más"**
"Tell me, oh honourable one, one more word"
**"dame algo en mi camino que pueda agarrar"**
"give me something on my way which I can grasp"
**"¡Dame algo que pueda entender!"**
"give me something which I can understand!"
**"dame algo que pueda llevar conmigo en mi camino"**
"give me something I can take with me on my path"
**"Mi camino es a menudo duro y oscuro, Siddhartha"**
"my path is often hard and dark, Siddhartha"
**Siddharta no dijo nada y lo miró**
Siddhartha said nothing and looked at him
**Lo miró con su sonrisa tranquila e inalterada**
he looked at him with his ever unchanged, quiet smile
**Govinda lo miró a la cara con miedo**
Govinda stared at his face with fear
**Había anhelo y sufrimiento en sus ojos**
there was yearning and suffering in his eyes
**La eterna búsqueda era visible en su mirada**
the eternal search was visible in his look
**se podía ver su eterna incapacidad para encontrar**
you could see his eternal inability to find
**Siddharta lo vio y sonrió**
Siddhartha saw it and smiled
**—¡Inclínate hacia mí! —susurró en voz baja al oído de**

Govinda—

"Bend down to me!" he whispered quietly in Govinda's ear
**"¡Así, y acércate aún más!"**
"Like this, and come even closer!"
**—¡Bésame la frente, Govinda!**
"Kiss my forehead, Govinda!"
**Govinda estaba asombrado, pero atraído por un gran amor y expectación**
Govinda was astonished, but drawn on by great love and expectation
**Obedeció sus palabras y se inclinó hacia él**
he obeyed his words and bent down closely to him
**y se tocó la frente con los labios**
and he touched his forehead with his lips
**Cuando hizo esto, algo milagroso le sucedió**
when he did this, something miraculous happened to him
**sus pensamientos seguían pensando en las maravillosas palabras de Siddharta**
his thoughts were still dwelling on Siddhartha's wondrous words
**Todavía luchaba a regañadientes por pensar en pasar el tiempo**
he was still reluctantly struggling to think away time
**todavía estaba tratando de imaginar al Nirvana y al Sansara como uno solo**
he was still trying to imagine Nirvana and Sansara as one
**Todavía había un cierto desprecio por las palabras de su amigo**
there was still a certain contempt for the words of his friend
**Esas palabras seguían luchando en él**
those words were still fighting in him
**Aquellas palabras seguían luchando contra un inmenso amor y veneración**
those words were still fighting against an immense love and veneration
**Y durante todos estos pensamientos, algo más le sucedió**
and during all these thoughts, something else happened to

him
**Ya no veía el rostro de su amigo Siddhartha**
He no longer saw the face of his friend Siddhartha
**en lugar de la cara de Siddhartha, vio otras caras**
instead of Siddhartha's face, he saw other faces
**Vio una larga secuencia de rostros**
he saw a long sequence of faces
**Vio un río de rostros que fluían**
he saw a flowing river of faces
**centenares y miles de rostros, que iban y venían**
hundreds and thousands of faces, which all came and disappeared
**Y, sin embargo, todos parecían estar allí simultáneamente**
and yet they all seemed to be there simultaneously
**cambiaban y se renovaban constantemente**
they constantly changed and renewed themselves
**eran ellos mismos y seguían siendo todos el rostro de Siddharta**
they were themselves and they were still all Siddhartha's face
**Vio la cara de un pez con una boca infinitamente dolorosamente abierta**
he saw the face of a fish with an infinitely painfully opened mouth
**la cara de un pez moribundo, con los ojos apagados**
the face of a dying fish, with fading eyes
**Vio el rostro de un niño recién nacido, rojo y lleno de arrugas**
he saw the face of a new-born child, red and full of wrinkles
**estaba distorsionado por el llanto**
it was distorted from crying
**Vio el rostro de un asesino**
he saw the face of a murderer
**Lo vio clavar un cuchillo en el cuerpo de otra persona**
he saw him plunging a knife into the body of another person
**Vio, en el mismo momento, a este criminal en cautiverio**
he saw, in the same moment, this criminal in bondage
**Lo vio arrodillado ante una multitud**

he saw him kneeling before a crowd
**y vio que el verdugo le cortaba la cabeza**
and he saw his head being chopped off by the executioner
**Vio los cuerpos de hombres y mujeres**
he saw the bodies of men and women
**Estaban desnudos en posiciones y calambres de amor frenético**
they were naked in positions and cramps of frenzied love
**Vio cadáveres tendidos, inmóviles, fríos, vacíos**
he saw corpses stretched out, motionless, cold, void
**Vio cabezas de animales**
he saw the heads of animals
**cabezas de jabalíes, de cocodrilos y de elefantes**
heads of boars, of crocodiles, and of elephants
**Vio cabezas de toros y de pájaros**
he saw the heads of bulls and of birds
**vio dioses; Krishna y Agni**
he saw gods; Krishna and Agni
**Vio todas estas figuras y rostros en mil relaciones entre sí**
he saw all of these figures and faces in a thousand relationships with one another
**Cada figura ayudaba a la otra**
each figure was helping the other
**Cada figura amaba su relación**
each figure was loving their relationship
**Cada figura odiaba su relación, la destruía**
each figure was hating their relationship, destroying it
**y cada figura estaba dando renacimiento a su relación**
and each figure was giving re-birth to their relationship
**Cada figura era una voluntad de morir**
each figure was a will to die
**Eran confesiones apasionadamente dolorosas de transitoriedad**
they were passionately painful confessions of transitoriness
**Y, sin embargo, ninguno de ellos murió, cada uno se transformó**
and yet none of them died, each one only transformed

**Siempre renacían y recibían más y más caras nuevas**
they were always reborn and received more and more new faces
**No pasó tiempo entre una cara y la otra**
no time passed between the one face and the other
**Todas estas figuras y rostros descansaban**
all of these figures and faces rested
**fluyeron y se generaron a sí mismos**
they flowed and generated themselves
**flotaban y se fundían entre sí**
they floated along and merged with each other
**y todos estaban constantemente cubiertos por algo delgado**
and they were all constantly covered by something thin
**no tenían individualidad propia**
they had no individuality of their own
**pero, sin embargo, existían**
but yet they were existing
**Eran como un vaso delgado o hielo**
they were like a thin glass or ice
**Eran como una piel transparente**
they were like a transparent skin
**Eran como una concha o un molde o una máscara de agua**
they were like a shell or mould or mask of water
**y esta máscara sonreía**
and this mask was smiling
**y esta máscara era el rostro sonriente de Siddhartha**
and this mask was Siddhartha's smiling face
**la máscara que Govinda tocaba con los labios**
the mask which Govinda was touching with his lips
**Y Govinda lo vio así**
And, Govinda saw it like this
**La sonrisa de la máscara**
the smile of the mask
**la sonrisa de la unidad por encima de las formas que fluyen**
the smile of oneness above the flowing forms
**la sonrisa de la simultaneidad por encima de los mil nacimientos y muertes**

the smile of simultaneousness above the thousand births and deaths
**la sonrisa de Siddhartha era exactamente la misma**
the smile of Siddhartha's was precisely the same
**La sonrisa de Siddhartha era la misma que la sonrisa tranquila de Gotama, el Buda**
Siddhartha's smile was the same as the quiet smile of Gotama, the Buddha
**Era una sonrisa delicada e impenetrable**
it was delicate and impenetrable smile
**Tal vez fue benévolo y burlón, y sabio**
perhaps it was benevolent and mocking, and wise
**la sonrisa mil veces mayor de Gotama, el Buda**
the thousand-fold smile of Gotama, the Buddha
**como él mismo lo había visto con gran respeto cien veces**
as he had seen it himself with great respect a hundred times
**De esta manera, Govinda lo sabía, los perfeccionados están sonriendo**
Like this, Govinda knew, the perfected ones are smiling
**Ya no sabía si el tiempo existía**
he did not know anymore whether time existed
**No sabía si la visión había durado un segundo o cien años**
he did not know whether the vision had lasted a second or a hundred years
**no sabía si existía un Siddhartha o un Gotama**
he did not know whether a Siddhartha or a Gotama existed
**No sabía si existía un yo o un tú**
he did not know if a me or a you existed
**Sintió en su interior como si hubiera sido herido por una flecha divina**
he felt in his as if he had been wounded by a divine arrow
**La flecha atravesó lo más íntimo de su ser**
the arrow pierced his innermost self
**La herida de la flecha divina tenía un sabor dulce**
the injury of the divine arrow tasted sweet
**Govinda estaba encantado y disuelto en lo más íntimo de su ser**

Govinda was enchanted and dissolved in his innermost self
**Se quedó quieto un rato**
he stood still for a little while
**Se inclinó sobre el rostro tranquilo de Siddharta, que acababa de besar**
he bent over Siddhartha's quiet face, which he had just kissed
**el rostro en el que acababa de ver la escena de todas las manifestaciones**
the face in which he had just seen the scene of all manifestations
**el rostro de todas las transformaciones y de toda la existencia**
the face of all transformations and all existence
**El rostro que miraba no había cambiado**
the face he was looking at was unchanged
**Bajo su superficie, la profundidad de los mil pliegues se había cerrado de nuevo**
under its surface, the depth of the thousand folds had closed up again
**Sonrió en silencio, en silencio y suavemente**
he smiled silently, quietly, and softly
**Tal vez sonrió muy benévola y burlonamente**
perhaps he smiled very benevolently and mockingly
**Precisamente así sonreía el Exaltado**
precisely this was how the exalted one smiled
**Govinda se inclinó profundamente ante Siddhartha**
Deeply, Govinda bowed to Siddhartha
**Lágrimas de las que no sabía nada corrían por su viejo rostro**
tears he knew nothing of ran down his old face
**Sus lágrimas ardían como el fuego del amor más íntimo**
his tears burned like a fire of the most intimate love
**Sentía la más humilde veneración en su corazón**
he felt the humblest veneration in his heart
**Profundamente, se inclinó, tocando el suelo**
Deeply, he bowed, touching the ground
**Se inclinó ante el que estaba sentado inmóvil**
he bowed before him who was sitting motionlessly
**Su sonrisa le recordaba todo lo que había amado en su vida**

his smile reminded him of everything he had ever loved in his life

**Su sonrisa le recordaba todo lo que encontraba valioso y sagrado en su vida**

his smile reminded him of everything in his life that he found valuable and holy

www.ingramcontent.com/pod-product-compliance
Lightning Source LLC
Chambersburg PA
CBHW011951090526
44591CB00020B/2722